西南大学应用经济学一级学科博士点建设系列丛书（第二辑）

新型农业经营主体构建与财政金融支农服务创新研究

Research on New Types of Agricultural Business Entities and the Innovation of Fiscal and Financial Service for Agriculture

高远东　著

西南大学学科建设经费专项资助

科学出版社
北　京

内 容 简 介

本书以党的十八大和习近平总书记系列讲话为指导，对已有理论和适用成果进行广泛挖掘和科学吸收，并对新型农业经营主体构建与财政金融支农服务创新进行深入研究。在深入分析农业经营主体演化、财政金融支农服务供需机理，并吸收、借鉴国际经验的基础上，运用数据包络分析、结构方程模型等方法，对财政金融支农服务的绩效、供需环境和现实矛盾进行实证分析。最后，本书探索性地提出新型农业经营主体构建的财政金融支农服务创新，并设计相应的制度保障机制。

本书可供经济学、统计学和社会学相关领域的学者及学习相应学科课程的研究生参考，也可作为相关部门政府官员的参考用书。本书在注释中提供了专业术语和深奥概念的定义和说明，因此，只要具有基本的经济学背景，就足以读懂本书。

图书在版编目（CIP）数据

新型农业经营主体构建与财政金融支农服务创新研究 / 高远东著. —北京：科学出版社，2021.12

ISBN 978-7-03-070312-5

Ⅰ. ①新… Ⅱ. ①高… Ⅲ. ①农业经营–经营管理–金融支持–研究–中国 Ⅳ. ①F324 ②F832.35

中国版本图书馆 CIP 数据核字（2021）第 217699 号

责任编辑：李 嘉 / 责任校对：贾娜娜

责任印制：张 伟 / 封面设计：无极书装

科学出版社 出版

北京东黄城根北街 16 号

邮政编码：100717

http://www.sciencep.com

北京盛通商印快线网络科技有限公司 印刷

科学出版社发行 各地新华书店经销

*

2021 年 12 月第 一 版 开本：720 × 1000 1/16

2021 年 12 月第一次印刷 印张：14 1/4

字数：286 000

定价：128.00 元

（如有印装质量问题，我社负责调换）

前　言

“新型农业经营体系”在党的十八大报告首次正式提出后[①]，2013 年中央一号文件明确提出“农业生产经营组织创新是推进现代农业建设的核心和基础”[②]。此后，党的十八届三中全会进一步提出，通过新型农业经营主体的培育发展来加快构建新型农业经营体系、促进现代农业发展[③]。2014 年中央一号文件则进一步强调，“坚持家庭经营为基础与多种经营形式共同发展”，通过“扶持发展新型农业经营主体”等重点举措“推进中国特色农业现代化”[④]。2015 年我国经济发展进入新常态，经济增速放缓，在此背景下 2015 年中央一号文件明确提出要“坚持和完善农村基本经营制度”“积极发展多种形式适度规模经营，提高农民组织化程度”[⑤]。2016 年中央一号文件则强调：在“十三五”期间，国家持续“支持新型农业经营主体和新型农业服务主体成为建设现代农业的骨干力量，充分发挥多种形式适度规模经营在农业机械和科技成果应用、绿色发展、市场开拓等方面的引领功能”[⑥]。2017 年中央一号文件进一步提出，要“积极发展适度规模经营。大力培育新型农业经营主体和服务主体，通过经营权流转、股份合作、代耕代种、土地托管等多种方式，加快发展土地流转型、服务带动型等多种形式规模经营”“研究建立农业适度规模经营评价指标体系，引导规模经营健康发展”[⑦]。

在国家政策的引领下，2013~2017 年，五年的时间里，我国的农业组织形式已经从单一小农经营逐渐发展为以专业大户、家庭农场、农民专业合作组织和农

---

① 引自 2012 年 11 月 18 日《人民日报》刊发的党的十八大报告全文：《坚定不移沿着中国特色社会主义道路前进 为全面建成小康社会而奋斗》。

② 引自 2013 年中央一号文件：《中共中央、国务院关于加快发展现代农业进一步增强农村发展活力的若干意见》。

③ 资料来源于《中国共产党第十八届中央委员会第三次全体会议公报》。

④ 引自 2014 年中央一号文件：《中共中央、国务院关于全面深化农村改革加快推进农业现代化的若干意见》。

⑤ 引自 2015 年中央一号文件：《中共中央、国务院关于加大改革创新力度加快农业现代化建设的若干意见》。

⑥ 引自 2016 年中央一号文件：《中共中央、国务院关于落实发展新理念加快农业现代化实现全面小康目标的若干意见》。

⑦ 引自 2017 年中央一号文件：《中共中央、国务院关于深入推进农业供给侧结构性改革加快培育农业农村发展新动能的若干意见》。

业企业为主的多种经营组织形式，2016 年我国新型农业经营主体总量达到 280 万个[①]，这些农业组织具有一定的经营规模优势和市场优势，有效地带动了广大农民脱贫致富。为此，无论是农村基础设施建设还是财政金融惠农项目，政府不断扩大对“三农”的支持力度，推动新型农业经营主体的快速发展。《新型农业经营主体发展指数调查（五期）报告》分析显示，截至 2016 年底，银行业金融机构涉农贷款余额 26.4 万亿元，同比增长 11.7%，其中涉农新增贷款在全年新增贷款中占比为 32.9%[②]；2016 年农林水支出 1 638 572 万元，其中农业生产补贴 120 236 万元、农业组织化与产业化经营支出 2848 万元，农产品加工与促销支出 3468 万元[③]。

然而，整体而言，我国新型农业经营主体还处在起步阶段，自身实力较弱，存在着融资难、财政金融支农政策脱节等诸多问题。其中，尤为突出的就是新型农业经营主体的金融服务存在着诸如信贷获批率较高，但贷款需求不足、贷款次数较少等一系列问题。调查显示，新型农业经营主体自成立以来获得的贷款次数均值仅为 1.36 次/个[④]。显然，新型农业经营主体的大量涌现和快速发展，对农村金融服务的产品、信贷模式、体制机制的创新提出了新的要求，相对于专业大户、家庭农场、合作社等新型农业经营主体的金融服务诉求，农村金融服务显得落后，必须建立与新型农业经营主体快速发展相适应的财政金融支农服务，这对于推进中国特色农业现代化、实现“四化”同步发展意义重大，对于缩小城乡收入差距、实现城乡发展一体化、构建新型工农城乡关系也具有深远意义。

基于此，本书着重就新型农业经营主体构建与财政金融支农服务创新进行系统研究，在新型农业经营主体发展理论及其发展演化的基础上，考察国内外新型农业经营主体发展中财政金融支农的经验，测度我国新型农业经营主体发展中财政金融支农服务的绩效现状，并运用计量经济学、结构方程模型等方法，实证分析新型农业经营主体构建过程中财政金融需求与财政金融支农服务间存在的现实矛盾，以及财政金融供需对新型农业经营主体发展的影响，在此基础上，提出新型农业经营主体发展的财政金融支农服务创新和制度保障机制。

本书是国家社会科学基金项目（14BJY125）的研究成果，全书内容是在西南大学经济管理学院高远东教授主持下完成的，参与课题研究并撰写书稿的有葛明

---

① 引自 2017 年 3 月 8 日《农民日报》文章《我国新型农业经营主体数量达 280 万个》，作者为余瑶。

② 资料来源于经济日报中国经济趋势研究院新型农业经营主体调研组 2017 年 9 月 13 日发布的《新型农业经营主体发展指数调查（五期）报告》。

③ 资料来源于农业部 2017 年部门决算。

④ 资料来源于经济日报中国经济趋势研究院新型农业经营主体调研组 2017 年 9 月 13 日发布的《新型农业经营主体发展指数调查（五期）报告》。

老师、黄小勇老师、许秀川老师、宫梦瑶老师，以及聂雨芊、李卉、钟海、梅婷婷、夏勇、杨慧凝、李华龙、张振、盛鑫、黄秦敏等研究生。其中，李华龙和张振协助进行了全书文字、数据的校正。同时，本项目在研究过程中得到了全国哲学社会科学规划办公室、重庆市社会科学规划办公室、西南大学，以及重庆、四川、湖北等多个省市农业农村厅（委员会）的大力支持，在此表示诚挚的谢意。

高远东

2020 年 4 月 10 日

目　　录

第一章 绪　论

第一节 背景及意义介绍

一、背景介绍

（一）现实背景

农业是国之根本产业，农业人口仍是我国人口的重要组成部分。根据国家统计局统计数据，2018 年，我国农村人口为 5.6401 亿人，占年末总人口的 40.4%。2019 年，第一产业增加值 70 467 亿元，增长 3.1%。第一产业增加值占国内生产总值（gross domestic product，GDP）的比重为 7.1%。[①]随着社会经济的不断发展，我国的农业农村发展呈现出新的面貌。不同于初期的总产量水平较低，目前农业的结构性矛盾表现在供给侧方面，主要存在阶段性供过于求和供给不足的问题。为化解这些矛盾，加快农业现代化进程，我国不断探索新的改革思路、高效的农业组织形式及最优农业结构。目前，我国的农业组织形式已经从单一小农经营逐渐发展为以专业大户、家庭农场、农民专业合作组织和农业企业为主的多种经营组织形式，2016 年我国新型农业经营主体总量达到 280 万个[②]，这些农业组织具有一定的经营规模优势和市场优势，有效地带动了广大农民脱贫致富。为此，无论是农村基础设施建设还是财政金融惠农项目，政府不断扩大对“三农”的支持力度，推动新型农业经营主体的快速发展。2016 年中国银行业协会报告显示，银行业金融机构涉农贷款余额 26.4 万亿元，同比增长 11.7%，其中涉农新增贷款在

① 资料来源于2020年2月28日国家统计局发布的《中华人民共和国2019年国民经济和社会发展统计公报》。

② 引自 2017 年 3 月 8 日《农民日报》文章《我国新型农业经营主体数量达 280 万个》，作者为余瑶。

全年新增贷款中占比为 32.9%[①]；2016 年农林水支出 1 638 572 万元，其中农业生产补贴 120 236 万元、农业组织化与产业化经营支出 2848 万元、农产品加工与促销支出 3468 万元[②]。

但是，政府在大力培育新型农业经营主体的过程中，也面临很多亟待解决的问题：难以从农户手中获得充足的土地以维持正常生产经营或扩大规模，抗风险能力较弱；农业组织内部管理不规范，缺乏激励相容机制；可持续发展能力不强，技术创新动力不足；授信担保难度大，交易成本高，容易受到较强的资金约束；政府支持政策不灵活且效率较低；农业方面实用人才紧缺，农业教育普及程度较低。其中，资金约束是特别突出的问题，农村地区金融资源不足并有过度外流到城镇的现象，加之新型农业经营主体在获取财政金融支农服务时的壁垒较高，造成农业主体的财政金融供给与需求之间出现不均衡的现象，不利于农村地区经济发展、农民收入增加，严重阻碍了农业现代化进程。

（二）政策背景

党的十八大报告首次正式提出“新型农业经营体系”后[③]，2013 年中央一号文件明确提出“农业生产经营组织创新是推进现代农业建设的核心和基础”[④]。此后，党的十八届三中全会进一步提出，通过新型农业经营主体的培育发展来加快构建新型农业经营体系、促进现代农业发展的意见[⑤]。2014 年中央一号文件则进一步强调，“坚持家庭经营为基础与多种经营形式共同发展”，通过“扶持发展新型农业经营主体”等重点举措“推进中国特色农业现代化”[⑥]。2015 年我国经济发展进入新常态，经济增速放缓，在此背景下中央一号文件明确提出要“坚持和完善农村基本经营制度，积极发展多种形式适度规模经营，提高农民组织化程度”[⑦]。2016 年中央一号文件强调：在“十三五”期间，国家持续“支持新型农业经营主体和新型农业服务主体成为建设现代农业的骨干力量，充分发挥多种形式适度规模经营在农业机械和科技成果应用、绿色发展、市场开拓等方面的引

① 资料来源于经济日报中国经济趋势研究院新型农业经营主体调研组 2017 年 9 月 13 日发布的《新型农业经营主体发展指数调查（五期）报告》。

② 资料来源于农业部 2017 年部门决算。

③ 引自 2012 年 11 月 18 日《人民日报》刊发的十八大报告全文：《坚定不移沿着中国特色社会主义道路前进 为全面建成小康社会而奋斗》。

④ 引自 2013 年中央一号文件：《中共中央、国务院关于加快发展现代农业进一步增强农村发展活力的若干意见》。

⑤ 资料来源于《中国共产党第十八届中央委员会第三次全体会议公报》。

⑥ 引自 2014 年中央一号文件：《中共中央、国务院关于全面深化农村改革加快推进农业现代化的若干意见》。

⑦ 引自 2015 年中央一号文件：《中共中央、国务院关于加大改革创新力度加快农业现代化建设的若干意见》。

领功能”[①]。2017 年中央一号文件中则指出，要“积极发展适度规模经营。大力培育新型农业经营主体和服务主体，通过经营权流转、股份合作、代耕代种、土地托管等多种方式，加快发展土地流转型、服务带动型等多种形式规模经营”，“研究建立农业适度规模经营评价指标体系，引导规模经营健康发展”。[②]

距党的十八大报告首次提出“新型农业经营体系”到目前已经有 8 年多的时间，在此期间，国家坚持大力培育新型农业经营主体，明确其在农业现代化建设和农业转型升级方面的核心和基础地位，旨在形成以适度规模经营的组织形式为主的新型农业经营体系，发挥其引领小农户及其他形式的农业组织共同发展的带动作用，实现农业现代化。

二、意义介绍

在当前中央聚焦新型农业经营主体培育、新型农业经营体系构建，致力于中国特色现代农业建设的背景下，研究构建新型农业经营主体的财政金融支农服务创新，对实现我国政治稳定团结、经济持续发展、社会和谐有序具有重要的理论意义和现实价值。

首先，从理论意义来看，培育新型农业经营主体、构建新型农业经营体系对于推进中国特色农业现代化、实现“四化”同步发展意义重大。改革开放以来，我国已由单一的家庭经营主导的农业生产经营组织结构，逐步向以家庭经营为基础，包含专业大户、家庭农场、农民专业合作社、农业企业等新型农业经营主体并存的多元化格局转变。新型农业经营主体作为构成我国农业体系的一个重要微观元素，对其进行大力培育和发展无疑对于构建我国健全的集约化、专业化、组织化、社会化农业经营体系具有决定性的作用；它在农业现代化进程中以载体的形式参与其中，同时也是能够实现“四化”的有效农业组织形式。然而，在双重二元金融结构的束缚下，既有以家庭经营为主要对象的财政金融支农服务，是否能满足新型农业经营主体的发展需要？如不适应，需要做出哪些创新？这些问题至今尚未有明确答案。因此，在“工业化信息化城镇化快速发展对同步推进农业现代化的要求更为紧迫”的现实背景下[③]，加快新型农业经营主体构建的财政金融支农服务创新研究，对于实现农业现代化和“四化”同步发展意义重大。加快建立新型农业经营主体，对于丰富财政金融支农理论体系、完善财政支农政策、创新农村金融制度具有重要的理

① 引自 2016 年中央一号文件：《中共中央、国务院关于落实发展新理念加快农业现代化实现全面小康目标的若干意见》。

② 引自 2017 年中央一号文件：《中共中央、国务院关于深入推进农业供给侧结构性改革加快培育农业农村发展新动能的若干意见》。

③ 引自 2014 年中央一号文件：《中共中央、国务院关于全面深化农村改革加快推进农业现代化的若干意见》。

论意义和决策参考价值。本书探讨的是涉及农业、财政、金融等多个领域的多学科、综合性问题，将进一步丰富现代财政金融支农理论体系；并从中国特色现代农业发展的需求出发，为进一步优化财政资源配置、完善财政支农政策、加快创新农村金融制度、健全农业支持保护体系提供理论支撑。实践中，将创新面向新型农业经营主体的财政金融支农服务，提升财政金融支农服务绩效、强化金融机构服务“三农”职责，为相关政府部门提供决策参考。

其次，从现实价值来看，适度规模经营的新型农业经营主体在提高农民收入方面具有比较优势，而这对于缩小城乡收入差距、实现城乡发展一体化、构建新型工农城乡关系意义深远。农业由于其比较效益不高，相比其他产业发展较为缓慢，农业现代化更是面临一系列难以克服的困难。同时，农业也是影响“四化”协调发展的显著因素，因此，解决这块短板对“四化”的实现也具有重要的现实意义。中国要实现全面建成小康社会的目标，首先要解决的就是“三农”问题，通过转变传统农业生产模式，稳步推进农业现代化建设来实现。目前，我国新型农业经营主体还处在起步阶段，自身实力较弱，存在着诸如融资难、财政金融支农政策脱节等诸多问题。这就需要与新型农业经营主体匹配的、高效的财政金融支农服务，在提高财政金融支农资源使用效率的前提下，促进新型农业经营主体的财政金融支农服务可得性。资本作为促进农业增长最活跃的要素，其重要性已经得到理论、实证支持，而当前农业政策中对资本的投入比以前有所增加，但仍然不足以促进农业现代化发展。如果政府在制定政策时忽略了财政支农与金融支农之间的联系，财政支农缺少金融资金显得势单力薄，金融支农缺少财政政策则难以发挥其作用，这必然会对新型农业经营体系的构建产生不利影响，因此，本书将会为财政支农与金融支农协调机制的建立提供思路，从而加强政策执行效果。此外，本书系统研究的结论最终也将为城乡发展一体化的实现和新型工农城乡关系的形成提供理论支撑、决策依据和政策文本。

第二节　本书研究目标及结构安排

一、本书研究目标

目前对新型农业经营主体的关注是来自社会各阶层的，农业作为一个国家的基础产业不仅与国民的生活息息相关，且具有重要的战略意义。“仓廪实而知礼节，衣食足而知荣辱”[①]，农业作为第一产业，是经济社会发展的基础，发展好农业有利于提高农民生活质量、保证食品安全及维持社会稳定。其中，加快培育发展新型农业经营主体是构建新型农业经营体系的重点所在，也是推进农业现代化的关键，需要与新型农业经营主体相匹配且高效的财政金融支农服务。

本书的研究目标在于为财政金融支农如何高效地服务于新型农业经营主体提供解决思路。具体地，我们的研究目标可以分解为以下几点：①剖析新型农业经营主体发展中财政金融支农服务需求与财政金融支农服务供给之间的内在机理；②从宏观与微观层面测度现阶段财政金融支农服务于新型农业经营主体的绩效；③总结国内外财政金融支农服务于新型农业经营主体发展的经验，为我国新型农业经营主体的发展提供借鉴；④定量测度新型农业经营主体的财政金融需求与财政金融支农服务的现实矛盾，以及财政金融支农服务对新型农业经营主体的影响；⑤提出财政金融支农服务创新的思路，并从政策、法律、风险及信用等角度为新型农业经营主体设计财政金融支农服务创新的制度保障机制。

二、结构安排

为实现上述研究目标，本书分以下章节来阐述研究内容。

第一章为绪论。该章论述本书研究形成的背景、产生的意义、实现的目标，以及研究的总体思路及主要方法，构建出本书的整体框架，最后提出整个研究的创新之处和对未来研究的展望。

第二章为理论回顾与借鉴。该章从既定的研究目标和逻辑框架出发，通过对国内外研究现状的分析及相关理论的梳理，确定本书研究可供借鉴的现代农村财政金融的相关理论，主要包括农业农村发展理论、农村财政金融理论等，并着重对这些理论进行研究和评述，从而为本书研究奠定扎实的理论基础和逻辑起点。

第三章为农业经营主体演化分析。该章首先阐述农业经营主体的演化背景，主要是相关制度演化和农业结构的转型升级；其次，分析从自给自足的小农经济到新型农业经营体系的演化路径；最后，详细论述新型农业经营主体的内涵、主要类型和经营模式。

第四章为财政金融支农服务供需机理分析。该章首先分析资金约束对企业发展所造成的影响；其次，结合新型农业经营主体的特点，分析它们在不同发展阶段的资金需求；再次，使用 Stiglitz 和 Weiss（1981）的理论分析农业企业难以从银行获得贷款的原因；最后，就政府财政金融支农服务纠正市场失灵的措施和可能后果进行讨论。

① 引自西汉史学家司马迁的《史记·管晏列传》。

第五章为国内外经验借鉴。该章以美国、法国、荷兰、韩国为例，归纳各国特色农业组织形式的主要特征和财政金融支持举措，并选取国内上海松江家庭农场、湖北恩施、重庆奉节的成功案例进行解读。

第六章为新型农业经营主体发展的财政金融支农服务绩效。该章从宏观层面和微观层面对我国财政金融支农服务新型农业经营主体的效率进行分析。宏观层面上，分析我国各省区市财政金融支农服务新型农业经营体系效率，探究外部环境因素对财政金融支农服务新型农业经营主体效率的影响作用；微观层面上，测度新型农业经营主体的借贷能力、借贷途径，以及负责人能力、盈利能力、组织化程度等对经营效率的影响。

第七章为新型农业经营主体资金需求与财政金融支农服务的矛盾。该章首先梳理财政金融支农服务新型农业经营主体的相关政策变迁；其次，归纳分析财政金融支农服务新型农业经营主体的方式和力度；最后，从新型农业经营主体的角度，分析其对财政、金融的现实需求及面临的困境。

第八章为财政金融供需对新型农业经营主体发展的影响。该章通过将影响经营主体培育效果的金融供给、金融需求、财政供给及财政需求作为潜变量引入结构方程模型中，分析研究四个潜变量与各观测变量之间的关系，以及其各自与经营主体培育效果之间的关系。

第九章为财政金融支农服务创新。该章探索面向中国新型农业经营主体的财政支农服务、金融支农服务、财政与金融协同服务及财政金融支农政策配套与组合创新，同时就我国新型农业经营主体的规范化发展提出政策建议。

第十章为财政金融支农服务新型农业经营主体的制度保障机制。为保障财政金融支农服务政策的有效实施，该章从政策、法律、风险及信用的角度，结合现有制度保障的不足和缺陷设计财政金融支农服务创新的制度保障机制。

第三节 基本思路及主要方法

一、基本思路

构建新型农业经营主体，需要与之匹配的、高效的财政金融支农服务的大力扶持。受双重二元金融结构的约束，中国财政金融支农服务难以满足新型农业经营主体的需求，造成了新型农业经营主体的财政金融支农服务需求与供给的不相匹配及现实矛盾。基于此，本书以党的十八大、十八届三中全会和习近平总书记系列讲话为指导，通过广泛挖掘和科学吸收已有理论资源，以既有适用成果为起点，在充分认识我国新型农业经营主体发展现状和财政金融支农服务缺位的基础上，从历史与现实、国际与国内、微观与宏观、理论与实证相结合的视角，通过对农业经营主体演化、财政金融支农服务供需机理的深入分析，并吸收借鉴国际经验，对理论框架进一步修正完善。在此基础上，对新型农业经营主体构建过程中财政金融支农服务的绩效、供需环境、现实矛盾进行实证分析。最后，探索新型农业经营主体构建的财政金融支农服务创新，并设计相应的制度保障机制。本书编写的基本思路如框架图 1-1 所示。

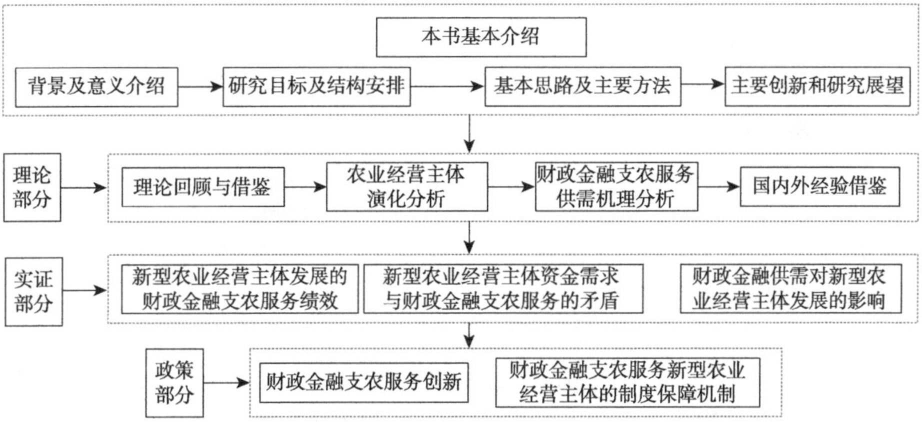

图 1-1　基本思路图

二、主要方法

本书综合运用推断统计、双边随机边界模型、结构方程模型等多种方法，以满足本书研究内容的需要，其中，主要的研究方法如下。

（1）抽样调查方法：采用分层抽样的方法对我国东、中、西部地区的不同省区市进行了随机抽样，抽取了广东、山东、河北、江西、安徽、湖北、河南、重庆、内蒙古、陕西、宁夏和广西等 12 个省区市的 43 个乡镇、村的新型农业经营主体，进行了问卷调查以获得所需要的相关数据资料。

（2）数据包络分析方法：对新型农业经营主体发展的财政金融支农服务绩效部分，采用三阶段的数据包络分析方法，从宏观视角测算财政金融支农服务新型农业经营主体的运行效果。

（3）双边随机边界分析方法：在对新型农业经营主体生产经营效率进行测度的过程中主要使用了双边随机边界模型。

（4）结构方程模型方法：为研究财政金融供需对新型农业经营主体影响的

实证分析，考虑到系统的复杂性，采用结构方程模型进行实证分析。

（5）制度分析方法：从制度经济学、结构功能理论等视角，探索新型农业经营主体的财政金融支农服务创新的政策建议，并设计相应的制度保障机制。

第四节　主要创新和研究展望

一、主要创新

（1）内容创新：①辨析财政金融支农服务主体和新型农业经营主体间的相互关系和行为模式，论证新型农业经营主体构建和财政金融支农服务创新的供需机理。②从构建中国新型农业经营主体的财政金融支农服务需求和供给的现实矛盾出发，吸收借鉴国际经验，探索新型农业经营主体发展所需的财政金融支农服务创新和制度保障机制。

（2）方法创新：①运用结构方程模型方法，定量测度财政金融供给和需求对新型农业经营主体发展的作用方向、路径和大小。②采用改进的三阶段数据包络分析方法，测度财政金融服务新型农业经营主体的效率。

二、研究展望

本书重点论述了新型农业经营主体的财政金融支农服务供需机理、财政金融支农服务绩效、新型农业经营主体与财政金融支农服务的现实矛盾，以及新型农业经营主体构建的财政金融支农服务创新的政策建议及相应的制度保障机制，在此过程中，仍有一些不足之处，有待于进一步深入研究。

（1）在财政金融支农服务供需机理分析中，本书仅从资金约束、资金供给和需求等方面论述供需机理，并没有构建理论模型，可在此基础上构建系统动力学模型，分析各新型农业经营主体对财政与金融服务的需求机理。

（2）实证部分中并未考虑财政金融支农服务存在的空间效应，后续研究可以采用空间面板计量模型测度新型农业经营主体构建中财政金融支农服务绩效及导致绩效偏差的各因素的作用。

（3）不同类型的新型农业经营主体之间的财政金融支农服务绩效存在差异，现有研究并没有考虑这种异质性，在之后的研究中可以从这个角度探究影响各类型新型农业经营主体财政金融支农服务绩效的外部因素、内部因素及结构因素。

第二章　理论回顾与借鉴

财政金融支农服务新型农业经营主体的发展，不仅是我国农村经济社会发展和财政金融体系改革的现实需要，而且也有其必要的理论依据。因此，要对我国新型农业经营主体的财政金融相关服务情况进行研究，首先应对国内外研究现状及相关理论进行梳理与分析，从而为本书提供丰富、扎实的理论基础和逻辑起点。立足于本书既定的研究目标、研究内容和逻辑框架，下面主要就研究现状，以及涉及的经济增长理论、农村财政金融理论等相关理论进行梳理、分析和评述。

第一节　文献回顾

一、国外研究现状

科技革命引起了农业的巨大变革，传统农业必须向现代农业逐步发展，Schultz（1964）认为，传统农业效率低下是由规模小、科技含量低且生产方式落后的特点引起的，想要提高农业经济效益，必须改造传统农业。规模经济和发展现代农业的现实需求下（de Janvry，1981），为了适应市场、资源环境、土地所有权政策的变化（Fafchamps and Hill，2005），农业经营主体经历了从个体采猎到农户生产，再到家庭农场、合作社、农业企业的演进。

（1）关于家庭农场。家庭农场经营模式在国外产生时间较长，并在发达国家中得到大力发展。例如，美国早在200多年前就已经产生了家庭农场，荷兰的家庭农场在19世纪就已经实现了专业化，同时日本在20世纪初也产生了较多且规模较大的家庭农场。对家庭农场经营产生影响的四个重要因素分别是：劳动力要素、资本要素、土地要素和管理要素（Thompson，1921）。尽管大多数发达国家早已实行农业现代化生产，但是家庭农场依然是经营主体中最主要的力量之一。

（2）关于合作社。合作社经营的主要内容有：①销售活动。农产品整理、储藏、运输、销售等。②供应活动。生产和生活资料的采购供应。③加工活动。从事农产品的加工增值活动。④经营指导活动。农业经营指导活动，为提高社员文化、技术、道德素质而进行的教育培训活动。合作社的性质是企业，当农民生产要素实现最大化时，合作社社员的利益也会向最大化趋势发展。为使得现代合作社得到更好的发展，需要发现现代合作社和传统农业的区别，并分析传统合作社向现代农业发展的制度变迁过程，研究现代农业的制度绩效和体制特点。

（3）关于农业企业。较为典型的是农工商综合体，农工商综合体不同于传统农业，是集合生产、加工、销售等多个环节于一体的综合企业。综合体的经营模式采取统一核算，实施完全垂直一体化的经营。工商企业逐渐对农业的渗透是该模式产生的主要因素，其实现的途径主要有直接购买、租种土地或者同专业化的大农场合作等方式。这样可以降低生产成本，更快投入相应的产品到需要的市场中去。虽然农工商综合体相比于其他农业生产方式拥有一定的优势，但是在大多数国家，家庭农场经营依然是农业生产的主要经营方式。一方面，国家对家庭农场经营的保护在一定程度上对农工商综合体产生了限制。另一方面，由于综合体生产经营规模较大，投入的资金较多，一般只有资金雄厚的公司才能承受，同时由于农业投资本身风险也较大，大多数资金雄厚的公司更愿意选择其他行业进行投资。

从农村财政金融发展与农村经济发展的关系上看，在短期内二者并没有直接的因果关系，但在长期内则表现为金融促进经济发展的显著地、单向因果关系。首先，由于农业自身具有基础性、公共性、脆弱性的特性，现代农业经营主体的发展离不开财政金融支农服务的支持（Fafchamps，2013；Dutrénit et al.，2012），而且财政金融支农政策需要充分考虑地域性、创新性和可操作性，通过内部改革和中介机构作用的强化来推进农业改革，促进财政金融支农效用的显著发挥（Carney，1995）。对此，以 Adams 等（1984）为代表的经济学家着重研究了发展中国家的农村金融问题，先后研究了发展中国家农村的低息贷款对农村经济发展的危害，对低收入国家农村的非正规金融问题也进行了研究。Udry（1990）从不完全信息的角度分析了农村信贷市场的低水平发展使农村经济的正规金融需要得不到满足。其次，具体到农业经营主体构建过程中财政金融支农服务的具体模式机制，存在显著的分歧。Adams（2002）认为政府补贴过度会导致支农资金使用效率下降、农村经营主体经营活力弱化，而依靠市场机制和商业金融则可以提高支农资金使用效率。然而实际情况是，金融机构的风险规避意识导致的灵活性不足、贷款供需失衡等，使得农业贷款难度很大（Chaovanapoonphol et al.，2009）。真正有需求的低收入家庭，往往由于缺少抵押担保而无法得到国家机构提供的农业信贷支持，转而选择非正式信贷机构，久而久之则对非正式信贷机构表现出较高的依赖性（Akdemir，2012；Khoi et al.，2013），并对正式信贷机构造成一定冲击（Shee and Turvey，2012）。资金匮乏、融资渠道单一等信贷约束已经直接影响农民的盈利能力、技术选择和生产经营规模（Cabannes，2012；Jansson et al.，2013；Smale et al.，2016）。对此，政府需要开辟多元化融资渠道，通过建立社区银行、创办社区金融组织等措施，优化财政金融支农服务功能，以提高农村金融服务绩效。

同时，发展中国家的政府对于农村财政金融支农服务依然存在诸多亟待解决的问题。例如，由于有效农村金融市场体系的缺失，经济转型国家财政金融部门提供的农村资金配置效率往往是比较低下的（Koester，2001）。在对我国农村经济的分析中同样发现，中国农业和农村融资存在着风险大、收入低、农村信用和风险管理市场不完善、财政和金融资源配置低效等一系列问题。如果这些问题得不到良好的解决，资金从农业和农村的逐渐流失是不可避免的。当然，也同时发现，财政支持、公共基金和政策性信贷支农方式对新型农业经营主体的发展更为高效，并有效降低了资金的获取成本①。Hartarska 等（2015）通过提供证据发现，农业金融，特别是贷款对美国农业的发展做出了重大贡献。因此，有必要增加财政支出的规模，形成长效机制，增强资本整合程度、优化支出结构和完善政府绩效考核机制。

二、国内研究现状

随着国内传统家庭承包经营户的加速分化，各地区新型农业经营主体的培养不断加快，越来越多的学者加大了对我国新型农业经营主体的研究力度，如对其范畴的界定和解释。目前，国内学者对于新型农业经营主体的分类有以下几种：黄祖辉和俞宁（2010）通过对浙江省新型农业经营主体的分析，将新型农业经营主体主要分为“农业专业大户、农民专业合作社和农业企业”三类。张照新和赵海（2013）将新型农业经营主体分为“专业大户、家庭农场、农民专业合作社、龙头企业和经营性农业服务组织”五类。王慧敏和龙文军（2014）根据组织属性，将其分为“家庭经营型、合作经营型和企业经营型”三类，并认为三类组织在农业发展生产实践中均有很高的地位。各新型农业经营主体具有不同的功能定位，共同构成了现阶段的新型农业经营体系，相互依存，相互促进。孟丽等（2015）指出专业大户是新型农业经营体系的重要成员，是建设和发展现代农业的重要力量；家庭农场是对传统农户家庭经营组织改造与完善的理想模式和必然结果，是

① 资料来源：OECD 发布的 Measuring productivity-measurement of aggregate and industry-level productivity growth。

未来中国农业生产的基本主体；农民合作社为生产经营主体提供社会化服务，是连接小农户与大市场、联结各个农业经营主体的桥梁纽带；龙头企业是农产品加工和流通领域的基本主体。下面就新型农业经营主体发展过程中财政金融支农服务的相关研究梳理如下。

（一）新型农业经营主体发展面临的困难和挑战

新型农业经营主体在发展过程中存在土地稳定流转难、政策支持不足、融资贷款难、公共服务不足、基础设施建设投入不足等问题（范晓霞，2013；钱克明和彭廷军，2013；陈芳，2014）。究其原因，除了新型农业经营主体受限于农业基础设施薄弱和土地约束之外，生产经营主体贷款难、费用高和金融机构营业网点少同样是其主要影响因素（刘志成，2013）。李晶玲等（2013）也发现新型农业经营主体在生产发展过程中存在三大主要阻碍，分别是农村信贷供给不足、金融抑制现象严重、中间业务发展缓慢。由于农业补贴不规范、专项扶持政策缺失、融资困难等因素，其经营绩效受到显著影响（汤文华等，2013）。在之后的进一步细化研究中，杨亦民和叶明欢（2013）、许兆春（2013）的研究进一步揭示了农业保险业发展滞后、金融机构扶农保障不够等问题。赵振宇（2014）也发现专业大户、家庭农场、农民专业合作社和农业企业的土地承包权与经营权是分离的，导致其作为抵押物时，首先在理论上不具有可行性，其次在实际贷款中也存在很大的金融风险。针对这些问题，对于不同地区新型农业经营主体的发展情况，需要因地制宜，采取不同的对应方式。例如，根据资产特征的不同，创新担保抵押方式，从而扩大抵押担保范围，以有效解决新型农业经营主体资金短缺的问题（杨子强，2014）。

（二）财政金融支农服务新型农业经营主体存在的困难

在新型农业经营主体发展过程中，财政金融支农服务也呈现出与之不相适应的诸多问题。具体到农业大户和家庭农场，由于农业补贴不规范、专项扶持政策缺失、融资困难等因素，其经营绩效受到显著影响。对于农民专业合作社，则存在服务功能弱（黄季焜等，2010）、信贷供给不足（郭红东等，2011）等问题。其中，较为突出的融资困境问题，主要是由农村金融机构支持与服务缺位（马丁丑等，2011）、农村金融供需失衡（温思美等，2009；苑鹏，2009）、合作社的治理结构问题（韦克游，2013）等导致的。金融机构贷款手续复杂、贷款品种方面缺乏、利率定价不科学等因素导致新型农业经营主体融资难。当前我国传统金融机构的农业贷款手续复杂、贷款门槛较高等问题不利于新型农业经营主体的融资（江维国，2015）。在我国当前的贷款机制下，银行等金融机构具有绝对主导的利率定价权，由此产生的不科学利率定价，会使得一些优质客户（新型农业经营主体）因相对较高的利率而不选择贷款，反而使得一些资信较差的客户取得了银行贷款（黄可权和张启文，2015）。张立（2014）发现新型农业经营主体向银行类金融机构进行贷款融资还会受到贷款产品单一化的影响。林乐芬和法宁（2015）通过对银行贷款产品的研究发现，银行等金融机构为农业经营主体提供贷款时，缺少具有针对性的信贷融资产品，为部分涉农主体量身定制的金融产品也相对滞后。同时，地方政府对于新型农业经营主体的资金扶持项目也存在许多问题。如汪发元（2015）的研究发现，一些地方政府将国家对新型农业经营主体的农业扶持款作为其弥补财政资金缺口的途径，部分地方政府即使得到了部分扶持资金，但出于谋求更好的投入回报等原因，并没有将这些资金运用到国家指定的项目中。针对此类问题，需要从农业经营主体自身特点出发，调整我国财政支农结构、加快金融服务创新，重点支持新型农业经营主体的发展，以提高我国财政金融支农效率（张杰，2005；何广文，2009；王曙光和张越，2012）。

（三）关于财政金融支农绩效的研究

温涛和王煜宇（2005）认为我国财政支农的投入增加对农业经济发展起到了抑制作用，因此，对农业和农村投资不只是一个简单注入资金的过程。崔元锋和严立冬（2006）运用1995~2004年的数据，采用数据包络分析（date envelopment analysis，DEA）模型研究得出我国财政支农资金整体效率不高，并呈现出逐年下降趋势，而财政支农结构不合理是其主要原因。除此之外，俞小飞（2011）运用2003~2009年的数据进一步研究发现，我国支农资金的管理水平相对较低是另一个严重制约财政支农资金绩效作用发挥的重要原因。江维国和李立清（2014）认为国家财政金融支农服务对促进农业技术进步和新型农业经营主体培育有着重要的作用。董晓林等（2016）也认为现代农业发展离不开财政和金融的支持，但财政资金如何撬动金融支农以实现高效的投入，需要进行深入研究。葛永波等（2015）在研究中也发现财政补贴对促进农业发展有着突出的作用。张彪（2016）认为应通过提高财政支农的支持标准、遏止所有行政报酬事件、制定专属支持项目、完善金融支农帮扶制度与担保系统及加深金融财政支农合作互联等方式，开发出凸显创新特色的财政金融支农服务以帮助新型农业经营主体获得更进一步的发展。同时，李鸿渐（2016）的研究发现，金融支持以信贷为主要方式促进农村经济与农民增收，进而实现农村减贫，具有直接效应；金融支农减贫与经济效益存在正向弹性，区域的财政支农减贫效应扩散至邻近区域的可能性要高于劳动力增加带来的相应效益在邻近区域的扩散。针对上述问题，需要加快金融服务创新，以提高我国财政金融支农效率（李江一，2016），从而形成高效率的新型农业经营主体和新型农业社会化服务体系。

第二节 经济增长理论

经济增长通常是指在一个较长的时间跨度上，一个国家人均产出（或人均收入）水平的持续提高，一般采用的衡量指标有实际国民生产总值、人均实际国民生产总值的增加或增长率。人力资源、自然资源和资本积累的数量与质量及技术水平的高低，决定着国家生产能力的提高或者实际产出的增加，由此，经济增长意味着以上因素的改善和扩张。

一、古典经济增长理论

经济增长理论始见于亚当·斯密的《国富论》，这一时期以亚当·斯密和李嘉图为主要代表。古典经济增长理论聚焦于增加产品生产的各种决定因素，强调投资和积累过程是经济增长的核心，并对生产率——技术水平给予高度重视。在研究当中，亚当·斯密更着重于劳动力的作用机理分析，即劳动分工；李嘉图则更多强调了经济增长中收入分配的重要影响，以分配理论来说明资本主义市场经济中产品分配的规律（李嘉图，1962）。

亚当·斯密认为，只有那些有用的和生产性的劳动，才能创造出社会生产价值。积累的资本存量决定了雇用多少“有用的和生产性的”工人，以及他们的生产力的高低。同时，资本存量的增长是劳动生产率提高最为重要的因素之一，因为它深化了劳动分工，进而促进了社会繁荣。分工能够使同等数量的工人完成的工作量要比过去不分工完成的工作量大很多，其主要有以下三个原因：第一，工人因分工而专业、因专业而精通；第二，分工的存在节省了工作的转换时间，节约了时间成本；第三，在分工的基础之上，大量机械的发明和使用使得一个人可以完成多个人的事情。亚当·斯密的经济增长理论尽管没有解析经济增长的内在动因及规律，也没有给出国民收入和产出间关系的具体量化模型，但他提出的影响经济增长的劳动、土地和资本这三个基本生产要素，对于经济增长理论的发展具有重大意义。

李嘉图在亚当·斯密的经济增长理论基础之上，继续对该理论进行了深入研究，他通过对工业革命时期的研究，确立了经济增长的驱动力——现代工业资本累积。同时他主张，“在土地所有者、耕种所需的资本的所有者以及进行耕种工作的劳动者这三个社会阶级之间进行分配”，“确立支配这种分配的法则，乃是政治经济学的主要问题”。在他看来，劳动力需求和工资基金的增长存在一定的特定关系，两者成比例增长。通过研究发现，劳动力的供给在短期内一般是固定不变的，但就长时间而言，劳动力的供给具备无限弹性的特性，使得工人工资率总会在经过一定时期后返回到原来的水平。因此就长期而言，工资成本在工业部门中基本是保持不变的，这样就会使得其利润随着资本积累的增长而成一定比例的增加。区别于亚当·斯密的研究，李嘉图探讨了工资、利润和地租的关系，他提出了经济增长在农业主导型发展阶段向工业化阶段发展过程中所面临的问题。

二、现代经济增长理论

继古典经济增长理论之后，伴随着“凯恩斯革命”的出现，现代经济增长理论开始形成，哈罗德和多马就是其中具有代表性的人物。1930 年左右，欧美国家经济陷入大萧条，总需求长期严重小于总供给，在这种情况下，当时充分就业均衡的教条不得不被主流经济学家所放弃，进而发生的凯恩斯革命逐渐得到大多数经济学家的认可，他们不再沿用新古典经济学将经济学分为价值论—分配论与货币论的两分法，而是将其具体划分为两个部分：一是研究特定资源在社会生产的配置，即“微观经济学”；二是以国民经济总过程的活动为研究对象，主要考察就业总水平、国民总收入等经济总量，即“宏观经济学”（凯恩斯，1999）。

在凯恩斯革命爆发后，1939 年，哈罗德基于凯恩斯提出的短期、静态（比较静态）均衡研究方法，将国民收入决定理论和就业理论长期化及动态化，形成“论动态理论”一文并在英国《经济学杂志》上发表；在其提出的哈罗德模型中，通过经济增长率（G）、储蓄率（s）和资本-产出比率（v）三个宏观经济变量之间的函数关系来抽象地表示经济增长，其基本的数学表达公式为$G=s/v$。根据上式可以看出：一国的储蓄率与该国的经济增长率成正比关系，同时资本-产出比率与该国的经济增长率成反比关系。此外，哈罗德将经济增长率分为三类，分别为实际增长率、均衡增长率和自然增长率。特别指出，这里的实际增长率就是社会现实达到的经济增长率。因而，当一个国家达到均衡增长率时，此时国内达到了充分就业的有效需求状况，并且此时能够充分利用其形成的生产力。所以，在这种情况下，其产量或收入达到一个顶峰，社会上既不存在失业的情况，又不存在通货膨胀的情况。该模型中的自然增长率 n 表示在国家人口和技术都不发生改变的状况下，社会此时所允许达到的最大经济增长率。

1946 年前后，多马先后发表了《资本扩张、增长率和就业》《扩张与就业》，他提出的经济增长模型在理论构思和基本论点上与哈罗德模型基本完全相同，因此，后人把他们研究的经济增长理论模型统称为哈罗德-多马增长模型。其研究认为，经济增长是由劳动力、资本、储蓄、消费及技术进步等各类生产要素共同作用的，而且作用过程是动态变化的，此观点在当时引起了经济学家的共鸣，具有极强的理论意义和现实价值。遗憾的是，哈罗德–多马模型通过假设四个给定的参数（储蓄率、资本–产出比、劳动力的增长率、技术进步速度）并将其内生化，分析了任何一种假设变化下模型随之而来的动态变化，丰富了当代经济增长理论研究。但是，这仅仅提供了一种研究动态均衡分析的方法和思路，针对现实生产活动中具体的经济增长情况并未给予解释。

三、新古典经济增长理论

斯旺和索洛是新古典经济增长理论的代表人物。《关于经济增长理论的一篇论文》是索洛在 1956 年发表的具有阶段性标志的文章，斯旺在同年同样发表了与其相似的文章，由此开创了新古典经济增长理论模型。从索洛的观点来看，因为哈罗德–多马模型中生产函数有固定比例的假设，所以其有保证的增长率不易刚好和自然增长率保持一致，因而导致其具有中长期增加的“刀刃”性质。将生产函数看作固定比例也就代表着资本不可能代替劳动。他的观点中，若抛弃这种假设，就能改变其具有的不稳定平衡增长的“刀刃”性质。用 $Sf(k)=k^{*}+nk$ 来表达索洛的经济增长模型，在这个表达式中，按照既定的资本劳动比配备每一新增长人口所需资本量 nk 与人均储蓄率 $Sf(k)$ 之间的差来决定人均资本拥有量的变化率 k^{*}。因此，经济增长模型的内生变量变成了给定技术水平下的资本–产出比和劳动生产率，使“刀刃”性质的问题得到解决。

索洛于 1957 年发表的《技术变化与总量生产函数》一文中，基于 1909~1949 年的统计数据计算得出，在这 40 年间，美国劳动与资本的投入对经济增长率的贡献仅占 12.5%，其余则全是技术进步的功劳，其贡献率高达 87.5%。该模型指出，就长期而言，在经济增长中起决定性作用的是技术进步，而不是资本积累和劳动力的增加；当然，在索洛的模型中，技术进步也涵盖了其他不能识别的因素，所以并不全是技术进步的作用，这也被称为索洛“余值”。索洛模型在现代经济增长理论中树立了一个较为传统的思维：因为要保持全部经济时刻都在一般均衡的状态，所以将经济增长模型变为了完完全全地从供给方面考虑的长期经济增长模型。

四、新经济增长理论

一般可以把内生增长理论作为新经济增长理论的另一种称呼。20 世纪 60 年代，基于索洛–斯旺的研究，学者将最优化的消费决策分析融入模型中，进而将储蓄率也内生化，实现了又一创新，其代表人物是卡斯（Cass）和库普曼斯（Koopmans）。虽然其总量经济模型仍然采用的是索洛式，但是在这基础之上，该模型在每个时点上达到最优消费、储蓄、资本存量和总产量的同时，自然决定了该时点上的最优储蓄率，其重要假定就是使消费者的需求由消费和储蓄决策将未来无限期界中的总效用最大化（Cass，1965）。

从20世纪80年代开始，知识经济的出现带来了经济增长理论的进一步发展。不同于之前的所有经济增长理论模型，新经济增长理论中强调的是由于投资产生的技术进步，因此，对于一个区域或组织而言，唯有把技术创新置于核心地位，才有源源不断的动力来保证经济增长。其中，卢卡斯和罗默等就是内生增长理论的代表人物。1986年，罗默在“干中学”（learning by doing）模型的基础上将技术进步内生化，使边际收益逐渐增加，因此得到经济可持续增长的“阿罗–罗默”模型，以此为主要内容形成的《收益递增与增长》一文刊登在了《政治经济学》上，这篇文章也成了内生增长理论研究的鼻祖。与之类似，1988年，卢卡斯基于宇泽（Uzawa）两部门模型的研究，得到了人力资本内生于经济增长过程，使边际收益逐渐增加，同样得到了经济可持续增长的“宇泽–卢卡斯”模型，以此为主要内容形成的《论经济发展的机制》一文刊登在了《货币经济学杂志》上。此后，大量经济学者紧随其后，对长期经济增长的来源、动力进行了进一步研究，推动了新经济增长理论的发展。

内生增长理论认为，除了资本和劳动力两个较为传统的生产要素外，知识与技术是对经济增长产生更大影响的因素。正是由于知识和技术特别突出的外部效应（externality），才能够抵消物质资本递减的边际收益。为厘清知识和技术因素在新古典增长模型中会产生怎样的变化，研究者们专门设计知识生产模型等进行研究，并广泛研究新知识的积累、扩散及其运用，以进一步推动高新技术革命的发展，强调人力资本对经济持续增长正外部效应的发挥。如今，在从工业化时代向知识经济时代转变的过程中，传统生产要素对经济增长的作用正在逐渐减弱，代表知识与技术的人力资本正逐步发展成为经济增长的核心驱动因素，在经济可持续发展中显示出重要的作用和意义。

第三节　农业农村发展理论

党的十八大报告明确提出“坚持和完善农村基本经营制度，依法维护农民土地承包经营权、宅基地使用权、集体收益分配权，壮大集体经济实力，发展农民专业合作和股份合作，培育新型农业经营主体，发展多种形式规模经营，构建集约化、专业化、组织化、社会化相结合的新型农业经营体系”。[①]系统梳理和总结国外学者关于农村发展的代表性观点，对于我们研究和解决新型农业经营主体当下面临的问题具有重要的借鉴意义。

一、二元经济结构理论

刘易斯（Lewis）在1954年发表的《劳动力无限供给条件下的经济发展》一文中提出了著名的二元经济结构理论，他在研究中发现发展中国家的经济发展由两个经济体系构成：一是由自给自足的传统农业构成的传统农业体系；二是随着工业化的进程所构成的现代工业体系。这两种体系共同构成的发展中国家的经济体系，被统称为“二元经济结构”。因此，刘易斯认为，发展中国家自然地存在着两大经济部门，即现代工业部门和传统农业部门。在他看来，因为传统的农业生产劳动生产率和收入水平相对于现代工业部门都相对较低，所以为促进发展中国家经济得到较快的发展，最关键的问题是传统的农村剩余劳动力向现代工业化部门的转移。

在具体研究二元经济结构时，其测量的指标包括：比较劳动生产率、二元对比系数和二元反差指数。第一，比较劳动生产率是对一个部门内部而言的，根据其产值（或收入）比重与该部门拥有劳动力比重的比率，可以得出该部门1%的劳动力所产生的产值（或收入）的比重。一个部门拥有劳动力的相对比重越低，同时该部门所产生产值（或收入）的相对比重越高，则该部门的比较劳动生产率值就相对越大；对于所研究的两部门的二元经济结构中比较劳动生产率的值相差越大，其经济发展的二元性质差别也就越大。第二，二元对比系数定义为国家农业部门与非农业部门的比较劳动生产率的比值，其值介于0和1之间。从上面比较劳动生产率的表示可知，一个部门的比较劳动生产率越高，表明该部门的生产水平相对较高。由此，二元对比系数对经济的二元性程度具有较好的体现，如果农业和非农业两个部门之间生产差别较大，此时二元对比系数值就较小，即二元性程度差别越大。第三，用国家农业部门与非农业部门两部门产值（或收入）比重与劳动力比重之差的绝对数的平均值表示二元反差指数，显然，二元反差指数值越大，国家的二元经济结构越明显。

对于发展中国家的发展，二元经济结构理论的建立对其经济发展产生了一定

① 资料来源于2012年11月8日胡锦涛同志代表中国共产党第十七届中央委员会作的《坚定不移沿着中国特色社会主义道路前进 为全面建成小康社会而奋斗》报告。

的指导作用。但是该理论也存在一些不足的地方，其假设农业劳动力可以无限供给，这一基本假设在后来受到诸多学者的质疑。

二、托达罗模型

托达罗模型是美国发展经济学家托达罗（Todaro）于 1970 年发表的农村劳动力向城市迁移决策和就业概率劳动力流动行为模型，又被称为三部门模型。该模型着重分析了农业部门和农村发展对社会经济发展的作用，因为托达罗认为，要解决现代城市严重的失业问题，必须要依托农村与农业的快速发展，这与刘易斯的二元经济结构思想形成鲜明对比。所以他强调有必要减小城乡之间的不平等机制，从而逐渐缩小城市和农村之间的收入差距，以达到适当平衡。

托达罗模型中的一个重要假定是：城乡预期收入差异是决定农村劳动力人口向城市转移的主要动因，城市与农村的预期收入差距越大，农村流出的人口就越多。同时，该模型认为在研究的任何一个时期，农村劳动力流入人口在进入城市现代工业部门找到工作的概率越大，表明城市工业化部门提供的就业机会就越多，但是这也会在一定程度上增加城市失业人数。在以上假定的分析下，当城乡预期收入差异变大时，即使农村劳动力人口流入城市后可能不会马上在现代工业部门中得到工作，但城市工业化的发展使得新的就业机会增加，同时迁移者就业的概率会随着停留时间的增加而增加。这使得越来越多的农村人口流入城市，从而导致农村劳动力的大量流失，城市原有居民的失业水平提高，发展中国家城市移民人数猛增，所以，托达罗认为仅仅增加城市就业机会，对于解决城市就业问题的作用并不明显。托达罗在理论模型中提出，为解决发展中国家城市失业人口增加的问题，其根本源头还是要解决农村发展问题，减少农村劳动力人口向城市的流入，这样既避免了农村劳动力的流失，又可以促进农业经济的发展，又有利于城市经济和社会发展的稳定。为实现此目的，托达罗认为消减城乡经济机会不均等的现状显得尤为重要，如适当减少城市工人工资的补贴和政府雇佣职员的人数，同时适当消减过分的中高等教育事业的投资；为缩小农村与城市之间的差距，需增加对农村农业产业的投资，提高农民生活水平条件，增加农民在农村的就业机会和提高农民收入水平。

20 世纪 60 年代以来，我国城市工业化进程得到快速发展，使得农村大量劳动力特别是青年人不愿意待在农村，城市移民人数迅速猛增，农村人口大量流失，农业生产长时间处于较低的生产发展水平。政府为解决农村人口大量流动的问题，借鉴托达罗模型中的相关政策建议，出台了如户籍管理制度等一系列控制农村人口流失的措施。但从实际实施效果来看，这些政策的出台不仅使我国工业现代化进程受到阻碍，而且并没有解决我国城市化和农村劳动力人口流失的问题。

这从一定层面揭示了托达罗模型的内在缺陷，我国现代农业的发展还需要新的理论的支撑。

三、现代农业发展理论

（1）诱导技术创新理论。“诱导创新”的概念由希克斯首次提出，他认为人类许多的发明创造是生产要素相对价格的提升所导致的。诱导技术创新理论则是由速水佑次郎（Yujiro Hayami）和弗农·拉坦（Vermon Ruttan）在1971年合著的《农业发展：国际前景》一书中首次被正式提出。该理论认为，农业现代化发展的源头是农业生产率的不断增长，而促进农业生产率增长的重要因素是现代农业技术的不断进步，而体现在农村技术进步的主要特性则是单位生产要素投入的产出的增加。随后，两位学者提出，在技术创新要素的核心作用引领下，要将技术与自然资源禀赋、文化状况和制度等要素结合起来，这是促进农业发展的关键。同时，他们认为这四个要素内部之间存在着一般均衡关系。在这一理论背景下，为使得现代农业得到快速发展，必须要解决的两个基本问题是：第一，提高农业生产率；第二，增强农业产业的市场竞争力。相应地，在农业技术创新的方式上，以农业部门的“内生”创新为主，以政府保护政策等方式为辅。

（2）农业生态适宜性理论。生态适宜性是指某种生态环境为生物提供生存空间，该生物会随着环境改变形态以适应环境。生物的生产繁衍，通常有其所需要的特定自然环境，并会受到该环境的制约。生态适应性的概念不断扩展，其内涵包括了对气候、土壤、水分、经济和社会文化等环境的适应性。各国各地区在该理论框架下进行现代农业产业布局时，应首先考虑当地的生态适宜性，按照“因地制宜、因时制宜”的原则，大力发展其最适宜生长的特色农产品，而不是简单照搬发达地区的发展模式。

（3）农业多功能性理论。20世纪80年代末，日本政府为了更好地发展其稻米文化，提出了农业多功能性的概念，以传承其“稻米文化”，并于1999年在新制定的《食品、农业和农村基本法》中，在农业政策改革中引入农业多功能性理念。1992年，在联合国环境与发展大会的《21世纪议程》中，完整论述了农业多功能性的定义，此定义得到了国际社会的广泛认可。随后，欧盟在《2000年议程》中明确指出，欧盟应以农业多功能性为理论基础，完善农业发展模式。农业多功能性理论认为，农业的发展除了具有提供基本的粮食、原料的功能外，还应该具有其他重要的社会、文化和环境等派生功能。农业的多功能性主要体现在生态环境保护、食品安全、休闲观光、农耕文化传承，以及增加就业和消除贫困等方面。该理论不断指导着各国现代农业实践，并在实践中得到提升与完善。

第四节　农村财政金融理论

现代农村财政金融的产生和发展，不仅是我国农村经济社会发展和金融体系改革的现实需要，同时也有其必要的理论依据。现代农村财政金融发展的理论依据主要包括农业信贷补贴理论、农村金融市场理论、不完全竞争市场理论及农村金融可持续发展理论等，介绍如下。

一、农业信贷补贴理论

20 世纪 80 年代以前，农业信贷补贴理论是研究设计我国金融扶贫模式及制度的基础，该理论研究的前提假设是：生活在农村的居民，特别是对于那些储蓄能力严重低下的农村贫困人口，其资金的投入严重不足，导致农村整体资金投入水平低下。同时，金融机构一般也不愿意给农业产业提供贷款，因为农业产业自身具有一定的特点，如高风险、生产周期较长、低回报率等，所以很难得到金融机构等外部供给方面的支持。因此，该理论的结论是：如果要缓解农村的贫困现象和增加农业生产效率，以营利为主要目的金融机构就难以实现普惠的目标，因此需要国家政策的支持，从外部注入低于市场正常利率水平的政策性扶贫资金，并建立非营利组织来专门负责农村扶贫资金并对其进行合理的分配。在经济水平落后的农村地区，可能正规金融机构供给不能满足农业产业对于资金的需求，就容易产生具有高利贷性质的地下金融组织，这种金融组织的利率相对比较高且还款困难。一方面使想要进行借贷的农户对此望而却步，另一方面，借款的农户可能因为无法在规定时间内进行还款而导致生活状况进一步恶化，对农业发展生产造成更大的损害。因此，农村金融服务机构应该在政府的支持下，不断向农村注入低息政策性资金，以扶贫为目标开展专项小额贷款业务，以期能够发挥使我国整个农村金融市场良性竞争发展的作用。然而这样的理论也存在着一些缺陷：首先，依靠国家资金扶持的政策其实不利于激励农民进行储蓄的意愿，农民只是期望直接获得低息贷款而不愿意进行储蓄以建立自己的资金来源，这样的信贷只是增加了国家的财政压力；其次，农村贷款机构是有一定的成本的，当这种利率上限不足以补偿贷款给小农户造成的较高交易成本时，那么这笔资金最后的受益人往往不是较贫困的农户，而是较富有的农户，这有悖于政府的初衷；最后，由于这些提供贷款的金融机构具有非营利性，当把贷款贷出去后，由于没有健全的监管机制，很有可能造成借款者故意拖欠或不还款的现象发生。

二、农村金融市场理论

1980年以来，市场经济体制逐渐发展为世界经济的主流，以美国学者亚当斯为代表创立了农村金融市场理论。该理论融合了肖和麦金农的金融深化和金融抑制论，对农业信贷补贴理论进行了深刻批判。

农村金融市场理论的核心是发挥自由市场机制，强调减少政府干预市场，该理论主张应消减外部资金向农村的注入，并不认为生活在农村的居民及贫困阶级的人们不具备储蓄的基本能力；通过外部政策降低金融机构的贷款利息，反而阻止了人们向金融机构存款的意愿，进而阻碍了农村金融的发展；人们过于依赖外部资金的注入，致使金融机构的贷款回收率降低；同时，非正规金融的高利率是农村资金具有较高的机会成本所导致的。由此，该理论认为，要想生活在农村的农民更多地向金融机构存款，金融机构的存贷款利率起到决定性作用，为动员更多农民储蓄，减少政府对利率的干扰，让市场自由决定利率显得尤为重要，进而制定定向的目标贷款、金融机构专门针对特定利益集团服务等就显得十分多余。

从农村金融市场理论本质上来看，该理论主要表现为新自由主义思潮在农村金融领域兴起，该思想反对了过去几十年发展中国家实施的政府干预政策。其核心理念是将市场机制的作用放在第一位，极力反对政府过多干预的金融扭曲农村金融市场，这一主张适用于私有制经济基础相对完善的市场经济国家，但是在发展中国家，尤其是经济欠发达国家却并不一定能够很好地实施。并且，过分强调市场机制的功能，其本身也具有一定局限性。比如，利率自由化的体制能否完全满足农民的融资需求依旧值得我们研究。信贷的总需求可能会由于自由化的利率而降低，而小农户所面临的高成本、缺少担保品等问题，仍然会使其不能借到期望的全部资金，此时还是需要通过一定的政府介入，以更多地照顾到农民的利益。实践证明，20世纪90年代后期新兴市场国家爆发了一系列金融动荡导致的金融危机，使学界逐渐开始反省完全的经济自由主义和金融自由化市场带来的不良后果。

三、不完全竞争市场理论

20世纪90年代后，为进一步完善农村金融理论，研究者逐步将不完全竞争市场和信息不对称问题引入到农村金融问题分析中，从而得出更加符合现实状况的研究结论，进而形成了现代农村金融不完全竞争市场理论的基础。该理论在研究中发现，一般发展中国家的金融市场并不是一个完全竞争的市场，特别是对于放款者的金融机构一方，其根本无法充分掌握借款人的相关情况，同时农村金融机构也不可能完全控制农村系统风险，这样一来，仅仅依靠市场机制是不可能培育出一个社会所追求的金融市场的。所以，为了弥补市场失效的那一部分，非市场要素非常有必要参与进来，如采用诸如政府适当介入金融市场及借款人的组织化措施等。该理论在研究中发现，对于农村金融市场来说，健全的金融体制，无论是对政府还是提供贷款的金融机构都显得十分重要，只有不断完善体制结构，才能够真正克服农村金融市场所产生的问题。因此，发展中国家非市场要素介入农村金融市场，首先应该注重改革和提升农村金融机构发展，消除阻止农村金融市场有效运行的屏障。

主要的政策建议如下：①宏观经济的稳定（如较低的通货膨胀等）是建设金融市场的基础要求；②当金融市场发展到特定的规模之前，注意力更应该放在将实际存款利率维持在零以上，并且需要防止存款利率的上升，如果因为这个原因出现需要信用分配与过度信用的现象，可以让政府给予一定的资金帮助，但需要在不伤害金融组织存款动机的前提条件下进行；③政策性金融面向特定部门的低息融资是有效的；④为了防止农村金融市场发生信息不对称致使的较低的贷款回收率现象，政府要支持、运用借款方联保小组和构建借款人相互帮扶的新模式；⑤为了解决信息不对称问题，要学会合理使用有保证的集资等手段；⑥融资与实物买卖（如肥料、作物）等相结合的方法是有效的，可以确保贷款的回收；⑦为了促进金融机构，尤其是农村金融机构的快速、健康发展，需要提供一些更加便利和优惠的政策，如在一定程度上约束新加入的机构等。

不完全竞争市场理论使用的研究工具来自信息经济学，其暗含的前提假设就是市场发生的信息不完整问题是与生俱来的，是市场天生就存在的不完美的地方，但可采用政府手段来弥补这一短板。这种理论层面的剖析对经济水平较低、金融发展不足的发展中国家来说更现实、更有效。政府可采取措施对农村金融市场进行选择性的干预，以便给农村金融部门和农业生产部门创造租金，从而提升农村金融体系的整体运行效率。

四、农村金融可持续发展理论

农村金融可持续发展理论的研究核心是金融发展与经济增长的关系，主要涵盖以下两方面：一是如何通过构建有效的金融体系、设计有效的金融政策组合以最大限度地推动农村经济的增长；二是如何有效利用金融资源实现金融系统自身的可持续发展，进而最终实现经济的可持续发展。

1987 年召开的世界环境与发展委员会上首次提出了可持续发展的概念，其基本概念可界定为“既满足当代人的需要，又不对后代人满足其需要的能力构成危害的发展”（世界环境与发展委员会，1997）。1998 年，由白钦先教授提出的以金融资源论为基础的金融可持续发展理论，在我国首次被运用到金融发展的领域。

根据白钦先教授的定义，金融可持续发展必须满足以下两个基本条件：一是金融作为一个产业部门；二是必须在推动国民经济可持续发展的前提下，实现金融产业自身利益的持续增值。因此，金融的可持续发展一定要以国民经济的可持续发展作为基础，而国民经济要实现可持续发展，同样必须以金融可持续发展作为前提，该理论对农村金融的发展也同样适用。而目前，我国金融产业还不能独立存在，金融机构的制度和机制也还有待健全完善，导致我国金融在发展过程中缺少前进的动力和压力，特别是农村金融的发展，这也是我国金融发展极为不稳定的源头。

第五节 本章小结

本章首先对国内外新型农业经营主体的既有研究进行了详细的梳理和分析，就财政金融支农服务新型农业经营主体的现状、存在的问题、解决的思路进行了较为全面的阐述。其次，梳理了本书研究所需的经济增长理论、农业农村发展理论、农村财政金融相关理论，为本书奠定了扎实的理论基础，进一步明确了整体研究的思路和方向。

第三章 农业经营主体演化分析

农业的家庭经营模式向现代社会的演进，是以经济的商品化、生产的社会化和产业化及与之相适应的经济体制改革为总背景的，也正是在这一背景下，中国农户家庭正在经历着史无前例的历史性变迁，新型农业经营主体也应时而生。

第一节 农业经营主体演化背景

一、以市场化为导向的制度演变

中国的经济体制改革是以市场化为导向的制度变迁。制度变迁是指新制度（或新的制度结构）产生、替代或改变旧制度的动态过程，其实质是用效率较高的制度来替代效率较低的制度（Davis et al.，1971）。中国的经济体制改革是从农村拉开序幕的，市场化的制度变迁也同样始于农村。

（一）农村产权制度的演变

中国产权制度改革是从农村开始的，20 世纪 70 年代末，以“大包干”为主要内容的家庭承包经营责任制，表现出演进的自发秩序性及变迁的需求诱致性（王环，2005）。以家庭联产承包为主、统分结合的双层经营体制，在不改变土地等基本生产资料公有制的前提下，实现了所有权和经营权的分离，使农民拥有了独立的生产经营决策权。

（二）劳动就业制度的演变

为不断深化国有企业改革，搞活国有经济，国家开始改革企业的用工制度，用与现代企业制度相适应的、灵活的、具有契约性质的劳动合同制取代原有的计划就业体制（即劳动力雇佣和配置国家指令性计划），同时逐步放松户籍制度，为农村剩余劳动力实现有序转移提供了条件。

（三）农产品流通制度的改革

改革开放后，国家逐步取消了农产品的统购统销制度，并向市场形成价格的方向逐步展开农产品的价格形成机制改革，尤其是放开粮食购销价格，使得粮食生产的比较收益得到了快速增长，这极大地调动了农民的生产积极性，增强了农户的规模经营意愿。

二、产业更替与经济结构的转型升级

这里所说的“产业更替”是指在社会生产力发展的进程之中，处于主体地位的某一产业替换为另一产业，而并不是某一产业完全取代另一产业。从这个意义上说，人类社会在历史上只经历了三次大规模产业更替，从而形成了三种社会形态，即传统农业社会（以农业作为主导产业）、工业化社会（以工业作为主导产业）和后工业化社会（以服务业作为主导产业）。中国目前启动的是以第二次产业大更替为基础的工业化进程，即以机器化大生产为基础的工业化社会替代以手工技术为基础的传统农业社会。农民是这场产业更替的见证者，20 世纪 80 年代乡镇企业蓬勃发展，20 世纪 90 年代以来伴随工业化发展的城市化，都从不同层面冲击着传统农户家庭（陈春生，2007），他们直接或间接地分享了工业化的利益，从而改变了依赖于农业收入的格局。此外，这种产业更替还促使农村由传统的自给自足的自然经济迈向商品经济。在向商品经济迈进的过程中，农户家庭的经济行为、婚姻、道德及伦理观念等方面，越来越受到价值法则——即“看不见的手”（也即市场机制）的原理的操纵和制约。

第二节　农业经营主体演化路径

一、自给自足经济与传统小农

中华人民共和国成立之初，以小农经济为主体构成的传统农业社会是中国式经济结构的最大特征。中国农村中众多进行农业生产的家庭，其物质水平在比较长的一段时期都仅能够满足基本生存的需要，家庭的消费需要决定了生产经营的主要决策。直至20世纪80年代，市场化改革出现，才使得其发生“质”的变化：此时大多数农民的收入在一定程度上有了小幅度的提升。在农耕文明历史悠久的中国，农户是农业的最基本经营单位，其构成了中国农业文明的基石。中国的传统农业一直延续到1953年的农业的社会主义改造，通过社会主义改造，传统小农发生了根本性的改变。在1953年之前，农户家庭的生产经营总体来说具有如下特征。

（一）小农家庭的贫困化与农业生产的低投入

中国古代的繁荣离不开农民的巨大贡献，但由于封建制度的压迫，中国农民长期生活在贫困的环境中。造成小农家庭贫困的原因主要在于：首先，是小农经济的低产出。其次，高额的租税剥削是根本原因。根据相关研究，在古代中国，就王朝的正常时期而言，实际税赋率一直都维持在30%以上的高水平，到王朝中晚期，则常有逼近50%的趋势。最后，商人的“乘时射利”也是重要原因。由于农产品市场极其狭小，若遇到粮食丰年，狭小的市场就会出现“谷贱伤农”。由于小农处于相对贫困的状态，小农在生活中尽可能削减生活开支，同时在农业生产上也减少投入（程念祺，2006）。

（二）国家对小农经营的制度安排

农业家庭经营的政策在历史上最早由中国推行，土地私有制的政策环境催生了以耕种土地为业的自耕农，逐步形成了以依附于土地、辛勤劳作为主要特征的小农经济体系。历代繁荣盛世的共同之处在于重视发展农业，而调动农民的生产积极性则是农业发展的根本所在。

二、人民公社化运动与集体化农户

1947年，中共中央通过了《中国土地法大纲》，确立了“耕者有其田”的平均地权政策；新中国成立后，于1950年颁布了《中华人民共和国土地改革法》，在中国（除西藏和新疆及台湾外）进行土地制度改革并建立起以农民的私有土地为主的土地产权制度，从而真正实现“让农民当家做主”，这极大地调动了农民的生产积极性，对国民经济的恢复和发展具有极大的促进作用。这种土地政策也加剧了明清以来的“地权分散化”和“耕地细碎化”的趋势。并且农业的生产经营方式并没有得到根本性的改变，依旧是延续几千年传承下来的经营形式：仍是“以土地及其生产资料的分散为前提的”。小农经济的低生产率、高风险、长周期性，以及“自发地产生着资本主义”，决定了国家必须要对小农经济进行改造。

从1953年开始，由于粮食等农产品的供给紧张，中央逐渐开始引导农民开展生产的互助合作，以克服小农经济的局限性，从而得到更好的发展。为了尽快改进农业生产方式和改善农业生产条件，中央主要领导同志提出要办大社、实行集体土地所有制，指出“这种小社仍然束缚生产力的发展，不能停留太久，应当逐步合并”。在人民公社化运动的作用下，形成了以“土地集体所有制”和“集中劳动”为主要形式的统一经营。这一时期，农户具有的特征如下。

（1）在工业化战略的背景下，由于缓慢发展的农业科技，人民公社化并没有根除传统的农业耕作方式，而且其经济状态依然是自给或半自给的。从表面上看，农民间统一劳动、公社间相互合作，对集体具有一致的认同。然而，由于信息的不对称性和高昂的监督成本，这种经营方式常常导致“集体偷懒”与“免费搭乘”现象发生，虽然人民公社化的根本目的是要通过规模生产来提高劳动生产率，然而快速工业化和鼓励生育政策使得人地矛盾突出，加剧了粮食供给矛盾。

（2）由于我国不像西方资本主义国家那样具有原始积累的资本，因此，为推进我国工业化进程，只能通过“工占农利”来弥补所需的资金、劳动力与原材料。人民公社采用“政经合一”的管理体制，为优先发展重工业的赶超型工业化战略提供了制度和体制的保障。一方面，僵硬的身份壁垒和户籍制度对农村剩余劳动力向城镇流转形成了制约；另一方面，僵化的职业身份也束缚了农民的经营自由。在人民公社化的环境下，农民只能务农而不能从事非农业经营。在这样的体制下，农民自身权利被束缚、其生产经营自主权被剥夺。事实证明，采用统购统销、实物配给的计划分配体制及平均主义，压抑了人们的利益诉求，进而从源头上遏止了劳动力流动的需求。

三、家庭联产承包责任制与市场化小户

1978年，党中央的十一届三中全会后，决定重新开启农业的家庭经营模式，家庭联产承包责任制很快在全国农村实施。1983年，“包干到户”的新型农业家庭经营形式从此成为我国农业的主要经营形式，在全国社队占比达到95%。在家庭联产承包责任制替代人民公社体制之后，农民在经济上获得了自由，成为独立的商品生产者，生产经营的自主权也掌握在农民自己手中；解除了对土地的高度依赖，拥有自主择业的权利。在家庭联产承包责任制的带动下，中国农户家庭的经营具有如下特征。

（1）农民经济行为的市场化。中国的经济体制改革使得农民与外部社会的联系日趋紧密，亿万农民“越来越多地进入或卷入一个开放的、流动的、分工的社会化体系中”，“与传统的、封闭的小农经济形态渐行渐远”，其生产、生活及人际交往等各方面的市场化程度越来越高。在生产方式的市场化进程中，农户的经济行为决策在很大程度上取决于市场力量，生产资料的获得和农产品的交换都依赖于市场化的社会服务体系，并以市场为导向来配置资源，特别是劳动力资源。在生活方式的市场化进程中，市场关系在生活中随处可见，从衣食住行到教育培训、医疗保健，几乎所有生活资料的获得都来自市场，甚至养老问题也呈现出社会化和市场化。最后，人际交往的市场化也得以实现。

（2）农民思想意识的市场化。经过市场化思想大潮之后，市场对小农经济的影响不再仅仅体现在日常的生产经营活动之中，而是逐渐渗透到小农的思想意识之中，成为一种根本性的生产和生活方式。首先，农民的商品意识觉醒。以“全面放开粮食的购销价格”为核心的粮食购销体制改革，使农产品的商品属性日益凸显出来。1986年，国务院农村发展研究中心的抽样统计显示，农林牧副渔的商品化率为50.1%，农户的商品性收入占总收入的比率达到59%。农民基于经济收益的高低水平制订种植计划并进行种植决策。其次，树立了竞争的意识。市场经济中的竞争意识是促成农民由传统走向现代的重要催化剂。家庭联产承包责任制的实行使农户获得了自主生产的权利，在邓小平“一部分地区、一部分人可以先富起来，带动和帮助其他地区、其他的人，逐步达到共同富裕”①的感召下，农民逐渐克服传统小农的自由懒散的心理，进一步增强了时间和效率观念。最后，树立了市场化配置资源的意识。市场化改革为农户家庭

① 《邓小平是对的：理解中国经济发展的新阶段》，http://www.dangjian.cn/ds/jtrds/djdp/201405/t20140522_1960728.shtml，2020年4月5日。

合理配置资源提供了广阔的选择空间。

四、新型农业经营体系与规模化农户

家庭联产承包责任制是在政府高层还存在较大分歧的政治环境中悄然产生的，其极大地调动了我国农民进行农业生产的积极性，提高了农民的生活水平。对集体统一经营的非适度规模经营的否定，是对现有生产力水平下的中国农业现状的正确认识。然而，家庭联产承包责任制在强调缩小经营规模方面，出现了两个突出问题：其一，土地经营规模的缩小超过适度界限。其二，土地细碎化问题。党的十八大报告提出了“构建集约化、专业化、组织化、社会化相结合的新型农业经营体系”①的战略构想。2013 年中央一号文件的核心强调“引导农村土地承包经营权有序流转，鼓励和支持承包土地向专业大户、家庭农场、农民合作社流转，发展多种形式的适度规模经营”。

新型农业经营体系是集约化、专业化、组织化和社会化四个方面有机结合的产物。新型农业经营体系将集约化作为其基本特征之一，一方面顺应了现代农业集约化发展的趋势；另一方面，正是为了消除近年来部分地区农业粗放化发展的负面影响。在新型农业经营体系中，集约化体现在以下几个方面。一是单位面积土地上要素投入强度的提高；二是要素投入质量的提高和投入结构的改善，特别是现代科技和人力资本、现代信息、现代服务、现代发展理念、现代装备设施等创新要素的密集投入及其对传统要素投入的替代；三是农业经营方式的改善，包括要素组合关系的优化和要素利用效率、效益的提高。农业集约化的发展，有利于增强农业产业链和价值链的创新能力，但也对农业节本增效和风险降低提出新的更高层次的要求。为了使我国农业集约化快速发展，需要通过增强内涵式农业规模经营发展的途径。专业化和兼业化是相对的概念，专业化是特别针对“小而全”“小而散”的农业经营方式而言的，旨在适应发展现代农业的要求，通过深化分工协作以促进现代农业的发展，提高农业的资源利用率和要素生产率。组织化主要是与分散化相对应的，包括三方面的含义。第一，新型农业经营主体或服务主体的发育及与此相关的农业组织创新。第二，引导农业生产经营或服务主体之间加强横向联合和合作，包括发展农民专业合作社、农民专业协会等，甚至支持发展农民专业合作社联合社、农产品行业协会。第三，顺应现代农业的发展要求，提高农业产业链的分工协作水平和纵向一体化程度。新型农业经营体系将社会化作为其基本特征之一，主要强调两个方面：一是农业发展过程的社会参与；

---

① 资料来源：胡锦涛，《坚定不移沿着中国特色社会主义道路前进 为全面建成小康社会而奋斗》，《人民日报》，2012 年 11 月 18 日，第 1 版。

二是农业发展成果的社会分享。换个角度看农业产业链，其也是农产品供应链和农业价值链。农业发展过程的社会参与，顺应了农业产业链一体化的趋势。

第三节　新型农业经营主体的内涵、主要类型、经营模式

新型农业经营主体不同于我国传统的小规模、半自给的家庭经营农户，主要包括专业大户、家庭农场、农民合作社、龙头企业和经营性农业服务组织。新型农业经营主体是构建我国集约化、专业化、组织化、社会化农业经营体系的关键，是推动我国传统农业向现代农业转型的骨干力量。

一、新型农业经营主体的内涵

2012年以前，“新型农业经营主体”一词只是在部分理论研究和政策研究文章中被提及。此后逐渐开始出现在地方和中央的官方文件中，如浙江省正式出台了《浙江省人民政府办公厅关于大力培育新型农业经营主体的意见》，2012年底，中央农村工作会议正式提出培育新型农业经营主体。对于新型农业经营主体的内涵，《浙江省人民政府办公厅关于大力培育新型农业经营主体的意见》指出，“新型农业（含林业、渔业，下同）经营主体是指在家庭承包经营制度下，经营规模大、集约化程度高、市场竞争力强的农业经营组织和有文化、懂技术、会经营的职业农民”。[①]其他研究并没有进行规范的界定，仅仅指出了其包括的主要类型。

对新型农业经营主体的界定，需要从其被提出的两个背景进行分析。一是新型农业经营主体是相对于传统的小规模、自给或半自给的家庭经营农户提出的，不同于小农户在规模经济、要素利用效率等方面存在缺陷，其具有经营规模较大、劳动生产率较高、商品化程度较高等特征。二是新型农业经营主体是在构建新型农业经营体系、实现中国特色农业现代化的背景下提出的，既要有较高的物质技术装备水平和经营管理水平，也要符合我国人多地少的国情，不能盲目追求经营规模，而是将规模经济和土地产出率并重，这也是官方文件正式表述中将其从以

① 资料来源于浙江省人民政府公报2012年第22期。

往的“规模经营主体”转变为“新型农业经营主体”的一个考虑。

综上所述，可以把新型农业经营主体定义为：具有相对较大的经营规模、较好的物质装备条件和经营管理能力，劳动生产、资源利用和土地产出率较高，以商品化生产为主要目标的农业经营组织。其主要特征有以下几点。一是适度规模和专业化生产。新型农业经营主体经营规模明显高于传统农户家庭经营规模，专门从事农业生产能够实现对自身劳动力资源的充分利用，取得了较好的规模经济效益。二是集约化经营。相对于传统小规模家庭经营，新型农业经营主体具有较好的物质装备条件，生产技术水平高，具有现代经营管理意识，能够实现对资源要素的集约利用，劳动生产率、土地产出率和资源利用率都比较高。三是市场化程度高。新型农业经营主体主动按照市场需求安排农业生产活动，绝大部分产品都要进入市场，能够和市场实现有效衔接，商品化率和经济效益明显高于传统农户。需要指出的是，新型农业经营主体不仅包括农业产中环节的生产经营组织，也包括为其产中环节提供各种服务的生产经营组织。

二、新型农业经营主体的主要类型

自20世纪90年代中期以来，大量农村劳动力向城市转移，农村土地流转增加，农业产业结构深入调整，为专业大户、家庭农场、农民合作社、龙头企业等各类农业生产经营组织的发育和成长提供了难得的机会，而这些农业经营组织既是推动农业经营体制机制创新的主要力量，也是新型农业经营主体的主要元素。在现有文献中，一般把新型农业经营主体分为专业大户、家庭农场、农民合作社、农业产业化龙头企业和经营性农业服务组织。

专业大户统指那些种植或养殖生产规模明显大于当地传统农户的专业化农户。由于这是一个习惯称呼，专业大户没有严格的标准和边界，也就存在着不同地区和不同行业中的专业大户标准差异甚大。在现有专业大户中，有相当一部分仅仅是经营规模扩大，而不具有较高的集约化经营水平，甚至经营方式也比较粗放，与新型农业经营主体的标准相差较远。这也是部分研究不把专业大户作为新型农业经营主体的原因。

家庭农场最开始是指欧美国家的大规模经营农户，党的十七届三中全会提出在有条件的地方可以发展家庭农场，此后，家庭农场逐渐成为我国新型农业经营主体的一个重要类型。目前，浙江、上海、湖北、吉林等地对家庭农场给出了界定标准，即土地经营规模较大、土地流转关系稳定、集约化水平较高、管理水平较高等。家庭农场与一般专业大户相比，在集约化水平、经营管理水平、生产经营稳定性等方面都有更高的要求。当然，专业大户和家庭农场的主要经营模式仍以家庭为单位。

农民合作社是指农民在家庭承包经营的基础上，按照自愿联合、民主管理原则组织起来的一种互助性生产经营组织。农民合作社通过农户间的合作与联合，不仅解决了传统农户家庭经营存在的规模不经济的问题，而且通过技术、资金等合作提升了农户生产的集约化水平。

农业产业化龙头企业是利用订单合同、合作等方式引导农户进入市场，实行产加销、贸工农一体化的农产品加工或流通企业。龙头企业具有其他类型新型农业经营主体所不具备的雄厚的经济实力、先进的生产技术和现代化的经营管理人才，能够与现代化大市场直接对接。

经营性农业服务组织是指在产前、产中和产后各环节为农业生产提供专业化、市场化服务的经济组织，包括专业服务公司、专业服务队、农民经纪人等。它们为小规模农户提供农机作业、病虫害防治、技术指导、产品购销、储藏运输等服务，主要通过降低农户生产成本和交易成本，从而提高农户的资源要素利用效率。

三、新型农业经营主体的经营模式

由于新型农业经营主体涉及多种类型，在市场经济的引导下，逐渐形成了“合作社+农户”“龙头企业+农户”“龙头企业+合作社+农户”等多种经营模式，下面我们重点就近年来较成功的集中经营模式进行介绍。

（一）“园区+合作社+企业+农户”经营模式

这种经营模式以园区为依托，通过合作社将农户与农业企业联系起来，为农村地区引入技术和资金资源。陇西县安家咀村正是使用这种模式经营当地农业，2010 年共有农户 503 户，耕地面积 8438 亩①，人口密度较低，但便捷的交通为农业的高效发展提供了条件。陇西县渭北现代农业示范区是陇西县政府于 2012 年建成的，其中，占据核心位置的大型园区是安家咀农业示范园，占地面积 2000 亩。自示范园区建成后，安家咀村组建合作社，在流转土地的同时吸引农业龙头企业的进入，探索出“园区+合作社+企业+农户”的发展模式，帮助当地农民脱贫并带动全县农业高效发展。

在农业园区建立初期，村党支部书记带头申请贴息贷款，用于建造温室、流转土地及维持日常生产经营，取得了一定经济收益。2012 年，为扩大生产规模，成立了陇西县金龙种植农民专业合作社，动员上百个农户以土地流转的形式提供

① 1 亩≈0.067 公顷。

耕地，并筹集 1200 万元资金用于固定资产投资，扩大生产经营规模。该合作社以种植蔬菜为主，不仅增加蔬菜产量也提高质量安全标准，其中黄瓜、辣椒等蔬菜已通过国家绿色食品认证，主要销往甘肃周边城市县区。蔬菜大规模种植的收益促使安家咀村人不断引进龙头企业，一方面为农业示范园区引进了培育技术、发挥了农业产业聚集效应；另一方面，促进了当地农业发展和农民增收。2014 年底，在全国农村集体资产股份全能改革中，云田镇作为首批改革试点镇，成立了专门的土地流转服务站和服务室。2016 年，云田镇在种植合作社的基础上，按照“土地入股+土地租赁”的方式、“民主管理、统一经营、按股分红”的运行机制、“保底收益+盈利分红”的分配机制，以 265 万元注册资金和 177 亩土地组建了全市第一家土地股份合作社，将 2014 年的财政扶持产业发展资金折合股份作为村集体股份，将 2015 年的财政专项扶持资金折合成股份量化到每个社员，年底进行盈利分红。此外，安家咀村已基本完成了全村农村土地承包经营权、林权、农业设施产权、小型水利设施产权、农民住房财产权、集体建设用地使用权、集体资产产权等七权确权登记工作，将闲置资源变成了能够抵押的资产，有利于农业合作社、农业企业进行融资贷款以稳定经营和发展。

（二）双层经营模式

双层经营模式中的双层指“统”和“分”，“统”可以在一定程度上降低管理成本，“分”则能够提高经营效率。湖北省襄阳市襄州区双丰收农机专业合作社是双层经营的代表合作社之一，该合作社成立于 2010 年，主要业务有粮食生产、农机服务和农艺服务，服务范围覆盖本省和河南省 4 县（市、区）30 多个乡镇，是全国代表性农民专业合作社之一。经过几年的发展，合作社已具备一定的规模，2013 年拥有 158 名社员、160 多台大型农业机械设备，土地流转面积 6000 亩，托管面积 75 000 亩。合作社在日常经营中不断创新经营体制，探索出一种符合当地农业发展的“双丰收模式”，即“以粮为主、双层经营、全程服务、合作共赢”。

以粮为主永远是农业发展的重点，因此，合作社以粮食生产为基础符合新形势下农业现代化的基本要求。襄州区作为全国重要的粮食生产基地，每年为国家提供大量水稻、小麦等主要粮食作物，这得益于该区大力培育发展的农民专业合作社等农业经营主体。合作社将种植、管理、收购、加工等全过程一体化进行机械化服务，提高生产经营效率，全年可完成上万斤水稻的收购和加工，以及农业生产资料的销售和农业新技术的推广，使得襄州区的农业现代化水平进一步提升。襄州区的主要经营模式的核心是“统一服务、分户经营”，十个“统一”体现在产前、产中、产后环节：统一选定品种、配方施肥、供种育秧、耕种、栽插、防治、收割、收购、烘干、结算；“分”主要体现在土地仍由各农户承包经营，种、管、收各环节则交给合作社进行统一管理。此外，为将合作社内部业务专业化，提出“1+7+X”模式，在遵守合作社基本原则的基础上，成立了四个作业队和三个服务中心进行相对独立经营，共同使用合作社机械并支付费用，“X”则代表各社员和农户选择符合自身要求的服务。双丰收合作社的托管方式是为缺乏劳动力、设备、技术的农户提供其需要的全程服务或某环节的服务，在托管过程中，合作社利用新农艺、农机、良种和农业新技术进行农业生产和加工，完全代替了传统务农方式，获得了越来越多农户的青睐。合作社最重要的作用在于带动社员和农户实现互利共赢，在保证合作社自身利益不受损害的基础上，社员之间进行有效合作。双丰收合作社运行机制的核心在于明晰法人财产权，其中合作社采用公司制结构，同时设立内部机构，各机构分工明确以解决生产过程中出现的问题；财务制度透明化，日常开支需写明缘由，大额费用支出需经过理事会、监事会同意，重大项目需按规定召开社员代表大会；分配制度规范化，以固定资产入社的社员每年取得收益后扣除管理成本，以资金入社的社员根据资金用途进行利润分成；人才培训普遍化，提供业务技术、管理能力等方面的培训，提高农民学习积极性和专业水平，为合作社发展提供知识保障。

（三）“政府+合作社主体+市场”经营模式

以上两种经营模式的主体都是合作社或农业企业，并没有政府的参与。河南省西峡县中菇香菇专业合作社则与政府保持密切联系，其经营模式就是政府引导合作社主体进行经营活动并与市场对接。中菇香菇专业合作社在 2009 年成立，初始社员 42 名，注册资金 126 000 元，地处距县城 2 公里的五里桥镇北堂村河洲组，主要以土地流转的形式获取土地进行大规模生产。截至 2012 年，西峡食用菌产业标准化生产基地占地 300 亩，投资 450 万元，搭建菇棚 800 个，年种植香菇 150 万袋，年产销鲜香菇 5000 吨左右，是西峡县规模最大的香菇生产基地。在“一村一品”思路的指导下，合作社不断探索出“政府+合作社主体+市场”的经营模式。

首先，合作社成立后注重农产品质量，因为我国农业已经基本解决了产量不足的问题，人们现今追求绿色、健康、有机的农产品，为满足市场需求、解决信息不对称的问题，合作社将农户与市场、农户与企业连接起来，一方面发挥规模优势，组织农户统一进行物资采购和产品销售；另一方面，严格按照统一的生产标准、操作规程、质量标准进行生产，从源头保障农产品质量安全。生产过程中实现标准化建设、有机化种植和规范化管理，从环境、水源、空气等自然资源要素到料物采购、菌袋培养等种植环节实现无公害、绿色优质的要求，同时加强管理、培训技术，有效提高工作效率。其次，合作社在不断进行规模扩张的同时探索出“政府+合作社主体+市场”的经营模式，以“公司+超市+基地+农户”的链条基本实现产业化经营和农超对接，与郑州和西安等地的大型超市联盟以实现当天产的香菇当天销售，同时为距离较远的超市建立保鲜库，以提高农产品新鲜度，每年出口香菇上千吨，为当地农业发展创造了可观的经济收益。此外，合作社认真落实“一村一品”的政策方针，以香菇作为当地农业主要作物，逐步形成一种专业化生产格局；合作社进行统一销售，范围覆盖十余个城市及韩国、日本等国家；合作社通过股金分红、务工工资和土地流转三种途径来增加当地农民收入，引领农户进行耕种和务工，起到了推动农村经济更好、更快发展的作用。

第四节 本章小结

本章在对农业经营主体的演化路径进行分析的基础上，梳理了新型农业经营主体的内涵、主要类型、经营模式等内容。首先，从历史背景的角度分析了农业经营主体的演化，以农村产权制度、劳动就业制度、农产品流通制度为例论证其演化背景，以及产业更替与经济结构的转型对农业经营主体演化的作用效果。其次，分析了从自给自足经济中的传统小农到“人民公社化”运动期间的集体化农户，再到家庭联产承包责任制中的市场化小户，经过不断地演进成为现如今的规模化农户，与其他新型农业组织形式一起构成了新型农业经营体系。最后，基于大量文献分类、梳理的结果，界定了新型农业经营主体，按照主流分类法对不同类型的新型农业经营主体进行阐述，并着重介绍了几种主要的经营模式。

第四章　财政金融支农服务供需机理分析

在一个理想化的企业资金借贷市场中，不存在市场失灵，竞争均衡将是帕累托有效的，因而也就无须政府的财政支持与金融服务的干预。但是，现实中的企业资金借贷市场是存在市场失灵的。这种市场失灵主要源于作为贷款人的银行与作为借款人的企业之间的信息不对称，从而导致借贷市场的缩小甚至消失，这一现象最初在二手车市场被 Akerlof（1970）观察到并被命名为柠檬市场（the market for lemons）。Stiglitz 和 Weiss（1981）首次应用信息不对称的原理对银行与企业之间的资金借贷市场进行了分析。以这些理论为基础，我们首先分析资金约束对企业发展所造成的影响；其次，结合新型农业经营主体的特点，分析他们在不同发展阶段的资金需求；再次，应用 Stiglitz 和 Weiss（1981）的理论分析农业企业难以从银行获得贷款的原因；最后，就政府在财政支持和金融服务方面纠正市场失灵的措施进行讨论。

第一节　资金约束与企业发展

企业的生产是将生产要素转化为产出的过程。一定投入量的生产要素所生产的产出数量体现了企业的生产能力。通常，可用生产函数刻画企业的生产过程。假定企业的生产函数是柯布-道格拉斯生产函数，则 $Y=AL^{\alpha}K^{\beta}$ 。式中，L 为劳动投入量；K 为资本存量；A 为全要素生产率。全要素生产率的高低取决于企业的创新，这主要包括产品创新和生产流程创新两大类。前者表现为引进新的产品生产线，后者则表现为现有产品生产成本的显著降低。企业通过创新，在产品市场赢得竞争优势，提高了利润，并进一步促使企业扩大规模。因此，企业发展的一个来源是创新所推动的全要素生产率的增长。另外，生产函数理论意味着企业规模的扩大源于投资带来的资本存量 K 的增长及相应的劳动投入量 L 的增加。企业的资金约束正是通过作用于企业创新与企业投资这两个渠道，从而影响企业的发展。

（一）资金约束与企业创新

研究与开发是企业主要的创新活动。研发活动具有投入高、耗时长、研发结果有很高的不确定性等特点。资金约束会影响企业研发投入，进而影响企业的利润，这一机制可以用一个简单的两阶段模型来说明。

假定市场中仅有两个企业，分别为企业 1 及企业 2，两个企业生产的产品是同质的。企业没有固定成本，单位成本 c_i 是研发投入 x_i 的函数，即 $c_i=c_i(x)$ ，$i=1,2$ 。市场的反需求函数为 $p=a-bq$ ，q 为整个市场的供给数量，即 $q=q_1+q_2$ 。企业的活动持续两个阶段，第一阶段两个企业分别选择研发水平 x ，第二阶段两个企业进行 Cournot 产量竞争并达到均衡。

企业 i 在第一阶段研发投入的选择，直接影响第二阶段竞争均衡时的利润水平。因此，我们首先计算第二阶段竞争均衡时企业的利润水平。

企业 1 在第二阶段的利润最大化问题

$$\max\pi_1(q_1)=(1-bq_1-bq_2)q_1-c_1(x)q_1 \qquad （4\text{-}1）$$

一阶条件为

$$a-2bq_1-bq_2-c_1(x)=0$$

类似地，求解企业 2 的利润最大化的一阶条件为

$$a-2bq_2-bq_1-c_2(x)=0 \qquad （4\text{-}2）$$

为不失一般性，我们仅关注企业 1，联立式（4-1）和式（4-2），我们得到以下结果：

$$q_1^*=\frac{\left[a-2c_1(x)+c_2(x)\right]}{3b}$$

$$\pi_1^*=b(q_1^*)^2$$

企业 1 在第一阶段的最优化问题为

$$\max_x b\left[q_1^*(x)\right]^2-x$$

$$\text{s.t. } x\leqslant M$$

式中，M 为企业的资金约束。

这个最优化问题的解有两种情形。

情形 1：$2bq_1^*(x^*)[-\frac{2}{3b}c_1'(x^*)]-1=0$，且 $x^*\leqslant M$。此时，企业的可用资金满足最优研发投入的需要，即不存在实质上的资金约束，一阶条件 $2bq_1^*(x^*)[-\frac{2}{3b}c_1'(x^*)]-1=0$ 决定最优解。

情形 2：$2bq_1^*(x^*)[-\frac{2}{3b}c_1'(x^*)]-1>0$。此时，当企业用完了可用资金后，研发对企业的利润的边际贡献仍然高于研发的边际成本，因而最优解是 $x^*=M$。

上述两阶段模型说明，企业的资金约束可能限制了企业在第一阶段的研发投入（如情形 2），从而使得企业无法在研发投入阶段达到最优水平，进而影响第二阶段的企业生产成本，最终降低了竞争均衡时企业的产出水平和利润水平。

当企业所处的市场结构是 Bertrand 价格竞争情形时，上述分析的结果并不会有实质的变化。价格竞争的市场结构中，均衡时的产品价格将等于产品的平均成本。生产成本更高的企业将被迫退出市场。资金约束导致的研发投入不足将直接导致企业退出市场。

现实的产品市场是存在差异的，有关差异化产品市场的基本结论是：产品差异化提高了企业的利润水平（Shy，1996）。然而，产品的差异化依赖于企业对新产品的研发投入。当研发投入受到资金约束时，企业对新产品的研发投入不足，从而无法将本企业的产品与其他企业的产品进行有效的差异化，导致利润水平下降。

（二）资金约束与企业投资

企业的资金约束不仅通过影响企业的创新投入影响企业绩效，也将通过影响企业的投资水平而对企业的绩效产生深远影响。企业的利润最大化意味着给定企业经营的外部环境，企业将选择最优的资本存量水平。资本的使用成本是最优资本存量水平的一个重要决定因素，最优投资水平由资本存量水平决定[①]。因此，资本的使用成本将决定最优投资水平。

假设企业面临的要素市场和产品市场均是完全竞争的，则在这两个市场中企业都是价格的接受者。企业的利润最大化问题是

$$\max_{k,l}\pi = py - rk - wl$$

$$\text{s.t.}\quad f(k,l)\geqslant y$$

式中，y 为产出数量；k、l 分别为资本数量和劳动投入数量；p、r、w 分别为对应于产出、资本和劳动的价格。这里假定的市场结构使得企业是这些价格的

① 资本的使用成本指资本的租赁成本或取得成本，见 Jorgenson（1963）。

接受者，其利润最大化问题的一阶条件为

$$pf_k(k^*,l^*)=r \tag{4-3}$$

$$pf_l(k^*,l^*)=w \tag{4-4}$$

式（4-3）表示最优资本数量满足资本的边际产出收益等于资本的单位使用成本 r。类似地，式（4-4）表示最优劳动投入数量满足劳动的边际产出收益等于劳动的单位成本 w。由于边际报酬递减定律，式（4-3）决定了最优资本数量是随着资本单位使用成本 r 的增加而减少的，这意味着投资需求曲线是向下倾斜的，如图 4-1 所示。

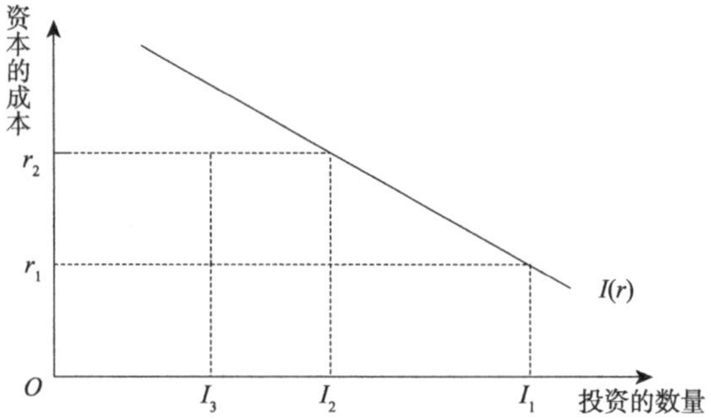

图 4-1　投资数量的决定

企业用于投资的资金可能来自企业内部所产生的现金流，也可能来自外部，如银行、股票市场和债券市场。当资本市场高度发达时，各种来源的资本使用成本趋于相同，这时，各种来源的资本可以完全互相替代，企业将面临唯一的资本成本水平。这一资本的成本水平假定如图 4-1 中的 r_1。此时，企业的投资需求将是 I_1。然而，现实的情况是：不同来源的资金，其使用成本是有差异的。例如，Fazzari 等（1988）发现各种不同来源的资金使用成本是存在显著差异的，来源于企业现金流的内部资金使用成本低于企业的外部融资使用成本。因此，由于企业内部资金的数量约束，企业仅能够使用自有资金实现 I_3 的投资量，余下的投资需求需要使用外部资金来满足。由于外部资金的使用成本为较高的 r_2，因而企业最终的投资水平将是 I_2，这一投资水平低于理想情况下的投资水平 I_1。

为什么企业外部融资资本的使用成本高于企业内部融资？导致企业外部融资成本比内部融资成本更高的原因主要包括：交易成本、税收、委托代理问题、财务困境成本及不对称信息（Fazzari et al.，1988）。企业从银行等外部机构借款，由于存在财务困境成本、委托代理问题及不对称信息，融资成本往往高于企业内部资金。当企业杠杆率增加时，企业面临的无法按时偿还贷款甚至破产的风险也随之上升，对于企业的这种不利影响被称为财务困境成本。由于银行无法观测到企业的行为，且企业的利益与银行往往并不一致，为了减小这种委托代理问题给银行带来的损失，银行对于企业的贷款往往会施加一定的限制条款，这可能包括控制杠杆率在一定水平以下，这进一步限制了企业的融资渠道及可行的投资数量。贷款机构与借款企业之间的信息不对称可能产生严重的逆向选择和道德风险，因此银行为了控制风险可能对信贷进行配给（Stiglitz and Weiss，1981）。这种信贷配给使得某类企业可能由于在银行看来风险太大而被拒绝贷款。相对于利用企业自有资金进行投资，当企业利用股票市场进行融资时，股票的发行成本使得总的融资成本显著增加。根据杨记军和赵昌文（2006）的估计，2005 年及以前我国上市公司首次公开募股（initial public offering，IPO）的平均直接成本为发行价格的 4.05%，如果算上 IPO 对股票价格的抑制作用这种间接成本，那么总的发行成本将更高。此外，Auerbach（1979）的分析表明内部融资资本的成本为 $r=\rho/(1-\tau)(1-c)$，而股权融资资本的成本为 $s=\rho/(1-\tau)(1-\theta)$。式中，$\tau$ 为公司所得税；c 为资本利得税；θ 为股利所得税；ρ 为资本市场要求的回报率。在我国，股利、分红所得应缴纳 20%的所得税，而资本利得税则没有被征收[①]。这说明内部融资资本的成本低于股权融资资本。

第二节　农业企业的资金需求分析

我们所关心的经济实体是新型农业经营主体，这主要包括农业龙头企业、农业合作社及专业大户。组织与其员工之间的合约的差异使得这几类新型农业经营主体之间尽管存在差异，但本质上，这几类组织均具备在其内部采用行政指令协调资源分配，并追逐经济利润的特征，而这一特征正是 Coase（1937）所提到的企业的基本性质。因此，我们将这几类组织统称为农业企业。

我们应用现有文献中关于小企业的发展阶段模型分析我们所研究的农业企业[②]在不同发展阶段的金融需求。根据 Scott 和 Bruce（1987）采用的定义，小企业应当符合以下三个特征：首先，有独立的管理人员，企业所有者往往也是经理；其次，资本由个人或小群体提供并拥有；最后，经营场所局限在本地，但产品市场可以不局限在本地。

---

① 根据 2011 年 6 月 30 日中华人民共和国第十一届全国人民代表大会常务委员会第二十一次会议通过的《全国人民代表大会常务委员会关于修改〈中华人民共和国个人所得税法〉的决定》，利息、股息、红利按实际所得的 20%缴纳个人所得税。该法律文件未规定对资本利得征税。

② 显而易见，并非所有的农业企业都属于小企业，如上市公司。但是我们的研究对象是那些可能需要政府干预融资的小企业。

Scott 和 Bruce（1987）将小企业的发展过程划分为五个阶段，分别是企业的创立（inception）、存活（survival）、增长（growth）、扩张（expansion）及成熟（maturity）。他们总结了这五个阶段的特点。

（1）在创立阶段，企业的产品往往种类单一，并伴随着比较单一的销售渠道，主要的投资在于工厂和设备，这一阶段企业的现金流通常是负的。

（2）在存活阶段，企业的产品种类仍然单一，但销售渠道增加，主要的资金需求来自运营，企业的现金流出与现金流入开始达到平衡。

（3）在增长阶段，企业的产品种类有所扩展，并有多条销售渠道，主要资金需求来自运营及工厂扩张，现金流为正但被重新用于投资。

（4）在扩张阶段，企业进一步增加产品范围，市场和渠道均进一步增加，主要资金需求来自新工厂的运营，现金流为正且部分用于分红。

（5）在成熟阶段，企业拥有多条独立的产品生产线、多个市场和多种销售渠道，主要资金需求来自工厂的运营和市场地位的维持，现金流为正且有较高比例用于分红。

上述五个发展阶段的划分是对小企业发展过程的一般性总结。我国农业企业因其所属行业的特点，其发展阶段可能与上述五个阶段的描述存在差异，但是这种差异不是本质的。对于以农产品加工为主的农业企业，其生产要素投入主要为机器设备及劳动力投入，这类农业企业的发展过程与上述五个阶段的描述没有本质差异。而对于以农产品种植为主的农业企业，其生产要素主要为土地及劳动力投入，这时，企业的工厂即为农场。

上述发展阶段的划分揭示了我国农业企业在不同发展阶段的资金需求。在创立阶段，企业需要聚集生产要素（包括工厂、设备、土地、劳动投入）。通常，厂房的建设、设备的购置及土地的租赁都需要支付较高的费用以供未来一段时间的使用。在存活阶段，生产的组织及销售的运营费用构成了企业的运营支出。对于以农产品种植为主的农业企业而言，企业运营支出的资金需求更加庞大。这主要是因为相比一般的加工行业，农产品从种植到收获的周期较长。果树、药材等的种植往往从种植到收益需要若干年时间。其间，气候条件或者种植技术导致的产出不确定性又加大了企业的运营成本。在增长阶段和扩张阶段，除了企业运营支出以外，新产品的研发及规模的扩张也同样需要资金投入。在成熟阶段，除了运营支出、新产品研发支出以外，为了维持市场地位，广告等营销手段所需要的资金投入也是不可或缺的。

第三节　农业企业面临的金融资金供给分析

在资金的供给方面，农业企业面临银行不愿意贷款的困境。缺少初始资本和贷款资金是困扰农业企业迅速发展的制约因素（胡鞍钢和吴群刚，2001）。银行似乎存在一条放贷的红线（red lining），针对一部分借款群体，银行不愿意放贷，即使这部分群体愿意接受更高的贷款利率。Stiglitz 和 Weiss（1981）分析了银行的贷款决策，表明银行与借款人之间的信贷市场在均衡时存在信贷配给，而非传统市场的信贷供需平衡。其根本原因在于信贷市场中银行与借款人之间的信息不对称。本节中，我们根据 Stiglitz 和 Weiss（1981）的理论对农业企业贷款难的原因进行分析。

一、银行存在信贷配给的原因

Stiglitz 和 Weiss（1981）的理论解释了银行信贷配给的根源。他们将信贷配给定义为：①看起来没有差异的贷款申请人，部分获得了贷款但部分却无法获得贷款，即使他们愿意支付更高的贷款利率；②在信贷额度的供给给定的情况下，一部分可区分的群体在任何利率水平下都无法获得贷款。对于我们当前的分析而言，我们更感兴趣的是后面一种情形的信贷配给。以下我们简要阐述 Stiglitz 和 Weiss（1981）的分析[①]。

假设银行和借款人都是风险中性的。银行的目标是最大化贷款的期望收益，借款人的目标是最大化投资的期望净收益（即投资收益扣除银行贷款本息）。假定银行清楚借款人投资的期望收益，但不清楚投资的风险。用 R 表示借款人的投资收益，用 $F(R)$ 表示投资收益的累积概率函数。对于两个不同的项目，分别命名为项目 1 和项目 2。如果两项投资期望收益相同，且对于任何 $y \geqslant 0$（y 为积分上限），有 $\int_0^y F_1(R)\mathrm{d}R \leqslant \int_0^y F_2(R)\mathrm{d}R$，则称项目 2 的风险高于项目 1，即如果项目 2 是项目 1 的均值保留展型（mean-preserving spread），则项目 2 的风险高于项目 1[②]。直觉上而言，在期望收益相同的条件下，高风险的项目有更高的

① 我们这里的阐述主要侧重于经济直觉。

② 均值保留展型的另一种表达方式是，如果项目 2 的收益=项目 1 的收益 $+\bar{\mu}$，其中 $\bar{\mu}$ 是与项目 1 的收益无关的随机变量，则项目 2 收益的概率分布称为项目 1 收益的概率分布的保留均值展型。

概率出现低收益或高收益的结果，而低风险的项目有更高的概率出现中等水平的收益。

给定这样的风险定义，当两个项目的投资期望收益相同时，风险较大的投资项目给银行带来的期望回报更低。直觉上而言，这是因为风险较大的投资项目出现低收益的概率较高，从而无法偿还贷款的概率较高。具体而言，银行的某一笔贷款的回报为

$$\rho(R,r)=\min(R+C;B(1+r))$$

式中，C为借款人在银行的抵押资产的价值；B为贷款的金额；r为贷款的利率。当借款人的投资收益加上抵押资产不足以支付银行的贷款本息时，银行从该笔贷款中获得的收益就是借款人的投资收益加上抵押资产。当投资收益加上抵押资产超过银行贷款本息时，银行获得的收益为贷款的本息。因此，银行的收益取决于投资的收益。这一关系如图 4-2 所示。

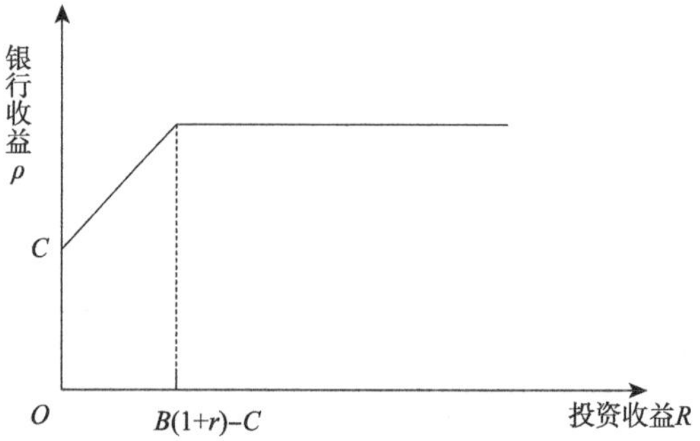

图 4-2　银行收益与投资收益的关系

可见，银行收益是借款人投资项目收益的分段函数，先递增，后不变。因此，对于风险更高的投资项目 2，银行的期望收益更低[①]。因此，有以下定理。

定理一：银行对一笔贷款的期望回报随着贷款风险的增加而下降。

另外，对于借款人而言，偿还完银行贷款本息后的期望净收益随着投资项目的风险的增加而提高。也即，在上述两个项目中，给借款人带来更高期望净利润的是风险更高的项目 2。直觉上，这是因为当投资项目收益较低时，借款人的净损失只是损失了其抵押物的价值C，因而当两个投资项目的期望收益相同时，借款人偏好高风险的项目 2。具体而言，借款人的投资净收益（即投资收益扣除应支付的贷款本息）为

$$\pi(R,r)=\max(R-(1+r)B;-C)$$

① 有关风险与期望效用之间的关系，参见 Rothschild 和 Stiglitz (1971)。这里应用到的一个结论是：当收益的效用函数随着收益单调递增，且为凹函数时，效用函数的期望值随着收益的风险增加而递减。

即当借款人的投资收益加上抵押资产价值的总和不足以偿还银行贷款本息时，这时候会出现贷款偿还违约，借款人投资收益加上抵押资产将全部用于偿还银行贷款本息，于是借款人的净损失为抵押资产价值C；而当投资收益加上抵押资产价值足够偿还银行贷款本息时，借款人的净收益为偿还完银行贷款本息后的所得，即$R-(1+r)B$。借款人净收益与投资收益之间的关系如图 4-3 所示。

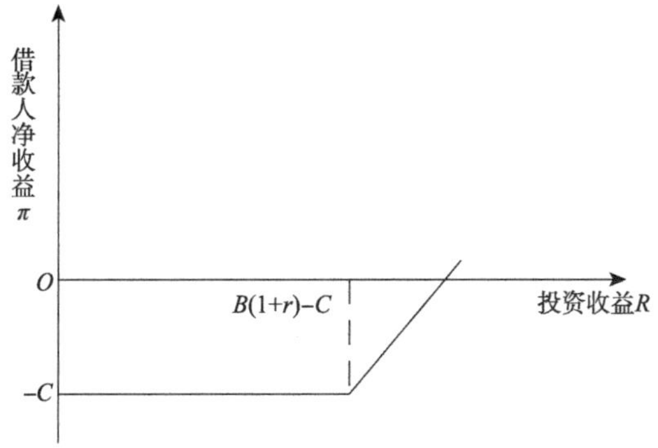

图 4-3　借款人净收益与投资收益的关系

可见，借款人的净收益是投资收益的分段函数，先不变，后递增。因此，借款人的期望净收益随着投资风险的增加而提高。定理二总结了这一规律。

定理二：对于投资的期望回报相同的项目而言，借款人的期望净收益随着项目风险的增大而提高。

因为假定借款人是风险中性的，因此当借款人投资的期望净收益大于零时，他才会决定向银行贷款进行投资。因此，定理二的一个直接推论是，给定银行的贷款利率为$\hat{r}$，存在一个临界的项目风险水平$\hat{\theta}$，使得高于该风险水平的投资项目对于借款人而言是有利可图的，而借款人在低于该风险水平的投资项目上得到的期望净收益是负的。而且，当银行提高贷款利率时，增加的融资成本将促使临界的项目风险水平上升。这样，银行贷款利率实际上起着一种筛选的作用。

银行贷款利率的筛选作用可以进一步划分为两个渠道。一方面，不同借款人的投资项目的风险是不同的，银行贷款利率的上升将使得那些风险相对较小的借款人退出贷款申请。另一方面，由于银行无法观测到借款人的行为，每一个借款人在获得贷款后都有动机将贷款用于较高风险的投资项目中。

由于贷款利率的上述筛选机制，当贷款利率上升时，对银行的期望收益将产生两种效应。一种是有利于提高期望收益的直接效应，即当贷款能够得到偿付时，银行获得更多的收益。另一种则是不利于提高期望收益的间接效应，即随着利率上升，银行贷款面临无法得到偿付的风险增加，而风险的增加降低了银行的期望收益。现实中风险水平是离散的，因此随着贷款利率水平的上升，风险相对较小的投资项目退出申请，银行贷款所面临的风险将出现突然的跳跃，从而使得间接效应的强度超过直接效应，银行的期望收益下降。因此，银行贷款的期望收益①与贷款利率之间存在以下关系：当利率处于较低水平的区间上时，银行的期望回报随贷款利率的提高而增长；当贷款利率达到一定水平后，银行的期望回报随着贷款利率的增加而降低。图 4-4 刻画了银行贷款期望回报与贷款利率之间的这一关系。

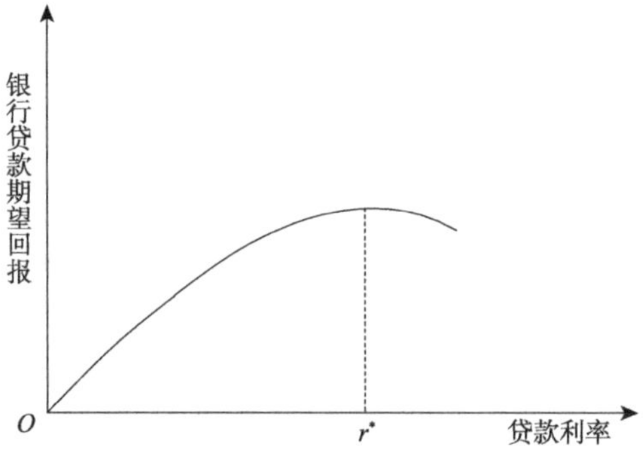

图 4-4 银行贷款期望回报与贷款利率的关系

当贷款申请群体可以被区分为多个组别时，有些组别的申请人可能无法获得贷款。这是因为这些组别的申请人在银行看来有更高的风险，他们给银行带来的最高期望收益低于其他组别，从而失去获得贷款的可能。如图 4-5 所示，两条曲线 $\rho_1(r)$ 和 $\rho_2(r)$ 分别表示给不同的群体贷款时银行的期望收益。显然，当银行的信贷资金尚不足以满足 $\rho_2(r)$ 这个群体的需求时，$\rho_1(r)$ 将无法获得贷款。这时，银行的利率将会定在 r_2 水平上，并对 $\rho_2(r)$ 这个群体的贷款实施配给。当考虑有多个相同的银行在信贷市场进行竞争时，如果所有银行都在 r_2 的贷款利率水平上发生信贷资金的短缺（即供不应求），则均衡时的贷款利率水平为 r_2，且 $\rho_1(r)$ 群体将无法得到贷款。当在 r_2 的贷款利率水平上，有部分银行出现信贷资金过剩（即供过于求）时，银行间对 $\rho_2(r)$ 群体借款人的争夺将使贷款利率降低。只有当利率水平为 r_3 时，仍然有银行存在信贷资金过剩的情况下，均衡时银行才会贷款给 $\rho_1(r)$ 群体，且在均衡时银行对两个群体制定的贷款利率水平给银行的贷款带来的期望收益是相同的②。当 ρ_1^* 低于银行最低能接受的期望收益时（即零利润情况下的期望收益），均衡时的利率水平将使得银行利润为零（低于 r_2，但高于 r_3），$\rho_1(r)$ 群体将无法获得贷款，尽管银行仍然有资金剩余。

① 这里是指总回报，当然银行最大化总回报也即最大化了净回报。

② 因为如果给两个群体的贷款给银行带来的期望收益不同，则银行会降低利率以争夺带来期望收益高的群体，从而并非均衡状态。

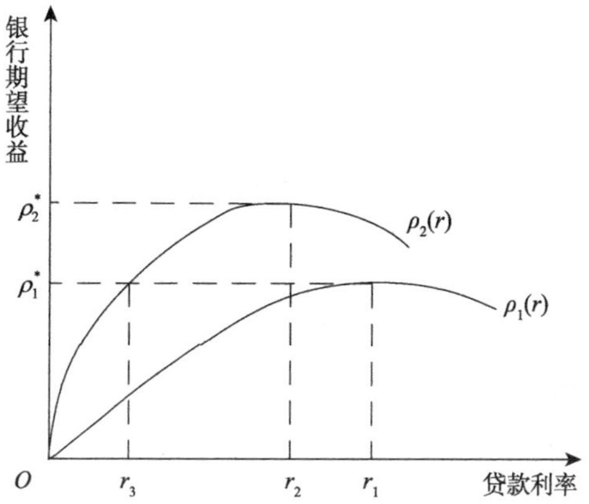

图 4-5　当贷款给不同群体时的银行期望收益

二、农业企业难以获得银行贷款的根源

根据前述的 Stiglitz 和 Weiss（1981）的理论，在信贷市场上，农业企业之所以难以获得贷款，其根本原因在于贷款给农业企业将使得银行面临过高的贷款违约风险，从而使得银行从贷款中获得的平均收益显著低于贷款给其他群体时所获得的平均收益。由于信息不对称，银行无法了解每个农业企业的经营状况及风险水平，它只了解行业的企业的一般绩效和风险水平①。因此，农业企业难以获得银行信贷支持的根源在于农业企业所处的行业特质。这种行业特质决定了以农产品生产、加工或流通为主营业务的农业企业的平均利润水平及风险程度。在农产品的生产方面，行业的特质及对企业绩效的影响有以下几个方面。

（一）农业生产面对的自然风险高

在农产品的生产种植过程中，降水、光照等自然条件对产出的数量和质量都起着至关重要的作用。在很大程度上，受自然条件影响的产量不确定性很难被消除，因为很难准确预测未来相当长时间的气候条件。洪涝、旱灾、病虫害、恶劣天气等气候条件往往是不可控的（刘学文，2014）。因此，农产品的产量和质量取决于当地气候变化的程度，以农产品种植为主营业务的农业企业（如农业合作社）可能面临着严重的产量不确定性。

---

① 即行业中的企业的平均绩效和风险水平。

（二）农业产出的不确定性

在大多数农产品市场中，产品差异程度小，不同企业的产品之间替代性强。例如，对于大米、小麦、蔬菜等产品，普通消费者往往并不在意是哪个企业生产的。企业几乎没有什么定价能力，只能随行就市。因此，多数农产品的市场结构可能接近于完全竞争市场。在这种市场结构下，当整个市场的总供给没有受到较大影响时，市场的价格不会变化，局部地区的自然条件导致的农业企业的产量下降将直接导致经营收入的减少。

（三）农产品的价格风险高

由于大多数农产品市场接近完全竞争市场，当自然条件变化时，其对产量的影响可能严重到影响了整个市场的供给，特别是如果一个市场局限在一个较小的地理环境中，则自然条件将总能够影响到整个市场的供给，因为自然条件的变化影响了整个市场的所有供给方。

农产品产出的季节性和较高的存储成本进一步加剧了整个市场的供给冲击。例如，樱桃的上市时间可能短至两个星期，且不易储存。因而生产者缺乏调节供给量的能力，只能完全受制于自然条件，在短期内将全部产出推向市场。因此，农产品的短期供给几乎完全缺乏弹性。

农产品的价格风险还与农产品的需求缺乏价格弹性密切相关。粮食、蔬菜、水果等农产品是日常生活的必需品，因而是缺乏价格弹性的。

可见，在一个接近完全竞争的农产品市场结构中，由于农产品的季节性和不易储存，自然条件变化对产出的冲击完全转化为对市场供给的冲击。这一市场供给的冲击由于农产品需求的特点将对农产品的价格产生更加显著的影响。

（四）农产品生产周期长

相比于其他行业，农产品生产企业的生产周期更长。一般的畜牧养殖至少需要数月，而果树、药材等则往往要经过几年才能获得收益。较长的生产周期意味着企业需要更多的运营资金，需要对未来很长时间的市场行情进行预测，这也意味着企业面对着更高的自然风险和市场价格风险。

上述行业特质表明，农产品生产企业由于处于产品同质化严重的完全竞争市场，因此企业很难在长期中获得较高的利润水平。同时，由于农产品生产企业容易受到自然条件变化和市场价格变化的影响，其收益的风险也高于其他行业。

对于农产品加工及流通企业而言，本质上农产品是这类企业生产的主要投入品。加工企业原材料价格的波动直接影响产品的生产成本及销售利润。而对于农产品流通企业而言，农产品产地收购价格的波动及目标销售市场价格的波动均会影响利润水平。

以上分析表明，行业的特质决定了农业企业经营业绩存在着较大的风险，特别是农产品生产企业。为了规避风险，农产品生产企业可以购买农业保险以减轻自然灾害发生时的损失。然而，现实中，我国农业保险市场的发展水平较低，郭颂平和张伟（2009）分析了我国的农业保险市场，将我国农业保险市场的发展状况总结为“供需双冷”，即保险公司由于无法盈利不愿意提供农业保险，而农产品生产者由于保费太高不愿意购买农业保险。同时，由于国家政策性农业保险出于非营利目的，其仅能够提供低水平的保障。

由于农业企业的经营收益的风险较大，银行为了降低贷款违约风险，往往会要求借款企业提供抵押物。但是，农业企业，特别是农产品生产企业，往往难以提供符合银行要求的抵押物。与一般的工业企业不同，农产品生产企业主要的固定资产是土地。尽管目前农村承包土地的经营权用于抵押贷款是合法的[①]，但农地抵押贷款总体规模较小。银行对农地抵押贷款缺乏热情，其原因可能包括：农村土地集体所有、农地估价体制不完善，以及农地作为抵押品拍卖变现困难（杨公齐，2013）。

在上述行业因素和现实经济环境的影响下，一般的农业企业面临较大的经营业绩不确定性，又由于缺乏符合银行要求的抵押物，因而难以获得银行贷款。

第四节　政府财政金融支农服务与产业发展

前文的分析表明，从企业创立时对生产资源的集中，到企业发展过程中的运营、扩大规模、开发新产品，以及成熟阶段的运营和品牌建设，农业企业的发展过程中常常需要企业外部资金的支持。但同时，由于农业企业的高风险，因此，银行并不愿意贷款给这些企业。贷款抵押降低了银行贷款的风险，从而部分缓解了这种信息不对称带来的低效率。但是，仍然可能存在大量的农业企业因无法提供足够的贷款抵押而失去贷款支持。例如，对于大量以农产品种植为主营业务的农业企业来说，企业主要的固定资产可能是土地，但这无法作为获取银行贷款的

---

① 2014 年中央一号文件明确提出“允许承包土地的经营权向金融机构抵押融资”。

抵押物。在这些企业中，银行只了解他们的一般信息，但是却不清楚单个企业的经营状况和偿债能力。由于缺乏进一步的筛选机制，可能存在经营状况和发展前景良好却被银行拒绝贷款的企业。而这显然是一种效率的损失。银行与企业之间的信息不对称是造成这种效率损失的根源。因此，这就要求政府对农业企业的信贷市场进行干预，以纠正这一市场失灵，提高资源配置效率。

政府的措施包括对农业企业进行财政支持和金融服务，前者通常通过评选优秀的农业企业，然后利用财政资金对这些企业进行奖励。后者则尝试应用各种政策与方法以增强银行对农业企业放贷的意愿。例如，政府通过设立担保公司为符合条件的农业企业的贷款进行担保，或者对银行设立奖励政策以鼓励银行对农业企业的贷款支持。表面看来，优秀的农业企业获得支持是政府财政支持和金融服务的共同特点。因此，政府的干预为银行提供了一个筛选低风险的农业企业的途径。这种干预的预期是能够纠正市场失灵（或至少是缓解市场失灵）带来的低效率，对农业企业的发展及农业的生产率都将产生实质性的促进作用。这种促进作用源于以下几个方面。

（1）融资成本的降低有利于激励企业家创立新的农业企业。这包括了以农产品生产、加工及流通为主要经营业务的企业。邓秀新（2014）总结了制约我国农业现代化的因素，认为规模化经营与连片生产是我国农业现代化的必要条件。胡鞍钢和吴群刚（2001）认为农户家庭经营耕地规模太小，从而极大地限制了农业劳动生产率和农产品商品率的提高。农产品生产阶段的企业化经营能够集中土地组织生产，提高农业生产的机械化水平，从而提高农产品生产的劳动生产率。

（2）对农业企业的产品创新、流程创新产生积极作用。企业的创新活动需要大量资金，并且创新的结果往往具有较大的不确定性，这抑制了农业企业的创新动力。融资成本的下降将鼓励现有的农业企业在创新活动中投入更多资源，从而在长期中降低企业生产的单位成本，增加企业的产品种类。当企业逐渐采用新的生产技术代替旧的生产技术，并提供更高质量和更多样化的产品时，其生产效率将得到有效提高。

（3）农业企业的技术创新将外溢到普通农户，从而提高整个农业部门的生产率。农业企业的生产将带来示范效应，为普通农户带来新的农产品品种和更先进的生产技术和诀窍。

（4）提高我国农产品在国际市场上的竞争力。李景霞（2007）分析了我国农产品在世界市场中的份额，发现加入世界贸易组织以来，我国农产品的国际竞争力得到了稳步提升，并认为这种提升的重要原因包括我国农业的产业化发展，以及农产品的产品创新。但是，我国农产品在品种质量、农产品标准化清洁生产，以及农产品的生产成本控制等方面与发达市场相比仍然存在较大的差距。进一步降低农业企业融资成本，将进一步通过促进农业产业化和农产品创新提升我国农产品的国际竞争力。

（5）农业企业利润的增加将吸引更多的新增企业，从而进一步促进整个行业的竞争，提高整个行业的生产率。融资成本的降低有利于农业企业经营绩效的提升，并吸引更多资本进入该行业，增加行业中企业的数量，同时加剧了整个行业的竞争。竞争的压力将推动农业企业改善经营管理，提高经营效率。最终，竞争过程中的优胜劣汰将提高整个行业的生产率。

实现政府财政和金融支持预期作用的一个关键环节是对优秀企业的筛选，因为这种筛选是政府干预市场、缓解信息不对称的主要手段。当筛选环节不能达到筛选优秀农业企业的目的时，财政和金融支持将可能产生负面影响。特别地，当低效率企业获得财政和金融支持，而全部高效率企业没有获得支持时，这种负面作用更大。在这种情况下，政府干预降低了低效率企业的生产成本，减少了低效率企业的竞争劣势。如果这种财政和金融支持足够大而使得低效率企业在竞争中赢得优势，那么高效率企业将因此逐渐被低效率企业所淘汰。由此，将产生的负面影响包括以下几个方面。

（1）在短期的竞争中，由于市场中只剩下低效率企业，整个行业的生产率将下降，从而整个农业部门的生产率出现下降。

（2）在长期的竞争中，整个行业的投资增长将显著下降。相比高效率企业，低效率企业将难以负担更大规模的生产成本和营销费用。因此，低效率企业及整个行业的投资也将维持在一个更低的水平，这将不利于利用农产品生产的规模经济，导致农业部门的生产率在长期中无法获得提高。例如，当高效率的农业合作社被挤出市场时，低效率的农业合作社将难以在长期中扩张规模，整个农业部门的土地集中生产将受到抑制。

（3）在长期的竞争中，整个行业将表现出创新不足的特点，从而进一步抑制行业的长期增长。在创新方面，低效率企业相对于高效率企业而言，可用于研发支出的自有资金更紧缺[①]，因而创新投入和产出也更低。如果高效率企业因政府干预而被挤出市场，那么整个行业的创新水平也将下降，并最终影响整个农业部门的生产率及生产率的增长速度。

（4）由于生产率低下且创新不足，农产品在国际市场中的竞争力将减弱，并且难以在长期中获得提高。

（5）低效率企业在政府的支持下获得银行贷款，这提高了银行贷款的违约风险，降低了银行的期望收益。银行的坏账率上升将带来一系列较为严重的后果，包括银行将限制针对实体企业的贷款供给，以及增加了银行破产的风险和由此带

① 在扩张阶段和成熟阶段，低效率企业产生的现金净流入更少。

来的实体经济的波动。

（6）降低了资本在农业部门中的配置效率。当低效率企业取代高效率企业获得银行贷款时，资本就被配置到了低效率企业中。这些企业的资本边际产出和平均产出都低于高效率企业。因此，一个极端无效率的企业筛选机制将降低资本在农业部门中的配置效率。

以上的分析假定了政府在筛选优秀企业时，真正有效率的企业全部落选。这种极端情形即使在政府官员腐败现象非常严重的情况下也不容易出现，因为正像Lui（1985）所指出的，高效率企业也有更多的资源用于社交沟通，从而更易获得政策支持。更一般的情形是，部分高效率企业和部分低效率企业同时获得财政支持和金融服务。因此，政府筛选高效率企业的机制能否达到预期目的决定了政府干预企业信贷市场的效率。

第五节　本 章 小 结

新型农业经营主体，尤其是农业企业面临的资金约束会严重制约产品研发、利润增长、投资水平及企业创新。本章将农业企业的发展过程分为创立、存活、增长、扩张及成熟五个阶段，按照农业企业不同发展阶段分析各阶段的资金需求，得出现金流在增长阶段之前的创立和存活阶段基本为负的结论，因此，在这两个阶段提供充足的资金供给是非常重要的。对于财政金融供给方面，在金融供给环境中，金融机构的贷款规模和提供的贷款总量对经营主体发展起着重要作用，缺少初始资本和贷款资金是农业企业迅速发展的制约因素。由于经营主体缺乏防范风险意识、信息不对称等，金融机构对经营主体的贷款设置了过重的限制条件，影响了经营主体未来的发展。这就要求政府采取适当措施对农业企业的信贷市场进行干预，提高资源配置效率。

第五章　国内外经验借鉴

在第四章对新型农业经营主体历史演化分析、财政金融支农服务供需机理分析的基础上，为了解决中国新型农业经营主体发展过程中存在的财政金融支农服务难以满足其发展需要的问题，本章主要想汲取国外发达国家在新型农业经营主体发展中的经验及国内的成功做法，以期借鉴。因此，本章分别以美国、法国、荷兰、韩国为例，梳理并分析其农业发展过程中产生一定效果的农业生产经营组织形式、优惠项目或政策手段；在国内则选取上海松江、湖北恩施、重庆奉节培育较好的新型农业经营主体，归纳总结其成功经验以进一步推广。

第一节　国外经验借鉴

新型农业经营主体本质上是一种合作式的农业组织形式，其目的是通过改善现有农业组织形式，以提高农业生产效率，从而提高农民收入水平。受制于经济环境和社会环境，我国农业发展与发达国家相比仍处于落后地位，而以美国为代表的发达国家和地区，如西欧、日本、加拿大，已经实现了农业产业化。因此，尽快实现农业产业化也是我国农业现代化发展的必然要求。从国外发达国家的农业发展过程来看，农业产业化不仅促进了农业的发展，也联动推进了整个国民经济的发展。具体来看，各个国家的农业发展模式虽然不同，但具有相同的特点，就是在现代化大生产的前提下，实现生产、加工、销售一体化的产业链在纵向上降低成本；同时，为减少交易费用，在横向上将资金、技术、人才等要素整合发挥规模效应，最后实现较为完整的经营格局。

美国作为世界第一大经济体，早在 20 世纪 50 年代就已实现农业产业化，因此本节首先以美国为例，主要分析其农业合作社和家庭农场发展过程中值得借鉴的地方；法国作为农业大国，农业资源丰富，尤其是农民专业合作社在发展过程中积累了较多经验，其中主要表现在金融支持合作社发展方面，具有借鉴意义；荷兰国土面积不大，但其农业发展水平居世界前列，其经营特点是以小规模的初级农业生产结构为主。大多数农业组织形式以家庭、合作社为单位，荷兰农民的收入中有至少 60%是来自农业合作组织，可以说这种形式是比较有效率的，对于我国新兴农业经营主体的发展也具有一定的借鉴意义，因此本章也以荷兰为例；韩国是典型的小国大农业，其农业协会中的成员占全国从事农业人员的 80%，并参与了农畜业生产、加工、流通、消费等整个农业产业链的每个环节。农协越来越多地承担着社会责任，与农业、农村、农民成为命运共同体，实现可持续发展，因此以韩国为例，学习其农协成功的经验。

一、美国

美国作为世界第一大经济体，农业发展水平也很高，2016 年，其农业用地面积 406 万平方公里，务农人口约占总人口的 2%。自然资源丰富和得天独厚的地理环境也为农业发展创造了条件：国内大部分地区雨水充足且分布较为均衡；土地资源拥有量较大，而且土壤肥沃，适合机械化操作和规模经营。在农业生产中，种植业和畜牧业占据主体地位。例如，2012 年的种植业产值占农业总产值的 52%，畜牧业占 48%[①]。在美国农业发展过程中，得天独厚的农业资源为农业组织结构和经营机构运行创造了可能性。因此，我们首先分析美国农业合作社、家庭农场各自的组织结构和运行方式，归纳总结值得我国借鉴的成功经验。

（一）农业经营组织的概况

任何事物的出现都是有原因的，农业合作社最初是众多小农场主为反抗大公司资本欺压而形成的，当时的两大农民组织“格兰其”（Grange）和“农场主联盟”（Farm Bureau）对农业合作社的形成起到了推动和普及的作用。1875 年，“格兰其”根据罗虚代尔合作社原则，发布了一系列有关组建合作社商店的规则，由此在美国掀起了建立在罗虚代尔原则基础上的格兰其合作社运动[②]。美国的农业合作社在此基础上迅速发展，如今已经发展得比较成熟。合作社的长足发展在美国农业推广制度建立之后，政府对合作社的发展给予了资金、技术方面的大量支持。根据美国农业部的统计数据，2006 年，美国农民合作社的数量达到了 2893

---

① 资料来源于《美国农业统计年鉴 2013》。

② 1844 年，在英格兰的一个叫作罗虚代尔的小镇，由 28 名纺织工人成立了人类历史上第一个规范性的合作社，实行社员自愿入股、退社自由、民主管理、一人一票的选举制度等原则，形成了全世界所公认的合作社原则，即著名的罗虚代尔原则。

家，社员总数超过了 260 万人，在数量上超过了家庭农场，且一个农场主加入的合作社数量不受限制。合作社总资产达到 470 亿美元，销售总额超过 1200 亿美元，合作社吸纳雇员达到了 18 万人，由于合作社之间不断地发生合并和收购，到 2015 年，农业合作社的数量已下降到 2047 家[①]。美国农业产量居世界前列，其中农业合作社作为重要的农业组织形式，其加工的农产品占总产量的 80%，同时实现了出口 70%农产品的目标。

目前美国的农业合作社大致可以分为四类：①供销服务合作社（marketing cooperatives），主要职能是为农业生产过程做好前期准备和为后期农产品的收购、储运和销售提供有效途径，是合作社中最基础、最重要的农业合作组织；②议价合作社（bargaining cooperatives），主要职能是通过议价的形式帮助农民社员获得较为合理的农产品价格，保护其利益；③农场供应合作社（farm supply cooperatives），主要从事农产品的制造、销售和分配，以及包括乙醇和生物柴油等能源产品的加工；④信贷合作社（credit cooperatives），主要包括银行和合作社农业信贷系统的组织，能够为农户及其所在合作社提供充足的信贷资金和其他形式的金融服务。为更好地发挥农业合作社对美国农村经济福祉的作用，并保护美国合作社和其他农民企业的商业和政策利益，1929 年美国成立了全国农民合作社委员会（National Committee of Farmers' Cooperatives），截至 2014 年，已经提供了超过 25 万个就业机会，总工资超过 80 亿美元。

美国农业合作社的管理模式建立在成员之间平等协商的基础之上，成员拥有投票表决权、监督权、诉讼权等权利。合作社的全体会员组成社员大会，董事会和经理则由全体社员投票选举产生。董事会的职责在于维持合作社的正常运作，其成员一般来自社员；经理由董事会聘任，在董事会的监督下处理合作社的日常事务。每个社员可以通过社员大会监督和检查合作社的一切事务，如合作社有违背法律、社章和规则或是当合作社利益受到威胁时，社员可以提起诉讼来保护权益。在进入合作社之前，社员首先需要明确自己的客观需求，进而来选择某个合作社并签订合同，在之后的农业生产经营活动中，双方以合同为基准履行各自的权利和义务。这种传统合作社经过一段时间的发展后，合作社社员为获取被中间商和销售商占取的经济利益，开始形成所谓的“增值”、“新一代合作社”（new generation cooperatives）。20 世纪 90 年代，在美国北达科他州和明尼苏达州出现了“新一代合作社”，但其坚持了原有的合作社基本原则。

“新一代合作社”是以增加产品附加值为主要创新方式的自发性经济组织，通过对农产品加工来增加附加值，实行封闭式管理，以帮助农业生产者自身获得更大的利润。其核心在于将农产品的生产、运输、加工和市场营销纵向整合链条

① 资料来源于美国农业部。

化，让合作社获得消费者支付价格的较大部分收入。这种新型合作社创造性地改变了传统合作社的运行机制等方面，提高了合作社在农业产业中的竞争力，主要表现在融资方面的优势及经营管理机制的改善。新一代合作社的进入需要社员承担一定数量只能转让的交易股权，因此初始资金充足且稳定，由此能够更容易得到银行贷款和社会闲散资金投入。另外，合作社规定社员按照持有股份所要求的投售量向合作社提供农产品，如果未能达到合同要求的数量和质量标准，合作社有权从市场上购入农产品。这样其实在合作社和社员之间建立了一种较为稳定的交易关系，激励社员按照标准生产从而提高农产品质量安全，在一定程度上降低了对社员的管理成本。

家庭农场是美国农业中重要的生产基本单元，美国农业部从主要经营者之间的关系，以及对农场所有权的拥有量来界定家庭农场：主要经营者之间存在血缘关系、婚姻关系或收养关系并且至少拥有农场 50%以上的业务。到 2016 年底，美国农场总数达 206 万个，经营土地面积共计 9.11 亿英亩[①]。家庭农场占据美国农业多元化经营主体的绝大部分份额，比重超过 90%。[②]依据所有权分配形式的不同，将家庭农场分为家庭独资农场、合伙制农场和家族企业。最普遍的家庭独资形式的农场，其劳动力和经营者都来自家庭内部，没有外来人员的进入。家庭农场处于所有农业组织形式的核心地位，无论是各类农民专业合作社、社会化服务组织或是农业龙头企业均是以家庭农场为基本单位的，因此美国农业支持保护政策及相关法案都以家庭农场为主体进行调整，由此形成了以家庭农场为主、其他农业经营组织形式共同发展、农业法案和政策为保障的现代化农业体系，为美国农业快速发展提供了制度保障。

19 世纪 30~40 年代，美国农业机械制造业有了重大突破，农业逐渐向机械化、现代化发展，农业生产效率显著提高。诺斯和托马斯（2009）认为“有效率的经济组织是经济增长的关键”，因此，效率高的工厂制、公司制均打破了传统制造业、商业、运输业等部门中家族关系的禁锢。从历史上来看，好像只有农业中保留了家庭这一元素，家庭农场虽然仍以家庭为单位，但已经成为高度现代化的农业组织形式。在农业商品化、机械化、规模化、科学化的进程中，家庭农场与时俱进，不断地改进农业生产方式、组织方式以获取收益。家庭血缘关系决定的内部凝聚力不仅有利于适应早期恶劣的自然环境，而且有助于在激烈的市场竞争中维持生存。此外，由于家庭农场将土地、资本、劳动力甚至是企业经营等要素所有权集于一体，因此组织内不存在外部力量带来的决策分歧，更易于进行生产管理决策及劳动成果分配。家庭农场在资本主义农业环境中能够留存下来的原因在

① 1 英亩=0.40686 公顷。

② 资料来源：《美国统计年鉴 2016》。

于：第一，家庭农场实际上是家庭和企业的结合体，长期来看，家庭可以根据效用函数调节其工作倾向。家庭成员拥有在市场劳动力报酬较高的时候减少工作，在劳动力价格低于其他工作的时候选择工作的自由。因此家庭农场在资源分配时，包括劳动力分配，具有较强的灵活性，同时能较快从萧条的经济环境中恢复过来。第二，由于农业生产活动的空间性、农业的难以预测性增加了评估劳动力绩效的难度而增加了管理成本。家庭农业能够更好地监督和惩罚家庭成员的行为，与资本农业相比，在一定程度上降低了管理成本。第三，具有新技术的初级生产设备能够在较小的耕地面积上实现规模经济或充足产量的要求。在耕作或收获时期，对于一个特别精确任务的需求及熟练工人的需求能够进一步体现家庭农业的优势。家庭农场如今能够通过发展专业化组织和下游部门组织实现规模经济。

美国农业部调查数据显示，农场数量在 20 世纪 30 年代时达到顶峰，为 325 万个，2016 年农场数量为 206 万个。从表 5-1 中可以看出农场数量仅在 2007 年有所增加，整体来看呈下降趋势。与此同时，农场的平均规模则表现出扩大趋势，1950~2016 年，经营土地面积由 212 英亩增长到 442 英亩。农场处于数量逐年减少、规模不断扩张的阶段，其中绝大多数是以家庭方式进行生产经营的，仅有很少一部分是采用非家庭经营式的。2015 年，家庭农场占美国农场数量的 99%、产量的 89%。其中 90%的家庭农场是年收入不到 35 万美元的小型家庭农场；生产总值超过 100 万美元的家庭农场仅占美国农场的 2.9%，但占总产量的 42%。小型家庭农场虽然在数量和经营土地面积上所占比重很大，但生产的农产品产量几乎仅有大型家庭农场的二分之一。这是由于大型家庭农场在土地生产率、劳动生产率方面具有较大优势，同时比起小型家庭农场面临较小的经营风险，使其在获取资金等方面更具竞争力。

表 5-1　美国农场数量

年份	农场数量/个	年份	农场数量/个
2001	2 148 630	2009	2 169 660
2002	2 135 360	2010	2 149 520
2003	2 126 860	2011	2 131 240
2004	2 112 970	2012	2 109 810
2005	2 098 690	2013	2 102 010
2006	2 088 790	2014	2 085 000
2007	2 204 950	2015	2 068 000
2008	2 184 500	2016	2 060 000

资料来源：美国农业部（http://www.nass.usda.gov）

（二）财政金融支农服务

美国农业部农村发展部门致力于帮助改善美国农村的经济和生活质量，在多方面帮助美国农民：通过银行、信用社和社区管理的贷款池为农业发展提供贷款、赠款和贷款担保，帮助农民创造就业机会；完善农村医疗保健、急救服务及水、电和通信基础设施；为农村社区居民住房提供健康和安全的技术援助。该部门分为农村公用事业服务部门、农村商业合作服务部门、农村住房服务部门三个主要机构部门。农村公用事业服务部门为农村社区提供必需基础设施或基础设施改善项目，主要有水与环境计划、电力项目、电信计划；农村商业合作服务部门提供项目资金、技术支持、教育机会和创业技能，帮助农村居民发展农业业务和生物经济，其中的商业项目、合作项目与社区发展计划是商业合作服务的工作重心；农村住房服务部门为解决农户居住问题提供建设方案、贷款担保等服务，服务分为单一家庭住房计划、多户住房计划、社区设施项目。

农村商业合作服务中，商业项目主要有：①工商业贷款担保（Business and Industry Loan Guarantees），条件区域是人口在五万以上的城镇及城市化部分以外的地区，联邦或州特许银行、农场信贷银行及信用社可以申请这个项目，为企业、合作社、公共机构或个人提供贷款担保用来进行业务扩张、现代化发展，购买和开发土地，购买设备、租赁装修，再融资。为保护贷方机构的利益，贷款按照合理的贷款价值政策贴现抵押品，贴现抵押价值必须至少等于贷款金额。②中介机构计划（Intermediary Re-lending Program），本项目向当地中介机构提供 1%的低息贷款，转贷给企业，第一笔融资金额不超过 200 万美元，之后的每一次融资金额不超过 100 万美元，总贷款金额不超过 1500 万美元。③农村商业发展补助金（Rural Business Development Grants），这个项目旨在支持有针对性的技术援助、培训和其他活动，以促进农村地区小型和新兴私营企业的发展和扩张，这些企业是指雇佣员工不超过 50 名，总收入不到 100 万美元的新企业。一般来说补助金为 100 万~500 万美元，较小金额的申请具有较高的优先级。④农村商业投资计划（Rural Business Investment Program），此计划是为新成立的风险投资机构提供农村商业投资公司的执照，帮助满足农村社区的股权投资需求。营利实体或其子公司有资格申请该项目，但必须就有风险投资或社区发展融资方面的相关经验，筹集至少 1000 万美元的私募股权资本，得到的资金至少 75%用于农村地区，至少 50%投资于小企业，在城市地区的投资不超过 10%。⑤农村经济发展贷款拨款项目（Rural Economic Development Loan and Grant），美国农业部通过当地公用事业机构为农村项目提供零利率贷款以创造就业机会，当地公共事业组织利用贷款建立循环贷款基金，中介机构十年内的贷款利息为零，贷款需要中介提供 20%的保证金并且在循环贷款基金到期前将贷款偿还给农业部。⑥农村微型企业家援助计划（Rural Micro-entrepreneur Assistance Program），该计划提供小额贷款，通过农村微循环基金帮助微型企业创业和发展并为小额贷款人和微型企业提供培训和技术援助，贷款金额每年不超过 20.5 万美元，可以使用 5 万~50 万美元的贷款来建立农村微型循环基金，负债总额不超过 250 万美元。⑦增值生产者补助（Value Added Producer Grants），该计划帮助农业生产者进入与新产品加工、销售有关的增值活动，为农民、农场主、合作社提供创造新产品及提供其收入的机会。补助金是申请人通过全国性的比赛获得的，最高拨款额为规划拨款的 7.5 万美元，运营资金资助 25 万美元，匹配资金资助 50%的项目总成本。合作项目是全国合作社信息的主要来源，通过提供教育、资金、统计数据和研究成果为合作社的发展提供实质性的帮助。社区经济发展部门提供补贴、低息贷款、贷款担保和技术援助以加强美国农业部农村发展项目和服务，并帮助农村地区获得经济资源和就业机会。

美国农场服务局（Farm Service Agency，FSA）将农场贷款分为农场经营贷款、小额贷款、农场所有权贷款、农场担保贷款、紧急农场贷款等多种贷款方式，还有针对青年、少数民族、妇女农民和农场主及美洲原住民部落的贷款项目，可见美国农场贷款根据贷款主体和贷款需求不同进行了细分，能够全面细致地为农户提供更精准的财政支持。主要贷款种类的主要用途、最高贷款限额、还款条款和资格标准如表 5-2 所示。

表 5-2　美国农场贷款

贷款种类 主要信息	主要用途	最高贷款限额	还款条款	资格标准
农场经营贷款	重组农场以提高盈利能力；购买农场设备；补贴农场经营费用等	30 万美元	一般贷款在一年内或农产品销售时期到期；大型采购还款期限不超过 7 年	符合条件的农业企业；一般资格要求
小额贷款	建造、修理或改善农场建筑；联合融资；预付农场所有权贷款等	5 万美元	直接所有权小额贷款最高期限不超过 25 年	农场管理经验；一般资格要求
农场所有权贷款	购买农场或牧场；扩大现有规模；建设、购买或改造农场住宅，以及维持农场运作的基础设施	30 万美元	直接农场贷款和联合贷款的还款期限最长为 40 年；FSA 的首期付款贷款的还款期限为 20 年；非 FSA 融资部分至少需要 30 年	符合条件的农业企业；一般资格要求；具有农场管理经验
农场担保贷款	FSA 担保贷款计划为农户和农场主提供贷款，用来购买农田或提供融资；金融机构获得额外的贷款业务，保证 95%的农场得到贷款	农场所有权贷款和环保贷款高达 1 399 000 美元，并根据通货膨胀情况调整；土地合同担保的最高贷款限额为 50 万美元	经营性贷款一般在 7 年内偿还，农场贷款不超过 40 年；信用额度的所有预付款都要在贷款担保之日起 7 年内偿还	贷款人有确定、符合条件的信用记录；具有对贷款义务承担责任的法定能力；具有 FSA 担保

续表

贷款种类 主要信息	主要用途	最高贷款限额	还款条款	资格标准
紧急农场贷款	恢复或重购必要的财产；给予与灾难相关的全部或部分生产成本；支付必要的家庭生活开支；对某些非房地产经营性债务再融资	50 万美元	每年至少需要进行一次还款；年度经营费用紧急贷款必须在 12 个月内偿还；若农产品生产期限延长，不能超过 18 个月	贷款申请人可以是农场的所有者、经营者、租户或农民；经营贷款申请人必须将贷款用于农业生产

资料来源：美国农业部官网（http://www.nass.usda.gov）

二、法国

法国的国土面积仅有 55 万平方公里，但这丝毫不影响其作为世界范围内一个农业大国的重要地位，尤其在欧盟成员国中，其起到了领导农业经济发展的作用。法国农产品出口量和加工农产品出口量也居世界前列，它是经济强国也是农业发达国家，农业生产自然环境良好。法国的粮食产量约占整个欧洲粮食总产量的 33%，农产品出口仅次于美国。21 世纪法国人口城市化加快，农村人口不断减少，在 5491.9 万公顷耕地面积中，农业用地占 61%、林业用地占 27%、非农业用地仅占 12%。法国主要的农产品有谷物、油料、蔬菜、甜菜，主要分布在中北部地区；饲料作物一般分布在西部山区等地；葡萄、水果等多年生农作物的主产区则是地中海沿岸和西南部地区。法国通过农业机械化实现了农业生产率的提高，此外，农业食品加工业是法国的支柱产业之一，位居世界前列。

（一）农业经营组织的概况

经历了第二次世界大战的摧残，法国农业经历了低迷的时期，农产品物资曾极度匮乏。但是战后良好的社会环境、第三次科技革命，以及欧盟的共同农业政策（Common Agricultural Policy，CAP）为法国农业发展的迅速恢复提供了外部条件；同时，法国适宜进行农业生产的气候、土壤环境及农业合作社的快速发展则为农业发展提供了内部条件。法国农业合作社始于 12 世纪的“干酪合作社”，20 世纪 50 年代，农业合作社大规模地发展，数量不断增加、经营范围扩大。这一时期恰逢第三次科技革命，法国农业面临着从传统农业转向以机械化、商品化、专业化、一体化为特征的现代化农业的重大挑战。这些以家庭经营为主的小规模农场与大型农业企业相比，在市场竞争中不具有比较优势，并且在应对农业风险时更脆弱。如果政府放任不管，就会造成大量劳动力资源从乡村转移到城镇的现象，农民离农后将会抑制农业发展、扰乱社会秩序、破坏生态环境。因此，为降低经营风险、增加农民收入及符合现代化农业的发展方向，法国小农场也避免不了联合的命运。

经过上百年的发展历程，法国农业合作社的功能也由最初的基本生产经营扩展到几乎全部覆盖农民生活。一是为农业生产提供基本要素的生产、采购和供应；二是为生产提供技术指导服务，例如，分析土壤中哪些因素会影响产量，如何更有效率地管理农作物的生长，如何正确使用农药、化肥等技术咨询服务；三是统一建立农产品质量标准以提高市场标准化程度；四是提供具有共同使用权的先进农业机械以降低成本；五是将农产品贮藏、运输、加工和销售等环节统一起来，缩短产业链；六是为单个农场提供市场信息和法律服务等；七是提供最前沿的农业科研服务，加快传统农业向现代化农业的转变过程。合作社由于具备了这些优势，不断吸引着法国农民进入，2006 年合作社农民数量占全国农民总量的 90%，合作社收购了全国超过半数的农产品，加工的食品产值也占总量的 40%；2011 年，法国国内拥有一定规模的农业合作社 3750 余个，入社社员 130 万人，九成农民都加入了农业合作社，年营业额 1650 亿欧元，占相关行业的全国市场份额分别是：粮油收购 75%、餐用葡萄酒收购 60%、鲜奶收购 47%、奶酪生产 61%、牛肉生产 38%、猪肉生产 89%、羊肉生产 49%、谷物出口 45%、鲜果出口 80%、家禽出口 40%，可以说，农业合作社已经占据法国农业的大部分市场份额[①]。合作社的类型在原来传统的收购–销售合作社、农资供应合作社的基础上，发展了服务合作社、农业社会互助组织、农业互助信贷组织和互助保险组织等多种形式以满足农户日益多样化的现实需求。其中值得注意的是农业社会互助组织、农业互助保险组织和农业互助信贷组织，其中互助组织的服务对象是从事农业活动的全部人员，为他们提供社会、家庭保障，以及为农民提供社会补助、解决家庭问题、进行政府协商和谈判等；由于农业是法国国民经济的重要组成部分，农业保险业也取得了快速的发展，帮助农户规避农业生产经营中的风险，如农业互助保险的保险额在 1978 年就已经高达 45 亿法郎，进一步为农户发展农业消除了后顾之忧，也为解决法国农业生态脆弱性提供了保障；农业信贷组织为农业合作社提供较低利率的贷款，为其扩大规模创造了充足的资金环境，法国农业信贷银行处于农业信贷组织和政府之间，并起到了连接桥梁的作用。

法国合作社区别于其他国家的特别之处在于：合作社的特殊性决定了在外部和内部实行不同的原则，即对外以利润最大化为目标、对内以利益公平为原则，净利润在满足公共积累和发展基金后将盈余的部分进行返还；同时，合作社初始资本是随着社员的进入或退出动态变化的，另外，由于具有一定公共利益性质，

① 资料来源于 2006 年、2011 年的《法国农业统计年鉴》。

合作社清算后的剩余财产必须交给公益性组织或其他合作社；合作社社员的进入只要申请后认购一定数量的股份、承诺维护合作社的共同利益并得到理事会的同意之后就能够加入合作社，但是在退出时受限于合作社的公共利益性质，会有一些限制；法国是欧盟国家中执行“合作社交易排他性原则”最严格的国家：除特殊情况必须要和非社员交易之外，合作社中每个社员几乎不与非社员进行交易，若确有必要，具有交易额比例不能超过营业额的五分之一，并且要分开核算账务及缴纳公司所得税等限制条件，以保护合作社的共同利益。

（二）财政金融支农服务

法国是欧盟成员国之一，因此其农业政策以共同农业政策为主导。欧盟除了在共同农业政策背景下开展了被称为“CAP 的第一支柱”的政策以外，为了能够进一步支持市场开发和农民收入增长，还实施了推动农村发展的具体政策。欧洲农村发展农业基金是为共同农业政策提供融资的工具，致力于推动农村发展。全国农村网络是农业发展政策的一个重要组成部分。2014~2020 年，法国农村网络的国家计划用将近 2300 万欧元的欧洲农村发展农业基金贷款资助系统的运作。2018 年的财政预算法草案中，财政部计划向农业和粮食部提供 52.3 亿欧元的拨款，具体划分如下：将 37.3%的拨款用于可持续农业和渔业；27.8%用作农业技术教育；12.5%支持农业政策；10.6%用于加强食品安全和卫生质量；6.6%补贴高等教育和农业研究；5.2%用来进行森林保护[①]。来自农业和食品部的信贷与欧洲 CAP 的资金相匹配，共计 89 亿欧元。此外，农业部门将受益约 45 亿欧元的社会和税收减免、18 亿欧元的税收支出及其他公共融资。2018 年，农业部门的公共援助总额增长至 213 亿欧元，比 2017 年增长了 3.7%。2017 年，在预算约束下，农业和农业综合企业的贷款额比 2016 年增加了 1.16 亿欧元，增长的部分主要用于以下四种事项：支持畜牧业、支持农场的更新和现代化、保护农业生态资源及支持农业食品出口贸易。

法国为鼓励更多的农户加入合作社，给予农民专业合作社成员以特殊优惠政策。政策规定：对于按照合作社规则仅与内部成员进行业务往来的农业合作社免除税收；合作社与非社员之间的业务往来则按法国企业通行的 33%税率纳税；免除谷物合作社的登记印花税，农业供应、采购合作社和农产品生产、加工、贮藏和销售合作社按其经营规模免除 35%~38%的公司税，并将合作社的不动产税和产品税免除 50%。法国农业的公共财政支持可以分为欧盟共同财政政策支持、农业社会补贴辅助基金、国家农业部补贴、国家其他部委补贴，其中农业社会补贴

① 资料来源于法国农业部。

辅助基金和欧盟共同财政政策支持占据财政补贴的主要部分。法国为农业农村发展提供金融服务的金融机构主要是法国农业信贷互助银行，其成立时间早，且已发展成为比较完整的金融服务体系。总体来说，法国在金融方面对农业的支持可分为政策性金融和合作性金融：从服务对象来讲，政策性金融以支持风险较大、投资回收期较长的中长期农业经营性项目为主；合作性金融则以支持可持续、投资回收期短的农业项目为主，并按照商业可持续原则进行农村金融业务的开展。此外，法国 90%的农业优惠贷款都由法国合作银行发放，如农业共同使用机械合作社，尤其是处于地理环境和经济环境不发达地区的合作社，能够以 3.45%的年利率申请最长期限为 12 年的贷款；对于平原地区的合作社，贷款年利率为 4.7%，贷款期限不超过 9 年；同时，贷款限额根据合作社规模而异，15 人以下为 200 万法郎，15 人以上为 275 万法郎[①]。

三、荷兰

荷兰地处欧洲西北部，紧邻大西洋的北海，是莱茵河、马斯河、斯海尔德河的下游河口区，全国有 25%的面积低于平均海平面，因此从 13 世纪开始荷兰人就利用传统风车进行排水，在天然淤积的滨海浅滩上围海造田，工业革命提高了荷兰围海造田的技术和效率以满足农业生产的需要。荷兰是一个国土面积较小但人口密度较大的国家，2007 年国土面积约为 4.2 万平方公里，总人口有 1636 万。从国土面积来看，荷兰是典型的欧洲小国，但农业发展水平位居世界前列：不仅农产品出口率和土地生产率居世界第一，设施农业也处于世界一流水平，在很小的国土面积上创造了“农业奇迹”。根据荷兰中央统计局和瓦赫宁根大学及研究中心的初步统计数据，2016 年荷兰的农产品出口额接近 940 亿欧元，与 2015 年相比增长了 40 亿欧元，主要由农产品出口与农资、知识和技术出口两部分构成，其中农产品 850 亿欧元，农资、知识和技术 90 亿欧元。农产品出口增加实现了自 2011 年以来的最大增幅，增加了 4.4%（36 亿欧元），主要涉及蔬菜、水果、乳制品、肉类和加工制品及优质花卉[②]。荷兰政府官员表示：“‘荷兰制造’不再仅仅是美丽的郁金香和美味的奶酪，我们在世界范围内的农业知识和技术也在不断丰富。未来希望继续为良好、健康、可持续的世界粮食供应做出贡献。”荷兰农业大国的身份要求荷兰在维持农业基础生产的国际优势的同时也承担起利用先进农业技术帮助世界粮食可持续生产的责任，从而逐渐消除世界范围内的饥饿和营养不良等问题。本节分析荷兰农业合作社的组织结构和运行方式，归纳总

① 资料来源于法国农业部。

② 资料来源于荷兰农业、自然管理与渔业部。

结值得我国借鉴的成功经验。

（一）农业经营组织的概况

家庭农场是荷兰基础性农业经营组织，是构成荷兰农业的具有较强活力的主体，其经营具有以下特征：大部分家庭农场的土地所有权是属于农户自己的，少数农场使用租赁土地进行生产经营，劳动力资源也主要来源于家庭成员，使用雇员的数量仅占很小一部分。土地自有程度高、家庭成员成为主要劳动力、农场所有权和管理权集中于家庭成员内部有利于发挥家庭经营制度的优势；家庭农场的经营业务专业化程度较高，如仅进行种植或养殖，有些农场甚至细致到种植某一品种作物，采用混合经营方式的家庭农场数量较少且规模较小；形成了以合作社为核心的组织化经营，家庭农场、合作社与农业企业是以扩大生产规模为目的的利益共同体，合作社不以营利为主要目的，其主要作用是支持家庭农场的发展并提供生产所需的资金、技术和物质条件；农场收入来源在固有的生产经营收入的基础上增加了合作社分红收益，以及农业机械化带来的新的非农就业机会产生的收入。荷兰家庭农场的数量也是随着农业现代化进程的不断发展呈下降的趋势，数据显示：2000 年农场数量为 97 389 个，而 2016 年农场数量降至 55 681 个，下降幅度接近 43%[①]。家庭农场数量下降的原因与美国、法国相似，这说明世界范围内的家庭农场都有规模变大、数量变少的趋势；在荷兰，退出农业经营，并且将自己拥有的土地出售的小型家庭农场将会得到政府的就业补贴，这样利用闲置土地的方式一方面有利于家庭农场经营规模的扩大，另一方面有利于土地资源合理配置以稳定土地市场价格。

家庭农场生产经营中所必需的生产要素和服务主要由合作社提供，荷兰合作社经历了上百年的发展，最早的合作社是 1874 年荷兰农民在海牙成立的消费合作社，由于农民的多样化需求和协作精神，19 世纪末先后成立了购买合作社、奶酪合作社、信用合作社等。由于面临市场上大型农业企业的垄断，家庭农场必须进行联合以巩固其地位，同时在合作社发展的推动作用下，荷兰不断发展农业并成为世界农业强国。绝大部分农场主都加入了一个或多个农业合作社以得到更多利益和服务。目前荷兰的合作社已经具有了比较健全的管理体系和组织形式，合作社主要有供应合作社、销售与加工合作社、拍卖合作社和服务合作社四种类型，前两种合作社占据市场的大部分份额，主要为农场和农户提供农业生产的基础要素，拍卖合作社是销售合作社的一种类型，主要将易腐农产品的供与需连接起来，在短时间内以拍卖的形式完成交易，而服务合作社则是从提高合作社管理效率、

① 资料来源于荷兰中央统计局。

提供保障与救济、满足信贷需求及提供咨询服务等方面提供支持。根据荷兰合作社法，规定合作社必须遵循独立性、自愿性、民主性、紧密性、非资本性和公平性的基本原则，合作社独立于政府存在，是一种独立法人的特殊经济组织，其经营体制与公司相同，主要组织结构是社员代表大会、理事会和高层管理。社员代表大会是合作社的最高权力机构，关系到合作社发展运营的重大事项都要经过社员代表大会审议通过后才能予以执行；理事会则由社员代表大会公开投票选举产生，履行社员代表大会日常的管理职能、执行社员代表大会的决议，对社内重大投资事项、经营方针及盈余分配进行决策；高层管理人员一般是聘请职业经理人担任，在合作社内按照市场经济的运作模式实行公司化经营管理。

近年来，合作社的发展也呈现出了规模扩大、数量骤减的特点：1949 年荷兰合作社有 3150 家，但是由于生产方式不断向机械化、规模化和专业化转变，2018 年合作社仅有几百家。但农作物的产量和市场占有率并没有因此下降，反而呈上升趋势，如从 2006 年到 2017 年，草莓种植者数量减少了近一半，2018 年仅有 450 个农场从事草莓种植，与 2006 年相比减少了 46%，但是 2015 年荷兰种植的草莓超过 3200 万公斤，主要是由于温室草莓产量大幅增长。荷兰的温室培育技术也位居世界前列，给农业的发展创造了技术条件。所有的合作社都能得到荷兰国家农业合作社理事会（National Cooperative Raad voor land-en-Tuinbouw，简称 NCR）的资金和技术支持，对合作社和农户的发展起到了推动作用。

农业是国家收入的主要来源，包括农业企业、食品加工业和与农业有关的制造业，这些企业在 2014 年共同创造了 179 亿欧元的出口收入，其中，农业、园艺和渔业及食品加工业占出口总额的一半以上。2012~2014 年，农业企业的创新比大多数其他部门更为重要，51%的农业相关企业实施了创新：其中 14%的农业企业同时实施了技术创新和非技术创新，27%的农业企业仅实施了技术创新，剩余 10%的农业企业仅实施了非技术创新。农业综合企业创新项目的例子包括改良肥料，使植物和花卉生长得更快，有利于形成健康的食物成分，如益生菌和降胆固醇补充剂或预防过敏的产品。

（二）财政金融支农服务

与法国不同的是，荷兰主张农业更多地面向市场。在共同农业政策的背景下，荷兰认为在新的自由化阶段之后才能从生产型向收入型转变。因此，荷兰选择了以可持续性创新为导向的新的履约协助方案，将直接援助的 3%，即 8700 万欧元转移到农村发展计划，荷兰于 2019 年在全国范围内实现基本应享权利的全面融合，同时为减少行政负担，政府对其运作的管理成本进行调整。2014~2020 年，欧洲农村农业发展基金为荷兰提供 7.65 亿欧元，相当于每年 1.09 亿欧元[①]。荷兰希望利用这笔钱来加强农业方面的创新，改善水质和保护自然景观，以及吸引、留住更多的年轻农民。

荷兰农业财政补贴种类很多，并且政府根据农民的需要增加补贴种类。其中以农业担保贷款和共同农业政策补贴为主。农业担保贷款是政府为担保的农业企业提供融资，如果政府是担保人的一部分，则由银行提供贷款。农业担保贷款代替农业担保协议，于 2017 年 1 月 1 日首次开放。首先，申请贷款的公司必须是农业企业，其次，大部分营业额来自初级农业活动，最后，其业务活动主要在荷兰大量进行。农业包括耕地、园艺和畜牧业；农业企业是农产品初级生产的企业；初级农业生产包括生产未经过进一步加工的农产品。农业担保贷款的贷款限额为 120 万欧元，担保期限自首次还款之日起不超过 6 年，如果大部分的贷款用于投资房地产，则期限延长至 12 年。担保信贷的规则取决于投资类型，对于想要投资于可持续发展或创新的农业企业家可以获得更多的农业保证信贷，其最高贷款限额可达 250 万欧元，需要满足以下条件：至少有 50%的投资是可持续和环保的；对于温室园艺公司，有绿色投资标签；投资符合可持续条件的养殖场；农业创新体现在创新概念、产品或生产过程，可持续性有所改善，该产品以独特的方式占领市场。如果农民承担可持续的社会责任，就可以从共同农业政策获得直接支付，这些补贴旨在促进创新，刺激农业可持续生产。

直接支付是共同农业政策的支柱之一，欧盟通过共同农业政策确保生产可持续、营养、安全和价格合理的食品。主要包括：基本支付、绿化支付、年轻农民额外补贴、放牧动物保险费。基本支付是指共同农业政策的补贴，2015 年通用农业政策补贴改为每公顷支付，而不是以历史支付为基础的农业支付制度（2006~2014 年）。2015 年每公顷支付应享权利的平均价值为 288.98 欧元，由于 2015 年给予的补贴少于预期，从 2016 年起增加应付津贴额，支付应付款项增加 1.874%[②]。绿化支付是为了防止生物多样性的丧失和生态系统的衰退。荷兰与欧盟成员国一起，正在努力实现更有效利用自然资源的生产方式。作为农民，必须考虑到保护农村、环境和动物的生活条件。共同农业政策的直接支付预算的 30% 用于绿化。2017 年，平均绿化补贴为 122.76 欧元/公顷，绿化支付水平与基本支付相关，因此对每个农民来说都是不同的。申请者需满足耕种作物多样化，将 5% 的耕地作为生态重点领域并且保存永久性草地。农业、自然和食品质量部鼓励青年农民，因为他们对农业的未来、粮食安全的创造和荷兰景观的保护至关重要。年轻农民额外补贴的申请者年龄不超过 41 岁，可以获得长达 5 年的额外费用，

---

① 资料来源于欧洲农业委员会。

② 资料来源于荷兰农业、自然管理与渔业部。

2017 年为年轻农民支付的额外费用为 45.38 欧元/公顷，最多为 90 公顷。放牧动物保险费是指在恶劣地形下放牧的农民可以申请该项补贴，如荒地、沙丘和盐沼，2017 年法国农业部提供 350 万欧元的预算来保障牧民的权益。

四、韩国

韩国位于亚洲东部，朝鲜半岛南部，它具有温和的大陆性气候，季节变化显著，夏季炎热潮湿，受西伯利亚季风影响，冬季寒冷干燥。国土面积中森林占 65%以上，农地面积不到 20%。2016 年韩国的农业人口约为 250 万人，占总人口的 5%，分布在 100 万个农场工作。韩国农场的特点是规模小，2014 年约 65%的农场耕地面积不到 1 公顷，只有 1%的农场面积超过了 10 公顷。自 20 世纪 60 年代以来，随着农业人口老龄化，政府不断制定政策逐步巩固农业生产地位，但平均农场规模仍然很低，韩国农业的自给率不到 30%。韩国农业政策以自我保护主义为特征，但这种模式表现出结构的局限性：农业和农村人口的老龄化和贫困现象致使农业人口不断减少，农民年龄结构呈倒金字塔形，60 岁以上的劳动力占 50%；投入成本较高及农药的大量使用对环境产生影响；农业部门的竞争力低下，预算成本不断增长，2014 年预算成本占农业总收入的 50%以上，高至 170 亿欧元。

（一）农业经营组织的概况

韩国农业经营组织体系中，农业协会的地位不容忽视，从 1961 年到如今，历经半个多世纪的发展，农业协会已成为韩国经营规模最大、影响力最强、体系最完整的农民合作组织。数据显示，2013 年韩国 1164 个基层农协共拥有 245 万名成员，占全韩国农民的 80%以上[①]，2014 年世界排名前 300 名的合作社中，韩国农业协会以第 9 名位居前列，同时韩国农业协同组合是国际合作社联盟下属的国际农业合作社代表机构，其对农业发展的推动作用已经被世界合作社组织所承认。韩国农业协会在 1950 年“土地改革”后成立，土地改革后的农民具有三个特点：拥有小规模土地的农户占总农户的 78.5%；劳动力是家庭成员中的个体劳动者；农产品既自我消费也进行销售。在这种社会经济背景下，一方面，国家为增加综合国力，需要农业民间合作组织来实施能够加快工业化资本积累的农业政策；另一方面，农民希望能够通过合作社来扩大经营规模，维护自身利益。因此，可以说韩国农业协会的设立同时满足了农民的希望和政府的愿望，对农业发展起

① 资料来源于中国农业信息网。

到了促进的作用。韩国在 1957 年颁布的《农业协同组合法》中规定，农协组织由基层农协和农协中央会两级组成。其中，基层农协主要包括地区农协、地区牧协、专业农协、专业农协联合会。地区农协和地区牧协一般设立在行政或经济中心，要求农业经营者或农业法人的住所或耕地必须在该区域内部。农业经营者要符合以下条件：经营农地面积超过 1000 平方米；农产品年销售额超过 100 万韩元；每年从事农业活动的时间不低于三个月。农业法人包括农业合作法人和农业公司法人：农业合作法人是超过五人的农业经营者设立的农业生产合作小组，农业公司法人是按照企业原则进行生产经营的农业生产经营者、产品流通者或农业作业代行者。专业农业是按照经营农产品种类的不同设立的，只能从事经济事业，不能从事金融事业，不同专业农协可以共同成立联合会。农协中央会由基层农协自愿加入而组成，在各地区设立分支机构，农协中央会兼具联合组织和独立个体的性质。韩国农业协会的主要业务范围包括教育指导事业、农产品销售事业、工业品购买事业、农村金融事业、农村共济事业、大型设施共同利用事业等。1987 年修订的《农业协同组合法》中指出，农协负责人由农业部部长任命改为直接选举，开启了韩国农协民主化的新局面。基层农协则由农民组合员出资建立，通过公开、民主的方式选举出组合长、理事会及监事会成员，下级农协民主选举出上级农协的理事会、监事会负责人。在民主化选举的基础上，逐步将部分农业部的权力下放给农协，农协中央会能够自主决策业务计划和经费预算。

（二）财政金融支农服务

韩国农业协会最初成立时，按照《农业协同组合法》所规定的销售农产品、购买工业品，仅能够从事经济事业而不能从事金融事业，由农业银行专门从事农村金融事业。经过几年的实践，单一职能的农协并没有极大地促进农村事业的发展，原因在于农协缺少资金来保障农村经济事业的正常运行。因此，韩国著名农业经济学家金俊辅博士提议政府进行改革，由于在资本主义市场经济的背景下，农业银行作为金融机构的营利性质与农协的非营利性质是相互矛盾、冲突的，因此，农协作为一种为农民服务的合作经济组织应该兼具从事经济事业和金融事业的职能。他建议政府将农业银行的农村金融事业转移给农协，就不会出现因利益冲突而导致农协无法筹措足够的资金开展各种经济业务。1961 年，政府颁布《农业协同组合法》，合并农协和农业银行的事务，建立以综合型农协作为主体的农村经济体制并延续至今。

韩国农业部、农业部门、农业合作社及全国农业联合会农协与 1500 万农民建立紧密联系，在财政方面给予了大力支持。20 世纪 90 年代，日本学者今村奈良臣提出“六次产业”的概念，旨在解决农民收入下降，农业缺乏吸引力、活力，空心化及劳动力老龄化等问题。农林牧渔劳动者利用当地优势资源，发展以农产品生产、加工、流通销售、餐饮和服务为一体的相关产业和服务，同时不断进行技术创新以提高农业附加值，为农村提供就业机会和提高农民收入。韩国为六次产业主体购置加工、流通设备提供补贴，2014 年的补贴额度为 30 亿韩元，同年颁布《农村复合产业培育与发展支援法》，为六次产业的发展提供了法律保障。20 世纪 80 年代，韩国就通过《农渔业村发展特别措施法》允许农业组织收购农地，旨在培育农业经营主体，增强农业内部力量，利用农村外部资本和技术与企业积极合作，将六次产业提升为与农产品生产、加工、流通、观光相连接的健全体系。为增加农民收入，拟订五个行动计划："第六次产业技术创新计划"，将一次型产业结构转变为六次型结构，扩大附加值及工作岗位，扩大农产品综合加工中心，以及通过六次产业活性化支援中心，扩大六次产业经营体一对一支援，在农业振兴区域内建立产业融合地区，以及放宽农地制度及森林规章制度；农业设施的整顿和现代化，提高竞争力，普及园艺技术，利用智能农场地图调查灾害受害程度，并利用人工卫星预测地理环境保障农业生产；提高农业高中、农业大学的教学质量并为农业领域增加师资力量，将一些农业高中转为农业专门职业学校，鼓励在农业大学内开设营农创业特别课程；发展优质农业，尊重环境，积极利用自由贸易协定（Free Trade Agreement，FTA）及互惠共赢合作，实现出口 77 亿美元的目标；提高村民生活质量并积极推进归农归村活动，为归农归村人的新村营造事业提供农地购买的政策和资金支持等服务。

2016 年韩国的农林食品技术水平与世界最高水平（美国）相比仍有差距，技术差距由 2014 年的 5.6 年缩短至 4.3 年。韩国通过比较农产、畜产、森林资源、食品、林产、农林食品环境生态、兽医、农林食品机械·系统、农林食品经济·社会、农林食品复合十个领域与美国、日本、德国、荷兰、英国、法国、澳大利亚、中国的农食品领域技术水平差距，了解世界农业的发展趋势并确定政策方向。所有领域中，农产、森林资源及农林食品经济·社会的技术水平处于领先水平，兽医及农林食品复合的技术水平相对较低。为提高农业技术水平、提高设施园艺农户竞争力、扩大新鲜农产品出口，韩国农林水产食品部大力支持发展智能农场，共资助 400 亿韩元：国库补助 80 亿韩元（20%），国库贷款 120 亿韩元（30%），地方经费 120 亿韩元（30%），自己负担 80 亿韩元（20%）。主要面向进行栽培、生产、出口的农户、农业合作社及农业企业，支持其新建或改建温室大棚，由农协银行提供年利率为 2.0%，三年只还利息七年之内偿还本金的贷款。[①]韩国农协的金融事业由金融公司和合作金融组成，金融公司以生命保险、损害保险、证券等为主要业务。农协银行因其与农协的紧密联系成为农村地区最大规模的金融机

① 资料来源于韩国农业、食品和农村事务部。

构，2013 年贷款规模高达 130 万亿韩元，资产规模居韩国银行业前四位。农协银行和合作金融的网点高达 6500 个，基本覆盖韩国农村地区，而且 80%以上的农民都加入了合作金融。农协中央会下设的相互金融部对接基层农协的金融业务，为组员提供各种各样的金融服务。基层农协每年在农协中央会相互金融部留存储蓄额的 10%用作准备金，并将合作金融贷款余额交付农协中央会保管以赚取更多利润。政府的政策性金融服务通过农协金融平台自上而下地实施，2012 年农协金融公司独立于农协中央会进行运营，但仍是农协中央会全额出资并控制的公司，农协中央会每年从金融公司获得的收入主要满足基层农协的发展需要。

第二节　国内现状考察

自党的十八大明确提出发展新型农业经营主体后，我国不断加大培育新型农业经营主体的力度。数据显示，截止到 2016 年底，在农业部门共登记有 44.5 万户家庭农场、179.4 万家农民专业合作社、13 万个各类型农业产业化龙头企业及 115 万个各类型农业社会化服务组织，这些农业组织发挥着引领农业供给侧改革、农业现代化建设、带动小农户发展的作用。[①]《新型农业经营主体发展指数调查报告》分析显示，新型主体不断为农业提供优质人力资源和社会资源，逐渐实现利润的增长和带动“三农”发展的目的。一期报告中以 26 个省（自治区、直辖市）的部分新型农业经营主体为样本，重点分析其发展潜力与经济绩效。结果显示，新型农业经营主体具有较高的受教育水平、越来越多的男性和青年经营者、更多的社会资源、较大的经营规模及趋好的盈利水平。二期报告以更为翔实的微观数据为基础，主要研究新型农业经营主体辐射带动农业、农民、农村发展的能力及制约其发展能力的因素，同时注意不同类型新型农业经营主体之间带动能力的比较分析。此外，新型主体辐射带动较多的领域在于农业收入、农户务农、农民就业及标准化生产，而在农村公共物品供给、技术信息支持、三产融合尤其是金融支持方面的影响力较弱。三期报告显示，目前新型农业经营主体供给的农产品的质量和安全未能完全满足绿色生态可持续生产方式和资源节约型生产技术的要求，仍然需要通过减少农药、化肥投入以改善农产品质量。四期报告对农民专业合作社、家庭农场、专业大户和农业产业化龙头企业的发展潜力进行了深入考察，发现新型主体在人力、物质、信息技术方面的优势越来越明显，但是在政

---

① 资料来源于中华人民共和国国务院新闻办公室。

策支持力、组织制度制定及金融可及性方面劣势较大，尤其是金融支持严重缺乏和不均衡，得到高力度金融政策支持的新型农业经营主体仅占有效样本的8.82%，主要是农业产业化龙头企业。五期报告关注新型农业经营主体的偿债能力、资产管理能力及金融信贷获得能力，结果显示其整体发展状况良好，存在上升空间。六期报告考察创新意识、品牌建设及发展信心，调查结果表明新型农业经营主体具有较强的创新意识、一定的品牌建设能力、积极的发展计划，但政策支持杯水车薪导致主体的融资信心普遍较低。下面我们主要以上海松江、重庆奉节、湖北恩施为例，对国内新型农业经营主体进行现状分析和经验考察。

一、上海松江

上海市松江区位居西南部，长江三角洲内部，黄浦江上游，东部与闵行区相连，西北与青浦区接壤，南部与金山区交界，东南部一部分与奉贤区毗邻。地处亚热带北边缘，四季分明，平均日照时间2047.3小时，无霜期230天，气候条件有利于各种农作物的生长。松江区土壤以湖沼沉积带的黏土为主，上层土壤的主要成分是砂质小粉泥和青紫泥。截至2016年底，全区耕地面积24.4万亩、林地面积15.85万亩、淡水养殖7470亩，农村居住人口30万人，其中农业户籍人口占30.9%。2016年实现地区生产总值1040.45亿元，农业仅创造7.89亿元的增加值，远落后于二、三产业的增加值。2020年全区农村居民人均可支配收入33 195元，比2016年增长20.2%。上海松江区自2007年下半年起探索发展规模在100~150亩的家庭农场，至今已有十几年的时间，家庭农场发展态势良好并具备一定规模，在粮食增产、农民增收、环境改善及农田保护方面取得了较好成效，值得学习和借鉴。

（一）农业组织概况

自2007年秋松江区大力发展家庭农场以来，当地政府利用地理、气候和政策优势，积极探索推动家庭农场建设。2008~2012年底，松江区家庭农场在原有单一粮食生产模式的基础上衍生出以种粮食和养猪为主体的种养结合模式；2013年以来，“机农合一”的发展模式与社会服务体系配套，逐渐成为推动农业现代化的主要经营模式。2016年底全区家庭农场发展至966户，经营面积14万亩，占全区总粮田面积的95%，家庭农场数量呈下降趋势而规模却在不断扩大。[①]966户家庭农场中以机农一体家庭农场和种养结合家庭农场为主，占全区家庭农场总数的

① 资料来源于中国农村网。

70.9%，606 户为机农一体家庭农场，种养结合家庭农场 79 户，家庭农场户均经营面积 143.3 亩，亩均净收入 973 元，户均年收入增长至 12.2 万元。①

松江区家庭农场的经营具有以下特点：第一，经营者一定是本村农户家庭，户口簿不少于两人登记为农村户口，以家庭成员为主要劳动力经营农场，同时禁止将土地再承包、转租给第三方非家庭人员经营。雇佣外来劳动力只能在农忙等特殊时期，不能长时间雇佣。松江地区将农民土地集体集中流转后，以一个恒定的绝对地租支付给原承包农户，为维持地租稳定并给予相当于城镇居民养老金收入的补贴，从而保护土地流转农户的基本利益，同时也消除了经营者面临的土地价格风险。第二，农场的主要业务是种植主要农作物，养殖牲畜，或专业化经营或以“种养结合、机农一体化”的模式进行生产。农场收入与机械化程度成正比，由此机农一体家庭农场不断增加，占比高达 62.7%。松江区将农机合作社改造成机农互助点，每个点由一户农场主购买农机经营，组织附近的农场主可以借用农机进行耕作，这不仅解决了农机投资不可分问题，而且提高了松江区农业机械化水平、劳动生产率，也增加了规模扩增的效益。

农场经营耕地规模一般在 100~150 亩，平均耕地规模为 113 亩。这是考虑到家庭成员的劳动能力限制，一方面要保证全体农场劳动力发挥其最大潜力，另一方面要规避因雇佣外部劳动力较多造成的较低劳动生产率。

机农一体家庭农场是松江区 2010 年在农机专业合作社的基础上探索出来的新模式，即以“小机家庭化，大机互助化”的服务方式为核心的机农一体家庭农场。2010 年机农一体家庭农场 97 户，而到 2016 年底发展为 606 户，占家庭农场总数的 62.7%②，机农一体家庭农场快速发展的原因在于其是实现自耕农角色的有效方式，是实现家庭农场现代化的重要路径，因此松江区不断推进机农一体家庭农场的发展。推进模式以“机农互助点”为主，按照“以点带户、以户结点”的原则进行推进。设立“机农互助点”推进家庭农场的模式分为两种类型：农机互助作业点模式、机农互助小组模式。前一种模式是以农机大户带动 3~4 户承包土地的农机手为作业点，而后一种是 3~4 户具有单一农机的散户结合成机农互助点，组团发展。这样的推进模式可以不断增加机农互助点数量，扩大经营规模，逐步实现全区机农一体的目标。

（二）财政金融支农服务

松江区家庭农场案例的成功主要是来自地方财政补贴还是其经营模式是很

---

① 资料来源于松江农业网。

② 资料来源于松江农业网。

重要的问题，如果大部分来自财政补贴支持就不具有可持续性，也难以对其他地区新型农业经营主体的发展提供借鉴意义。松江区农业财政资金来源于中央、市、区财政，主要种类分为农业补贴资金、农业项目资金、农业保险资金及理赔资金。其中，农业补贴资金进一步细分为：家庭农场奖补资金、水稻种植补贴、农资综合补贴、农机购置补贴、绿肥深翻补贴、药剂补贴、农机作业补贴、商品有机肥补贴、秸秆还田补贴，以及各级财政对农业经营单位和经营人员的重大动物疫病防治补贴、经济果林“双增双减”补贴、渔业柴油补贴、种养集合还田补贴、农业保险保费补贴等。农业项目资金包括：国家农业综合开放、都市现代农业、美丽乡村建设、农业科技、农业品牌培育、生态林建设、农田林网建设、浦南倾斜资金、农民培训等项目资金。

财政补贴的种类很多，在很大程度上覆盖了松江区新型农业经营主体的日常生产经营活动，起到了一定的作用，但松江区农业农村委员会前主任封坚强表示，松江区实行适度规模的家庭农场经营模式获得的农业补贴低于上海其他区域。因此，松江农场的成功在很大程度上是因为家庭农场的特殊组织形式和不同于其他地区的农业补贴，财政补贴的种类、数量和补贴形式不是一成不变的，而是根据家庭农场的发展情况进行不断地调整。如土地流转费补贴，2008~2012 年，粮食价格不景气，政府为鼓励家庭农场发展，给予每亩 200 元的土地流转费补贴；从 2013 年起，粮食价格上涨、农场主收入增加，则将土地流转费补贴调整为一种奖励，并设立了奖励标准进行考核，根据每年的考核结果进行发放。2016 年各级财政资金补贴标准为：水稻直补 150 元每亩、水稻农资综合直补 112 元每亩、水稻良种补贴 25 元每亩、水稻药剂补贴 31 元每亩、绿肥补贴 150 元每亩、小麦良种补贴 60 元每亩、大麦良种补贴 60 元每亩[①]。此外，对于有贷款需求的家庭农场主，松江区财政提供贷款担保基金，财政支农政策引导金融支农服务。

二、重庆奉节

奉节县位于重庆市东部，属于四川盆地东部山地地貌，长江贯穿其中。县内山地面积占总面积的 88.3%，有少量平缓河谷，水资源较为丰富；气候属于亚热带湿润季风气候，日照充足，常年日照时数 1639 小时，无霜期年均 287 天，适合农作物生长。主要农产品为脐橙、药材、蔬菜、蚕桑、烟叶和茶叶等，其中以脐橙和茶叶为代表农作物，多次获得全国金奖。截至 2016 年底，全县粮食作物耕种面积 138.54 万亩，总产量增至 44.41 万吨，其中油料作物面积 22.06 万亩，

① 资料来源于松江农业网。

产量为 2.81 万吨，比去年增长 3.9%。蔬菜耕种面积 26.51 万亩，总产量比去年增长 7.6%，增至 31.67 万吨；畜牧业产值 25.1 亿元，同比增长 5.4%；全县水产养殖面积 12 480 公顷，产量 4789 吨，比去年增产 2.67%，渔业经济总产值 1.25 亿元。农业总产值 64.98 亿元，比 2015 年增加 41.86 亿元，同比增长 5.7%，农村居民人均可支配收入同比增长 10.1%，为 9228 元。同时，重庆市奉节县作为我们此次调研的地点，我们也进行了实地调研、访谈和大量问卷调查，在此结合调研情况和当地农业发展情况进行分析。

（一）农业组织概况

截至 2016 年 9 月，奉节县共建立了 2551 个农民合作社，其中种植业 1056 个、林业 90 个、养殖业 1206 个、农机服务 39 个、其他 160 个；家庭农场 759 个，经营土地面积 5.2 万亩，其中种植业 356 个、养殖业 353 个、其他 50 个；农民合作社示范社国家级 7 个，市级 25 个，市级家庭农场 11 个[①]。奉节县从政策扶持、示范创建、创新改革等角度，积极创新建设和发展新型农业经营主体的主要组成部分中的家庭农场和农民合作社，促进了当地农业的发展。当地根据其地理条件和市场需求，发展适合区域的特色产业，低山地带种植脐橙，中山地带种植油橄榄，高山主要种植中药材、蔬菜和烟叶，重点发展“4+3+X”特色产业。发展四大主导产业：脐橙产业、油橄榄产业、中药材产业及山羊产业，不断巩固提升烟叶、高山蔬菜和优质粮油三大优势产业，在此基础上发展多个特色产业。

本次调研走访的奉节县鑫桥蔬菜种植有限公司，是当地一家龙头企业，其成立于 2004 年，总资产 800 万元。主要业务有农产品种植、加工、销售、养殖等，利用高山地区海拔高度差异、独特的土壤条件种植新品种，引进新技术。在解决土地流转问题的基础上，以“市场+公司+专业合作社+基地+农户”的经营模式，“订单农业”的销售模式，实现在生产前投入资本，在生产过程中给予技术指导，在生产后以保护价格回收农产品。2015 年公司基地规模达到 1 万亩，实现产值 6000 万元，固定资产净值 1500 万元，带动蜀鄂、龙桥两个市级贫困村的农户种植高山反季节蔬菜，开辟了更多的无公害高山农业项目，为当地农民增加了收入和致富机会。公司具备较为完善的组织结构：由董事长和总经理进行决策经营，农业示范园下设技术部和生产部，技术部由重庆农科院高山蔬菜研究所和湖北长阳高山反季节蔬菜基地提供技术指导和咨询，生产部分为技术指导和加工车间；订单农业开发由销售部和财务部负责，销售部时刻关注市场信息和进行市场营销，财务部下属机构有财务处、后勤处和鑫桥党支部。鑫桥蔬菜种植有限公司的

---

① 资料来源于重庆奉节农业农村委员会。

优势在于：首先，因地制宜选择种植高山反季节蔬菜等新品种，其经济价值较高并在市场上具有一定竞争力；其次，公司内部规范的管理，合理的组织结构为正常经营运作提供了制度基础；最后，积极与农科院研究所、技术指导站和科研机构保持联系，随时向专家咨询生产中遇到的难题。

（二）财政金融支农服务

奉节县每年为新型农业经营主体提供财政金融支农服务，努力贴近其需求。为开展农业项目财政补助资金股权化改革，每年为农业企业的补助项目投入不低于 3000 万元的财政资金，持股比例为：农业企业 50%，农村集体经济组织 10%，涉及土地流转的农户 40%；对农民合作社的补助项目，持股比例为：合作社领办者 30%，农村集体经济组织 10%，其余成员 60%。农村集体经济组织及其成员持股金额每年按照 7%的标准实行固定分红，项目存续期限 5 年。县内取得营业执照并在工商部门登记的家庭农场可以申请市级示范家庭农场以获得 10 万元补助，要满足：经营者具有农村集体经济组织成员资格或拥有农村土地承包经营权的农村居民；家庭成员是主要劳动力；农业净收入占农场总收益的八成以上；经营规模达到标准并相对稳定；经营者受过农业技能培训；经营活动较为详细的记录财务收支；对其他农户有示范带动作用。补助资金主要用于主营业务和技能培训，家庭农场自筹资金应不低于财政补助资金的一半。市级示范社也可以获得 10 万元的补助，用于培训人员，购置农产品检测仪器及注册商标等重要事项，不得用于建设或改造办公场所等。要满足：运营时间两年以上，成员 60 户以上；销售额超过 300 万元；产权明晰，运行机制合理并实行民主管理；各项制度健全等条件。

2017 年为大力促进蔬菜产业规模化、集约化和产业化，奉节县继续打造本地蔬菜品牌和营销体系，使该县蔬菜市场消费量占比 80%以上。项目总投资 2570 万元，其中 1590 万元来自财政涉农整合资金，业主自筹 980 万元，公司按照政府投入和业主投入 1：1 补贴，合作社（家庭农场、种植大户）按照政府投入和业主投入 1：0.5 补贴[①]。同时在项目实施中遇到资金短缺的问题时，政府帮助畅通金融贷款渠道，通过农业担保公司和其他金融机构解决贷款问题。此外，当地财政对于畜牧养殖业中未纳入中央政策性保险范围内的区域特色险种产生的保险费用和从金融机构贷款发生的贷款利息及担保费提供部分补贴，其中保险费财政补贴不超过 70%，贷款利息、担保费财政补贴不超过 50%。

---

① 数据来源于重庆奉节农业农村委员会。

三、湖北恩施

恩施土家族苗族自治州位于湖北省西南部，2020 年，辖区农用地面积 218 万公顷，其中耕地面积 45.26 万公顷，占总面积的 20.70%；园地面积 5.51 万公顷，占总面积的 2.53%；林地面积 165.88 万公顷，占总面积的 76.09%。恩施州的地形以山地为主，地貌主要是碳酸盐岩组成的高原型山地，兼有低山峡谷、溶蚀盆地、低中山宽谷和山间红色盆地，土壤中富含硒元素。恩施地属亚热带季风性山地湿润气候，雨量充沛，光照充足，冬少严寒，夏无酷暑；因海拔差异引起的小气候特征明显，垂直差异突出，年平均降水量 1600 毫米，适宜种植茶叶、柑橘、中药材、马铃薯、烟叶等特色农产品和发展光伏发电扶贫产业。恩施拥有众多河流，水资源丰富且良好，符合农业生产和人口安全用水的需求。2016 年，农林牧渔业差产值比上年增加 4.4%，增加值 152.4 亿元，全年农村常住居民人均可支配收入达到 8846 元。当地以茶产业为主要特色产业，2016 年茶叶综合产值增长至 105 亿元，为当地创造了巨大的经济价值。

（一）农业组织概况

恩施在不断实施“市场主体增量行动”和“中小企业成长工程”的过程中发展农村新型农业经营主体，截至 2016 年，全州新增 1894 个在工商部门注册登记的农民合作社，总数达 8036 个；家庭农场总数 1707 个，比 2015 年新增 413 个。国家级农业产业化龙头企业 2 家，省级 40 家，州级 207 家，农产品加工企业总数增至 302 家[①]。全州 207 家州级农业产业化龙头企业实现销售收入突破 180 亿元，同比增加 10%，农产品加工产值突破 170 亿元，同比增长 10%。当地农业的快速发展与农村土地确权和土地经营权的有序流转紧密相连，初步建立起农村综合产权交易平台和土地流转信息收集发布网络，能够更有效地利用闲置土地耕种，吸引农村更多的劳动力就业，对推进农业供给侧改革和农村一二三产业融合发展意义重大。

本次调研走访的恩施亲稀源硒茶产业发展有限公司，属于龙头企业，该公司成立于 2012 年，注册资金为 1000 万元，主要从事传统茶叶和抹茶等的生产，拥有自己的种植基地 716 亩，合作社共有 5000 多亩土地，机械设备相对先进，一般在国内市场销售，年销售额达到 3000 多万元。

生产模式以“基地+合作社+村集体用地”为主，财政方面，恩施 2016 年获

---

① 资料来源于恩施土家族苗族自治州农业农村局。

得茶叶龙头企业项目资助385万元，2017年获得金融扶贫资金490万元，贷款利率相对较低，由政府做担保，但是其贷款手续烦琐，且期限固定，难以满足农业生产需求。总体来说金融贷款相对较难，需要抵押物或担保。对于政府出台的一些金融项目，如租保贷（可享受40%的抵押物贷款，一般都需要150%的抵押物），门槛相对较高，难以入围。银行贷款基准利率为4.35%左右，但是一般贷款会上浮30%~50%，具体利率由银行主导，贷款人没有议价权利。另外，对湖北省金土源林药种业有限公司进行实地调查了解情况，该公司成立于2014年，注册资金为3000万，主要从事药材种植（如马蹄大黄、茯苓等），面临风险小于蔬菜种植企业，但是生产周期较长，一般都需要3~7年不等。种植面积20 000多亩，其中名贵药材就有10 000多亩，合作社社员150多户，以土地入股的形式吸纳农户并采用股份分红制度，吸纳农户2000余户，平均每户销售额可达2万~3万元。在种植过程中由中国农业大学、华中农业大学等合作机构对农户进行技术指导和培训，随时解决问题。金土源公司生产经营过程中面临的主要问题包括：获得政策补助较少，难以满足需求；金融服务的不足主要有银行贷款门槛高，可贷资金规模较小，贷款周期较短，需要抵押物或担保人进行抵押担保。其资金问题一般通过民间借贷或循环经营模式化解，对财政金融支农服务需求程度较高。

（二）财政金融支农服务

恩施对于新型农业经营主体的财政金融支持，一方面通过政府财政项目给予支持，另一方面通过主要农业银行和邮政储蓄银行提供小额贷款等金融服务给予支持。农业银行主要提供“牵手贷”和“兴业贷”：“牵手贷”的主要对象是那些以利益联结机制与建档立卡贫困户签订订单农业、就业创业、土地流转入股、扶贫资金折价入股的新型农业经营主体，农业银行对已纳入县级财政部门风险补偿且提供贷款贴息的新型农业经营主体发放扶贫小额贷款，主要目标是通过产业发展带动建档立卡贫困户脱贫致富；农业银行以基准利率为要求提供贷款，同时政府提供财政贴息，降低新型农业经营主体的贷款成本；政府出资成立风险补偿基金，建立一种新型农业经营主体、农行和地方政府三方共同承担贷款损失的分担机制，由此保障贷款业务可持续发展；把地方政府、农业产业主体、农行和建档立卡贫困户的利益结合起来，以农业产业主体为贷款对象推进产业扶贫和农村经济发展。“兴业贷”是农业银行根据贷款主体需求情况不同，对带动贫困户劳动力就业的中小微企业、农村新兴经济主体、农民专业合作社发放的政府贴息扶贫贷款，可用于各类农业生产经营活动或工商业、运输服务业等多种行业的经营活动。其贷款额度不受限制，根据客户的生产经营情况、负债承受能力、征信记录、财务状况、还款能力等多种因素核定贷款额度；流动资金贷款期限最长可达

3 年，项目贷款期限可达 10 年；还款方式较为灵活，一年期以内主要采用利随本清、到期还本、分期付款的方式偿还贷款，一年期以上的则按年或季结息，分期付款；担保方式多种多样，方便主体选择。“政府风险补偿金+贴息”是由政府风险补偿金全额担保，并进行全额或部分贴息，“政府风险补偿金+担保+贴息”指借款人提供超过贷款总额 30%的有效担保，由政府风险补偿金提供剩余担保额并全额或部分贴息，“担保+贴息”是借款人、担保公司或其他第三方对贷款提供全额或部分资产抵押或担保，政府进行全额或部分贴息。此外，“邮储贷”也为恩施 93 家新型农业经营主体提供贷款 3.71 亿元①。

第三节　本 章 小 结

本章首先分析了美国、法国、荷兰及韩国的农业组织经营模式和其财政金融支农方面的政策举措，希望从中汲取出可供我国新型农业经营主体发展借鉴的经验。以上四国因资源禀赋异质性而在农业发展方面各具优势，但其农业组织的发展具有相似之处。第一，在生产经营过程中以家庭关系为基础，主要劳动力来自家庭成员内部，较少雇佣，家庭农场或小规模农户是农业组织的基本形式；第二，政府、农业部赋予农业组织更多的权利，使农业组织能够根据实际生产经营情况调整决策方向等有利于其发展的事项；第三，特别注重农业教育的普及和质量，在面临农业人口老龄化这一世界性难题时，各国注重青年劳动力的农业教育并能够努力提升农业吸引力，引导更多的优秀青年劳动力致力于农业领域的发展；第四，财政金融支农力度较大，范围较广并且划分很细，能够有效提高其支农效率，申请条件合理清晰、程序简单、可操作性较强；第五，农业创新意识极强，可持续性的技术创新和非技术创新每年为农业创造可观的收益，并降低化肥、农药的使用，保障农产品质量符合绿色发展的要求。其次，在国内以发展较早的松江家庭农场为典型，以调研地新型农业经营主体的发展情况为补充，考察国内农业经营现状。松江模式中的“机农一体化”家庭农场经营模式值得进一步推广，以共享大型农机设备进行生产的概念降低了农户的生产成本，提高了机械化效率；奉节、恩施最大化利用地理环境和自然资源，探索出独特的发展模式。在财政金融支农方面，以政府的财政支持带动金融服务的形式进行帮扶，将新型农业经营主体、政府和金融机构的利益联结在一起进行风险共担、利益共享的模式值得借鉴。

① 资料来源于恩施土家族苗族自治州农业农村局。

第六章　新型农业经营主体发展的财政金融支农服务绩效

近年来，以专业大户、家庭农场、专业合作社和农业龙头企业为主的新型农业经营主体如雨后春笋般快速发展。由于新型农业经营主体规模小、经营效益偏低、运行不够规范、抗风险能力较弱，以及农业自身周期长、季节性强、受自然环境影响明显等特点，离开了财政金融支农服务政策的支持，现代农业经营主体根本无法获得快速发展。为了准确刻画新型农业经营主体发展过程中财政金融的真实效用，本章将从宏观层面和微观层面对我国财政金融支农服务新型农业经营主体的效率进行测度和分析。宏观层面上，主要基于省市级数据分析我国各省（自治区、直辖市）财政金融支农服务新型农业经营体系效率，并探究外部环境因素对财政金融支农服务新型农业经营主体效率的影响作用；微观层面上，则主要基于本书课题组的调研数据，探究新型农业经营主体的借贷能力、借贷途径，以及负责人能力、盈利能力、组织化程度等与经营效率之间的相互关系。

第一节　宏观层面分析

党的十八大以后，2013 年中央一号文件、2016 年中央一号文件及《关于加快构建政策体系培育新型农业经营主体的意见》 等多份重要文件都提出要把培育新型农业经营主体作为发展现代农业的政策着力点和操作主抓手，并出台了《关于调整完善农业三项补贴政策的指导意见》《国务院办公厅关于推进农村一二三产业融合发展的指导意见》《关于全面推开农业“三项补贴”改革工作的通知》《国务院办公厅关于完善支持政策促进农民持续增收的若干意见》《国务院办公厅关于金融服务“三农”发展的若干意见》《关于做好家庭农场等新型农业经营主体金融服务的指导意见》《关于进一步做好财政支持农业信贷担保体系组建工作的补充通知》《关于中国农业发展银行涉农贷款营业税优惠政策的通知》等一系列旨在强农、惠农、富农的财政支农和金融服务政策，其力度之大、种类之多、密度之高前所未有。然而，尽管财政支农和金融服务政策的补贴力度和规模逐年增加，但从现行部分财政金融支农服务的实施效果来看，仍然存在诸多亟待完善之处。所以，除了加强财政金融支农服务新型农业经营主体的投入力度外，财政金融支农服务绩效的提高显得更为重要。由此，我们从省市层面出发，构建包含经济、社会和农业供给侧改革三方面效应的环境变量体系，以期更加真实地分析财政金融支农服务新型农业经营主体的绩效，并找出存在的问题，从而提出改进建议。

一、三阶段DEA模型理论

绩效是经济性、效率性和有效性的统称，是投入要素的最佳组合来生产出“最优的”产品数量组合，是组织为实现其目标而展现在不同层面上的有效输出。绩效既是经济主体追求的基本目标之一，也是经济学研究的永恒主题。财政金融支农政策所引导的新型农业经营主体资源配置问题仍属于经济效率的研究范畴。

新型农业经营主体财政金融支农服务绩效是以财政金融支农服务新型农业经营主体的运行效果为评价对象的绩效，它包括财政金融支农服务新型农业经营主体运行的投入和产出两方面，财政支出指政府通过财政政策工具对新型农业经营主体进行的直接或间接的无偿补贴，其主要方式包括采取资金援助、成本和风险分担等；而金融服务则是通过货币金融部门运用信贷、担保、保险、基金等方式，对现代化农业的进程提供对等的有偿服务，其社会效益也是服务绩效的一部分，同时，服务绩效还应包括社会盈利情况。因此，新型农业经营主体的培育（新型农业经营主体数）、新型农业经营主体产业发展（农林牧渔业总产值）也属于财政金融支农服务的目标；基于财政金融支农服务新型农业经营主体的相关研究，这里主要采用财政投入力度和金融投入力度两方面作为衡量投入的指标，即

$$\begin{aligned}\begin{matrix}\text{财政金融支农服务新}\\\text{型农业经营主体绩效}\end{matrix} &= \frac{\sum \text{权值} \times \text{产出指标}}{\sum \text{权值} \times \text{投入指标}} \\ &= \frac{\sum \text{新型农业经营主体数} + \sum \text{农林牧渔业总产值}}{\sum \text{财政投入力度} + \sum \text{金融投入力度}}\end{aligned}$$

假设 $X=(x_1,x_2,\cdots,x_n)$ 为投入指标； y 为产出指标。投入与产出的关系用生产函数描述，即

$$y=f(X)=f(x_1,x_2,\cdots,x_n) \tag{6-1}$$

由于本节的研究涉及多个投入与多个产出指标，为了减少主观因素对评价结果的干扰，以准确客观地评价财政金融支农服务新型农业经营主体的绩效，通过对比分析各测度方法的优劣势，我们最终选择三阶段 DEA 方法，即数据包络分析法，对选取的样本省（自治区、直辖市）的财政金融支农服务新型农业经营主体绩效进行评价。

DEA 最早在 1978 年由著名的运筹学家 Charnes 和 Cooper 首先提出，主要用于评价相同部门间的相对有效性，该方法是一种非参数估计方法，其优点在于无须事先估计生产函数的形式，根据线性规划方法，由相关观测值构建一种数据驱动前沿面（Cooper et al.，2011），在评价非营利部门的效率时具有明显的技术优势，因而可以规避参数方法的多种限制。所以，用 DEA 方法研究财政金融支农服务新型农业经营主体绩效是非常适合的。不过，利用 DEA 方法得到的财政金融支农服务新型农业经营主体绩效，是在具有多种投入和多种产出系统中测算出的各决策单元的相对效率，它只考虑决策单元的可控因素而忽略其所处的外界环境和随机误差等不可控因素，导致无法反映某个决策单元的低效率是由内部管理和投入规模水平造成的还是由外部环境因素或随机误差因素导致的。为弥补这一不足，Fried 等（2002）在传统 DEA 模型的基础上，提出了将传统 DEA 模型与随机前沿分析（stochastic frontier approach，SFA）方法相结合的三阶段 DEA 模型，该模型使每个决策单元均处在相同的外界环境和运气状态下，剔除外界环境因素和随机误差因素对效率值的影响，其测算出的效率值能够准确且真实地反映决策单元的内部管理和投入规模水平。

我们选取全国 31 个省（自治区、直辖市），进行省域财政金融支农服务新型农业经营主体效率的 DEA 分析，按照以下三个阶段测算其效率及其无效率项影响因素。

第一阶段：测算决策单元（decision making units，DMU）的效率时采用原始的投入与产出的数据。对于第一阶段 DEA 模型的选择，有多种模型可供选择，学术上并没有严格的限制，本节采用 2010~2015 年中国 31 个省（自治区、直辖市）作为决策单元构造基于投入的 C2R 模型，计算出各地区财政金融支农服务新型农业经营主体的绩效。具体可表示为

$$\min \quad \theta-\varepsilon(\hat{e}^{\mathrm{T}}S^{-}+e^{\mathrm{T}}S^{+}) \tag{6-2}$$

$$\text{s.t.}\begin{cases}\sum_{j=1}^{n} X_j\lambda_j + S^- = \theta X_0 \\ \sum_{j=1}^{n} Y_j\lambda_j - S^+ = Y_0 \\ \lambda_j \geqslant 0; S^-, S^+ \geqslant 0\end{cases}$$

式中，$j=1,2,\cdots,n$ 为决策单元；X 和 Y 分别为投入和产出向量。

第二阶段：本节采用 SFA 方法对选取的环境变量与各投入的松弛变量进行回归，最终将管理无效率、环境因素与随机误差因素分离出来。具体操作如下。

第一阶段产生的总松弛变量由管理无效率、环境因素及随机误差三个部分构成，这里我们主要分离由管理无效率与随机误差造成的影响。构建的 SFA 模型中，将总的投入松弛量作为因变量，将选取的 k 个环境变量作为独立变量：

$$Z_n = \left(z_{1n}, z_{2n}, \cdots, z_{kn}\right), \quad n=1,2,\cdots,N \tag{6-3}$$

同时，第 m 个独立 SFA 回归模型可表示为

$$s_{mn} = f^m\left(z_n;\beta^m\right) + \nu_{mn} + \mu_{mn}, \quad m=1,2,\cdots,M; n=1,2,\cdots,N \tag{6-4}$$

通过以上公式，得出 SFA 回归的结果，根据回归参数来确定外生环境变量和随机误差对总的投入松弛量的影响程度，同时，可以进一步消除环境因素和随机因素造成的影响。最终，可以得出 DMU 投入量的调整公式为

$$X_{mn}^{\text{Adj}} = x_{mn} + \left[\max_n\left\{z_m\hat{\beta}^n\right\} - z_m\hat{\beta}^n\right] + \left[\max_n\left\{\hat{\nu}_{mn}\right\} - \hat{\nu}_{mn}\right], \quad m=1,2,\cdots,M; n=1,2,\cdots,N \tag{6-5}$$

等式左边 X_{mn}^{Adj} 为调整投入量；等式右边三项分别为观测投入量、环境因素调整量和随机误差调整量。通过这样的调整，使得在第一阶段由于处于较差环境和较差运气而导致效率值得分较低的 DMU，根据不利因素相应调低投入量，且由第二阶段 SFA 模型的估计环境参数 $\hat{\beta}$ 决定不利因素对初始投入的影响程度；同理，在第一阶段处于较好环境及较好运气的 DMU，则相应地调高投入量。

实际上，SFA 模型估计结果为总的误差项 $\left(\nu_{mn} + \mu_{mn}\right)$，为分别分离出管理无效率和随机误差对投入量的影响，Fried 采用 Jondrow 等（1982）的方法。

第三阶段：调整后 DEA 模型的计算。将第二阶段调整后的投入变量和原始产出变量再次代入到 DEA 模型进行效率测算，从而得到剔除了环境和随机因素影响的决策单元效率因素，由此可以得出财政金融支农服务新型农业经营主体的真实效率值。

二、指标选取与数据来源

考虑到我国新型农业经营主体规模日益庞大，财政金融支农服务新型农业经营主体又是一个涉及经济、社会等多因素的复杂系统工程，因此从可操作性视角出发，建立了包括经济和社会两方面效益的财政金融支农服务新型农业经营主体绩效评价指标，同时由于中国各省区市农业发展程度及财政金融支农方式不一样，省际财政金融支农服务新型农业经营主体环境差异较大，所以本节建立了包括农业供给侧结构改革因素、经济环境因素、社会环境因素影响的环境变量指标，剔除省域间受环境因素影响的差异，从而得到我国各省区市更为健全的财政金融支农服务新型农业经营主体绩效评价指标体系。

（一）指标选取

1. 投入指标的选取

国家对新型农业经营主体的财政支持是新型农业经营主体发展的直接资金来源之一，其支持方式包括直接补贴、间接补贴和税收优惠等。由于我国财政支出的统计口径在 2007 年后有较大变化，对财政支农各项具体项目的数据未进行披露，因此，本节选择农林水事务财政支出作为各省区市财政对新型农业经营主体培育的投入指标；同时，采用涉农贷款作为各省区市金融对新型农业经营主体培育的投入指标。

2. 产出指标的选取

各省区市新型农业经营主体的整体数量规模是衡量新型农业经营主体发展水平的重要变量，同时也是衡量其社会效益的重要指标。因为各省区市并没有对其地区的新型农业经营主体数量进行披露，所以，本节用农林牧渔业法人单位数代表新型农业经营主体数量，作为产出指标，以大致反映我国各省区市新型农业经营主体的培育状况；经济效益方面，新型农业经营主体涉及农林牧渔各产业，故选取农林牧渔业总产值作为经济效益方面的产出指标。

3. 环境变量的选取

第一阶段的传统 DEA 模型会受到管理效率、环境因素和统计噪声三个因素对效率值的影响，传统的 DEA 模型又无法将其剥离出来，只是将其笼统地算作决策单元管理的无效率，因而所得到的决策单元的效率值是不准确的。我国幅员辽阔，地区间差异较大，新型农业经营主体发展所面临的环境截然不同，如果不剔除外生环境变量对效率的影响，则在衡量财政金融支农服务新型农业经营主体绩效时存在巨大的缺陷。因此，有必要剔除外部环境因素的影响，重点从以下三个方面进行考虑。

（1）农业供给侧结构性改革因素。近年来，我国在农业领域采取的转方式、调结构、促改革等方面的积极探索，为进一步推进农业转型升级打下一定基础，同时，调节农产品供求结构的平衡、要素配置的合理等问题对于新型农业经营主体的发展具有重要影响。农业生产结构的调整和农业财政与金融投入结构的调整是我国农业供给侧结构改革的主要内容。因此，需从农业生产结构和财政与金融投入结构两方面探究农业供给侧结构改革对财政金融支农服务新农业经营主体绩效的影响。对于财政与金融投入结构，主要用各省区市财政农林水事务支出占总的财政支出的比例和涉农贷款占总的贷款比例来表示。根据国民经济对农业的总体要求，农业生产结构调整的方向有以下要点：在确保粮食总产量稳定增长、单产提高和品质改善的同时，调整种植业、畜牧业、渔业结构，增加牧业、渔业的比重。同时促进第一、第二、第三产业融合互动，提高农业产品的质量和效益。所以，对于农业生产结构，主要用各省区市牧渔业产值占农林牧渔业总产值的比例和第一产业增加值占第一、第二、第三产业总增加值的比例来表示。

（2）社会环境因素。由于农业的基础性和公共性，农村社会环境因素是新型农业经营主体发展的基础，与财政金融支农服务绩效存在正相关关系。显而易见，在其他条件趋同的情况下，在基础设施、生产条件不同的地区投放财政金融支农服务资金，必然会产生不一样的效果。因此，我们选用农业机械总动力和有效灌溉面积代表地区社会环境因素。

（3）经济环境因素。首先，较高经济发展水平的地区的市场化程度一般更高，而较高的市场化程度使其能够更好地运用各种资源配置，提高其效率，在一定程度上使得财政金融支农服务新型农业经营主体的绩效更高；其次，地区经济发展水平高往往意味着较强的地方政府财政自给能力，因此其对财政支农专款截留和挪用的动机相对较弱，财政支农款项到位率提高，从而带动了财政金融支农服务新型农业经营主体绩效的提升。因此，财政金融支农服务新型农业经营主体绩效与当地经济发展水平息息相关，这里用人均地区生产总值表示经济环境因素。

（二）数据来源及相关说明

本节的研究选取中国 31 个省区市作为研究单元，将每个省区市的财政金融支农服务作为一个整体来分析财政金融支农服务新型农业经营主体的绩效。数据来源于 2011~2016 年的《中国金融年鉴》《中国农村统计年鉴》《中国统计年鉴》等。同时为了消除各省区市规模和物价的影响，将数据按各省区市农村人口进行了平均，并以 2007 年为基期，将以货币计量的数据采用相应指数进行了平滑处理，各变量数据处理如表 6-1 所示。

表 6-1　变量定义与描述性统计

变量	数据处理说明	均值	标准差
人均财政农林水事务支出（万元）	用农村零售商品指数进行平减	0.232	0.188
人均涉农贷款（万元）	用农村零售商品指数进行平减	2.873	2.278
农林牧渔业法人单位数（万个）	实际值	0.1786	1.810
人均农林牧渔业总产值（万元）	用农林牧渔业总产值指数进行平减	1.096	0.414
财政农林水事务支出占比	实际值	0.009%	0.012
涉农贷款占比	实际值	29.840%	11.440
牧渔业产值占比	实际值	38.920%	8.540
第一产业增加值占比	实际值	10.340%	5.112
人均农业机械总动力（千瓦）	对数处理	1.610	0.722
人均有效灌溉面积（公顷）	对数处理	0.108	0.073
人均地区生产总值（万元）	用地区生产总值指数进行平减	2.106	1.026

三、绩效实证分析

（一）三阶段 DEA 模型测算与调整前后效率比较分析

首先，在不考虑外生环境变量和随机因素的情况下，基于传统的方法，利用 DEAP2.1 软件对 2010~2015 年我国各省区市财政金融支农服务新型农业经营主体的相对效率水平进行分析，由于年份较多，数据量较大，所以只列出第一年和最后一年的结果。

由第一阶段传统的 DEA 分析的实证结果可得出各决策单元投入量的松弛量，将其分解为管理因素、环境因素和随机因素的影响后，作为 SFA 方程的被解释变量；同时，以环境变量作为解释变量，运用 Frontier4.1 软件对各参数进行 SFA 回归，参数估计值如表 6-2 所示。

表 6-2　SFA 的回归结果

影响因素	财政投入松弛变量		金融投入松弛变量	
	估计系数	t 检验值	估计系数	t 检验值
财政农林水事务支出占比	761.840^{***}	3.684	4785.800^{***}	3.515
涉农贷款占比	0.397^{*}	1.881	1.826^{*}	1.244
牧渔业产值占比	-0.821^{***}	−4.050	-3.569^{*}	−1.981
第一产业增加值占比	-1.971^{***}	−4.986	-12.097^{***}	−3.255
人均农业机械总动力	−0.030	−0.776	−0.350	−0.847
人均有效灌溉面积	-0.117^{***}	−3.127	−0.248	−0.654
人均地区生产总值	0.269^{***}	4.508	2.022^{***}	3.952
常数项	-1.385^{**}	2.265	-13.674^{**}	−2.593

续表

影响因素	财政投入松弛变量		金融投入松弛变量	
	估计系数	t 检验值	估计系数	t 检验值
σ^2	0.051***	3.470	2.215***	4.569
LR	98.626***	—	15.398***	—

注：LR 为单边似然比检验统计量

*、**、***分别表示在 10%、5%、1%水平上显著

由表 6-2 可知，模型中 LR 单边检验通过了 1%的显著性检验，证明了 SFA 模型的适用性。投入松弛变量的定义是决策单元的实际投入量减掉目标投入量的差额，所以，在产出一定的情况下，如果减少投入冗余的话，则能够提高各省区市财政金融对新型农业经营主体的服务效率。因此，若选取的环境变量对投入松弛变量具有正向作用，则表明该环境变量会导致投入冗余的增加、决策单元服务效率的降低；如果选取的环境变量对投入松弛变量具有负向作用，则表明该环境变量有利于投入冗余的减少、服务效率水平的提高。

其中，牧渔业产值占比和第一产业增加值占比对财政金融投入松弛变量均为负向影响，表明在我国农业供给侧改革的宏观背景下，增加牧渔业产值和第一产业比重会减少财政金融投入冗余，即优化我国农业生产结构有利于财政金融支农服务新型农业经营主体效率的提高；财政农林水事务支出占比和涉农贷款占比对财政金融投入松弛变量均为正向影响，表明财政与金融投入的资金越高，财政金融投入的冗余越高。这从侧面反映出我国农业财政金融投入的粗放模式，盲目地投入而忽略了与新型农业经营主体实际需求是否匹配。代表农村基础设施状况的变量分别为人均农业机械总动力和人均有效灌溉面积，二者对财政金融投入松弛变量均为负向影响，表明农村基础设施条件的改善有利于投入冗余的减少，进而提高财政金融投入资金的使用效率；各省区市地区经济发展水平对财政金融投入松弛变量为正向影响，表明经济发展水平较高的地区投入冗余增加会降低财政金融投入资金的使用效率，这是由各个地区的潜在条件决定的，也就是说财政金融的资金投入到资金缺乏的地区会更有效率，这也符合资金使用边际报酬递减的经济意义，对此，赵璐和吕杰（2011）在研究我国财政支农效率时也得到了同样的结论。

由此可知，不同的环境变量将对各省区市的财政金融支农服务绩效产生影响，因此，在测评各省区市的经济效率时应先剔除外生环境变量和随机误差因素，进而进行第三阶段的经济效率研究才有意义。

在第三阶段，利用第二阶段计算出剔除环境因素和随机因素的财政投入与金融投入变量，计算投入导向的 BCC（Banker-Charnes-Cooper）模型下的各省区市之间财政金融支农服务新型农业经营主体的相对效率，再次运用 DEAP2.1 软件

计算各省区市的财政金融支农服务绩效值，具体结果如表 6-3 所示。

表 6-3　2010 年 DEA 效率测评结果

地区	调整前			状态	排名	调整后			状态	排名
	TE	PTE	SE			TE	PTE	SE		
北京	0.216	0.218	0.994	drs	31	0.832	0.924	0.901	irs	12
天津	0.334	0.359	0.930	drs	27	0.910	1	0.910	irs	8
河北	0.982	1	0.982	drs	7	0.783	0.874	0.896	irs	14
山西	1	1	1	—	1	1	1	1	—	1
内蒙古	0.582	0.632	0.922	drs	24	0.902	0.908	0.993	irs	9
辽宁	0.889	1	0.889	drs	10	1	1	1	—	1
吉林	0.703	0.744	0.945	drs	18	0.777	0.838	0.927	irs	17
黑龙江	0.731	0.764	0.957	drs	15	0.782	0.830	0.942	irs	15
上海	0.274	0.275	0.994	irs	29	1	1	1	—	1
江苏	0.601	0.607	0.991	drs	23	1	1	1	—	1
浙江	0.705	1	0.705	drs	17	1	1	1	—	1
安徽	0.804	0.939	0.856	irs	12	0.471	0.789	0.597	irs	27
福建	0.977	1	0.977	drs	8	0.999	1	0.999	irs	7
江西	0.633	0.823	0.769	irs	20	0.486	0.807	0.602	irs	26
山东	0.991	1	0.991	drs	6	1	1	1	—	1
河南	1	1	1	—	1	0.801	0.872	0.919	irs	13
湖北	0.949	0.993	0.956	drs	9	0.685	0.836	0.820	irs	19
湖南	1	1	1	—	1	0.631	0.847	0.745	irs	21
广东	0.803	0.823	0.976	drs	13	0.851	1	0.851	irs	11
广西	0.838	0.879	0.954	irs	11	0.512	0.778	0.658	irs	24
海南	1	1	1	—	1	0.895	0.896	0.999	drs	10
重庆	0.603	0.629	0.959	irs	22	0.707	0.917	0.770	irs	18
四川	0.738	0.835	0.883	irs	14	0.654	0.807	0.811	irs	20
贵州	0.383	0.876	0.437	irs	26	0.262	0.814	0.322	irs	31
云南	0.615	0.753	0.817	irs	21	0.503	0.798	0.631	irs	25
西藏	1	1	1	—	1	0.330	1	0.330	irs	30
陕西	0.674	0.823	0.819	irs	19	0.551	0.942	0.585	irs	23
甘肃	0.506	0.833	0.607	irs	25	0.390	0.876	0.445	irs	28
青海	0.258	0.428	0.602	irs	30	0.368	0.862	0.427	irs	29
宁夏	0.301	0.378	0.798	irs	28	0.580	1	0.580	irs	22
新疆	0.714	0.773	0.924	drs	16	0.781	0.856	0.913	irs	16
均值	0.703	0.787	0.891			0.724	0.905	0.793		

注：drs 表示规模报酬递减状态，irs 表示规模报酬递增状态，“—”表示规模报酬不变状态。TE、PTE、SE 分别为综合技术效率、纯技术效率与规模效率，三者之间的关系可表示为 TE=PTE×SE，排名是指综合技术效率的排名

从表 6-3 中 2010 年的效率测评结果可以看出，投入调整前后我国 31 个省区

市财政金融支农服务绩效发生较大变动。

（1）调整前后处于财政金融支农服务综合技术效率前沿面的省区市发生显著变化。调整前处于综合技术效率前沿面的省区为山西、河南、湖南、海南和西藏，调整后河南、湖南、海南和西藏的综合技术效率均出现不同程度的下降，其中西藏的综合技术效率下滑最为明显，主要是由规模效率的大幅下降而导致的，这四个省区均未能保持处于综合技术效率前沿面，其综合技术效率的排名分别跌至13位、21位、10位和30位。调整后山西、辽宁、上海、江苏、浙江和山东6个省市处于我国财政金融支农服务新型农业经营主体综合技术效率前沿面，除山西一直处于技术效率前沿面外，辽宁、山东和浙江综合技术效率的提升则得益于规模效率的上升，而上海和江苏的规模效率和纯技术效率均得到大幅提升。综合技术效率前沿面变动意味着相对效率评价的参照集也发生改变，进而影响我国各省区市相对效率评价。

（2）从各省区市的综合技术效率值看，调整前后的各省区市综合技术效率存在较大差异。在外部环境因素剔除之后，只有山西的综合技术效率保持不变，河北、安徽、海南等14个省区的综合技术效率值下降，其余16个省区市的综合技术效率值均显著上升，全国平均综合技术效率值也由0.703上升至0.724。外部环境因素剔除之后，各省区市综合技术效率值的大幅变动表明环境因素和随机因素对各省区市财政金融支农服务新型农业经营主体效率测评产生巨大影响，传统的 DEA 模型进行效率评价时存在一定的估计偏误。对于调整后综合技术效率上升的省区市，反映出该地区新型农业经营主体处于不利的外部环境，而综合技术效率的下降意味着该地区新型农业经营主体处于有利的外部环境。

（3）从各省区市财政金融支农服务绩效结构的变动看，纯技术效率与规模效率调整前后差异显著。调整后，纯技术效率全国均值上升 0.118、规模效率的全国均值下降 0.098。除山西、辽宁、浙江、福建、山东和西藏 6 个省区的纯技术效率调整前后未发生改变外，河北、安徽等 10 个省区纯技术效率调整后出现不同程度的下降，其余 15 个省区市纯技术效率值均有不同程度的上升。对于规模效率，只有山西调整前后未发生改变，内蒙古、辽宁等7个省区市在调整后规模效率存在不同程度的上升，其余的 23 个省区市的规模效率在剔除外部环境因素后均有所下降。从综合技术效率值与效率结构调整前后的变动分析可知，运用一阶段DEA模型计算的我国各省区市财政金融支农服务新型农业经营主体效率，在多数省区市均存在纯技术效率的低估和规模效率的高估问题。

（4）调整前后区域规模收益状态发生改变。调整后北京、天津等10个省区市的规模报酬由递减状态转向递增状态，辽宁、江苏、浙江和山东4个省的规模报酬由规模报酬递减状态转向规模报酬不变状态，上海的规模报酬由递增状态转向规模报酬不变状态，河南、湖南和西藏3个省区由规模报酬不变状态转向规模报酬递增状态，海南由规模报酬不变状态转向规模报酬递减状态，其余 12 个省区市规模报酬状态没有发生改变。

从表 6-4 中 2015 年效率测评的结果可以看出，调整前后效率变动表现为以下几个方面。

表 6-4　2015 年 DEA 效率测评结果

地区	调整前			状态	排名	调整后			状态	排名
	TE	PTE	SE			TE	PTE	SE		
北京	0.187	0.202	0.925	irs	31	0.570	0.777	0.734	irs	27
天津	0.302	0.317	0.954	irs	27	0.627	0.886	0.707	irs	26
河北	0.913	0.922	0.990	drs	10	0.910	0.967	0.941	irs	12
山西	0.858	1	0.858	drs	12	1	1	1	—	1
内蒙古	0.527	0.581	0.906	drs	23	0.887	0.913	0.972	irs	14
辽宁	1	1	1	—	1	1	1	1	—	1
吉林	0.739	0.744	0.994	drs	16	0.745	0.905	0.824	irs	19
黑龙江	0.898	1	0.898	drs	11	0.920	0.947	0.972	irs	11
上海	0.275	0.310	0.888	irs	29	0.637	0.934	0.683	irs	24
江苏	0.691	0.692	0.999	drs	18	1	1	1	—	1
浙江	0.472	0.489	0.965	drs	25	0.967	1	0.967	irs	7
安徽	1	1	1	—	1	0.925	0.974	0.950	irs	10
福建	0.791	0.791	1	—	14	0.951	0.999	0.951	irs	8
江西	0.579	0.721	0.803	irs	21	0.675	0.898	0.751	irs	22
山东	0.994	1	0.994	drs	8	1	1	1	—	1
河南	1	1	1	—	1	0.884	0.970	0.911	irs	15
湖北	1	1	1	—	1	1	1	1	—	1
湖南	1	1	1	—	1	0.780	0.930	0.839	irs	18
广东	0.775	0.783	0.990	irs	15	0.863	1	0.863	irs	16
广西	1	1	1	—	1	0.927	0.983	0.943	irs	9
海南	1	1	1	—	1	0.901	0.991	0.909	irs	13
重庆	0.800	1	0.800	drs	13	1	1	1	—	1
四川	0.736	0.766	0.960	irs	17	0.710	0.868	0.817	irs	20
贵州	0.649	0.809	0.803	irs	19	0.701	0.909	0.771	irs	21
云南	0.987	1	0.987	irs	9	0.802	0.965	0.831	irs	17
西藏	0.301	0.89	0.338	irs	28	0.256	0.988	0.260	irs	31
陕西	0.591	0.706	0.837	irs	20	0.661	0.940	0.702	irs	23
甘肃	0.482	0.718	0.671	irs	24	0.546	0.887	0.616	irs	28
青海	0.223	0.404	0.553	irs	30	0.355	0.857	0.415	irs	30

续表

地区	调整前			状态	排名	调整后			状态	排名
	TE	PTE	SE			TE	PTE	SE		
宁夏	0.310	0.393	0.788	irs	26	0.486	0.914	0.532	irs	29
新疆	0.550	0.551	0.998	irs	22	0.636	0.856	0.744	irs	25
均值	0.698	0.767	0.900			0.785	0.944	0.826		

注：TE、PTE、SE 分别为综合技术效率、纯技术效率与规模效率，三者之间的关系可表示为 TE=PTE×SE，排名是指综合技术效率的排名

（1）综合技术效率前沿面变动。调整前辽宁、安徽、河南、湖北、湖南、广西和海南 7 个省区处于综合技术效率的前沿面。调整后安徽、河南、湖南、广西和海南 5 个省区的纯技术效率和规模效率均有所下降，这 5 个省区在剔除外部环境因素后均未能保持处于综合技术效率前沿面，其综合技术效率排名分别跌至 10 位、15 位、18 位、9 位和 13 位。辽宁和湖北调整前后均处于综合技术效率前沿面，同时，调整后山西、江苏、山东和重庆 4 个省市由于纯技术效率和规模效率的提升，也处于综合技术效率前沿面。

（2）综合技术效率值变动。在剔除外部环境因素后，全国综合技术效率平均值上升了 0.087。除辽宁和湖北 2 个省的综合技术效率值调整前后未发生变动，北京、天津等 20 个省区市的综合技术效率值均发生不同程度的上升，一定程度反映出这些区域相对不利的环境降低了财政金融支农服务新型农业经营主体的绩效。其他 9 个省区市的综合技术效率调整后则呈现出不同程度的下降，同样反映出有利的外部环境可显著提升财政金融支农服务绩效，这些省域如果运用一阶段 DEA 模型进行测算，其综合技术效率必然会被高估。

（3）效率结构变动。调整前后纯技术效率保持不变的省市共有 5 个，分别为山西、辽宁、山东、湖北和重庆，且它们的纯技术效率值均为 1，表明外部环境因素并未影响这些地区财政金融支农服务纯技术效率值的估计，只有黑龙江、安徽等 7 个省区的纯技术效率调整后下降，表明这些区域财政金融支农服务纯技术效率存在高估，其余 19 个省区市的纯技术效率调整后均出现不同程度的上升，调整前纯技术效率存在低估；只有辽宁和湖北规模效率调整前后未发生变动，山西、内蒙古、黑龙江、江苏、浙江、山东和重庆 7 个省区市规模效率调整后上升，说明这些省区市调整前财政金融支农服务规模效率存在低估，其余 22 个省区市规模效率调整后下降，表明调整前的规模效率存在一定程度的高估。从全国来看，规模效率均值在调整后下降 0.074，而纯技术效率均值调整后上升 0.177。调整后的纯技术效率值达 0.944，相对较高，而规模效率均值为 0.826，偏离技术效率前沿面较远，表明规模效率严重制约了财政金融支农服务绩效的提升。

（4）规模收益状态变动。调整后河北、内蒙古、吉林、黑龙江和浙江 5 个

省区规模报酬由递减状态转向递增状态，调整后山西、江苏、山东和重庆 4 个省市规模报酬由递减状态转向规模报酬不变状态，表明这些地区属于财政金融支农服务投入规模较大的地区，在这些地区，现有的外部环境因素已经促使其过早进入规模报酬递减状态，这些省市的财政金融支农服务应选择适度控制投入规模，并加快提升管理水平。安徽、福建、河南、湖南、广西和海南 6 个省区由规模报酬不变状态转向规模报酬递增状态。

（二）剔除外部环境因素后我国东、中、西三大地区财政金融支农服务绩效

东部地区：2010~2015 年剔除外部环境因素影响后，辽宁、江苏、浙江和山东 4 个省曾处于技术效率前沿面上，其中辽宁、江苏和山东一直处于技术效率前沿面，处于技术效率前沿面的省域财政金融支农服务处于最优规模收益状态；河北、福建、广东和海南 4 个省综合技术效率位于全国的中上游，究其原因主要在于这些地区的规模效率优势明显，而省域之间纯技术效率差异较小；北京、天津和上海 3 个市 2010~2015 年财政金融支农服务绩效排名相对靠后，主要是由于这些地方规模效率低下，财政金融支农服务的规模经济性并未能得到有效发挥。

中部地区：2010~2015 年山西有 4 年处于技术效率前沿面上，湖北 2014~2015 年也一直处于技术效率前沿面上，反映出这 2 个省的财政金融支农服务绩效相对较好；黑龙江和安徽 2013~2015 年综合技术效率排名始终处于全国中上游，主要是这些省相对较高的规模效率导致的；中部地区其余各省区市综合技术效率则位于全国的中下游。

西部地区：贵州、西藏、陕西、甘肃、青海和宁夏 6 个省区由于规模效率低下，2010~2015 年，其综合效率一直处于全国后 10 位；内蒙古的综合技术效率一直处于全国中上游；2014~2015 年广西和重庆的综合技术效率处于全国前 10 位，特别是重庆 2014~2015 年技术效率一直处于前沿面，表明财政金融支农服务新型农业经营主体效率得到较大改善；其他西部地区省区市综合技术效率排名处于全国中下游。

以上分析表明，剔除不可控因素影响后，全国各省区市间的纯技术效率差异不大，即全国各省区市财政金融支农服务管理水平并不存在显著差异，综合技术效率存在差异的主要原因在于省际规模效率的不同。下面分别通过对东、中、西三大地区调整后财政金融支农服务综合技术效率、纯技术效率、规模效率均值的比较，分析三大地区间财政金融支农服务绩效的差异性。

如图 6-1 所示，由我国东、中、西部地区调整后 2010~2015 年综合技术效率、纯技术效率和规模技术效率分析可知，我国财政金融支农服务新型农业经营主体

综合技术效率在东、中、西三大地区差异明显，进一步可以看出规模效率的差异是造成东、中、西部地区综合技术效率差异的主要原因，三大地区之间纯技术效率的差异较小。2010~2012 年，东部地区综合技术效率值最高，远远高于全国平均水平，西部地区综合技术效率均值低于全国平均水平，中部地区综合技术效率高于西部地区；2013~2015 年，东部地区综合效率依然高于全国平均水平，同时，中部地区综合技术效率值也高于全国平均水平，并且有不断提升的趋势，2015 年，其综合技术效率值也已超过东部地区，表明中部地区财政金融支农服务绩效得到极大的改善，西部地区综合技术效率依然相对低下。对于纯技术效率而言，在 2013 年以前，东部地区略高于中西部地区，2013 年以后，三大地区的纯技术效率差异就变得较小了，快速发展的信息时代使得东、中、西部地区存在更多的技术信息交流，对财政金融资金投入新型农业经营主体的管理模式进行了相互的学习和借鉴，从而减少了财政金融资金管理水平上的差距。2010~2015 年，东、中部地区规模效率一直高于全国平均水平，2010~2014 年，东部地区规模效率都要高于中部地区，2015 年中部地区规模效率反超东部地区，西部地区的规模效率一直处于最后，反映出我国财政金融投入在东、中、西部地区间分布不均匀，西部地区由于经济水平的相对落后，财政金融支农服务新型农业经营主体的贡献率相对较小，应加大财政金融投入力度。

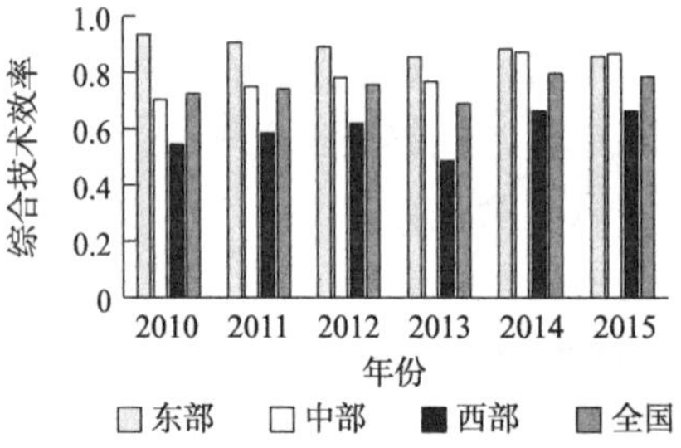

（a）TE 分布图

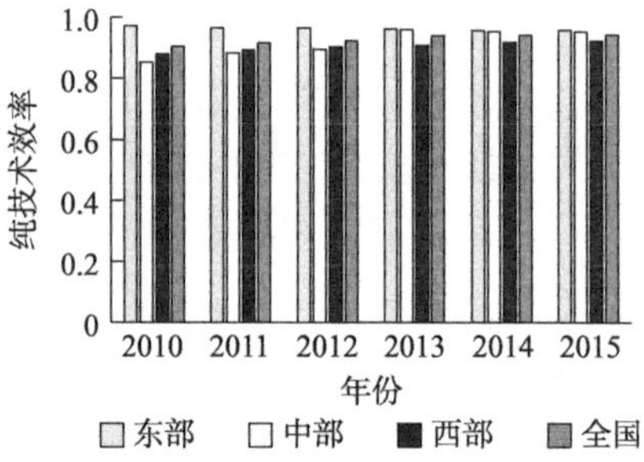

（b）PTE 分布图

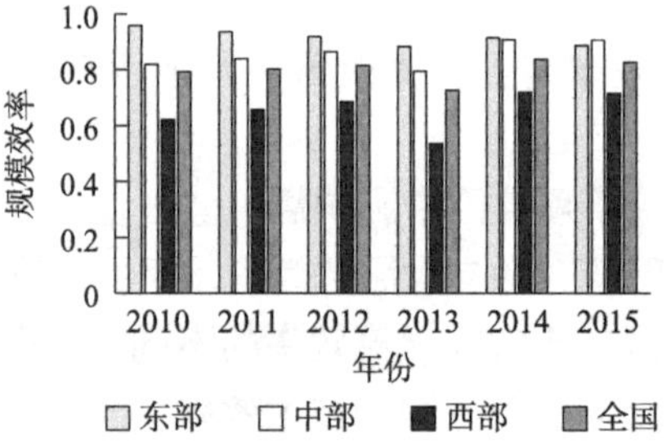

（c）SE 分布图

图 6-1 调整后东中西三大地区财政金融支农服务绩效均值

（三）调整后我国省区市财政金融支农服务绩效类型划分

根据纯技术效率与规模效率值，分别以 0.95 和 0.90 作为效率值的临界点可将我国省区市划分为四种类型。其空间折射如图 6-2 所示。

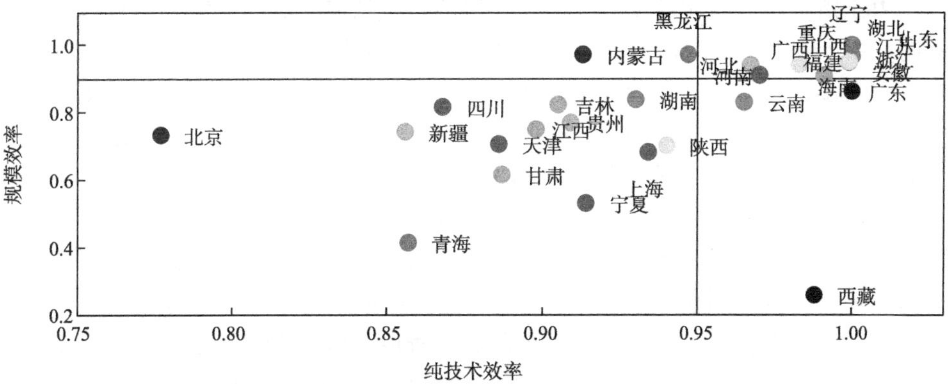

图 6-2　2015 年按纯技术效率与规模效率的全国省区市划分类型图

如图 6-2 所示，处于右上角的为“双高型”，即该部分省区市财政金融支农服务的纯技术效率超过 0.95 和规模效率超过 0.90，包括辽宁、山西、江苏、山东、湖北、重庆、河北、河南、广西、福建、海南、安徽、浙江共 13 个省区市。其中，辽宁、山西、江苏、山东、湖北、重庆 6 个省市的综合技术效率处于前沿面。该类型区域的财政金融支农服务绩效相对较高，需要改进的地方相对较少。处于右下角的为纯技术效率较高但规模效率偏低的“高低型”省区，其纯技术效率超过 0.95 但规模效率在 0.90 以下，包括云南、广东和西藏，特别是西藏，其规模效率仅为 0.26，这类省区财政金融支农服务绩效的提升应着重于规模效率的改进，扩大财政金融投入规模，实现财政金融支农服务新型农业经营主体资金的优化配置。处于左上角的为纯技术效率低于 0.95 但规模效率在 0.90 以上的“低高型”省区，包括内蒙古和黑龙江两个省区，这类省区的纯技术效率具有更大的提升潜力，即提高财政金融投入资金的管理水平以促进农业发展。处于左下角的为“双低型”省区市，包括北京、四川、吉林、湖南、新疆、贵州、江西、天津、甘肃、陕西、上海、宁夏和青海。以青海为例，其纯技术效率和规模效率分别为 0.857 和 0.415，提升空间都较大。这类省区市在财政金融支农服务绩效改进过程中应注意经营管理水平提高与资金投入规模扩大的兼顾，并对二者的耦合作用给予关注。

第二节 微观层面分析

由于借贷能力限制新型农业经营主体的资金获取，制约了生产经营和发展，同时，由于农业的高风险性，盈利能力对新型农业经营主体的生存至关重要，已有研究大多一致认为，受借贷能力和风险收益的约束，融资不足已成为限制新型农业经营主体发展的瓶颈问题。因此，本节在现有研究的基础上，构建了一个从金融组织视角描述新型农业经营主体风险收益的理论模型。通过纳什议价的方法，在求得新型农业经营主体与金融组织讨价还价均衡解的基础上，导出了新型农业经营主体最优经营水平与其借贷能力、风险收益的关系。最后，通过双边随机边界模型，使用问卷调查获得的微观数据，实证分析借贷能力与风险收益等相关因素对新型农业经营主体经营效率的影响程度。本节的研究有助于解释借贷能力、风险收益等因素对新型农业经营主体经营效率的影响机理，并从实证上提供了定量测度，给新型农业经营主体发展的理论与实践提供了有益的经验证据。

一、经营风险、借贷能力对产出影响的理论分析

（一）盈利与风险描述

假设新型农业经营主体生产某种农产品或提供某种农业服务[①]的数量为 x，价格为 p，由于农产品市场近似于完全竞争，生产者无定价权，即 p 是外生变量，假设 p 服从正态分布 $N(\bar{p},\sigma^2)$，其中 $\bar{p}$ 和 σ 分别为农产品价格的均值和标准差。新型农业经营主体的盈利为

$$\pi_1=(p-c)x-F \tag{6-6}$$

式中，c 为单位可变成本；F 为固定成本。根据现有文献，对生产者有风险中性和风险规避两种假设，由于调研中发现大多新型农业经营主体均偏好较大规模的生产，并未表现出明显的风险规避，甚至有某种程度的风险偏好，因此，我们假设新型农业经营主体为风险中性[②]。由于固定成本通常不影响经营决策，参照

① 后面对农产品或农业服务统一简称为农产品。

② 同时，如果假设新型农业经营主体是风险厌恶，后文的理论分析将变得过于复杂，模型的均衡将得不到解释解，以至于模型分析变得十分困难。

Baron 等（2016）的做法，令 $F=0$，对式（6-6）两边取期望可得期望盈利为

$$E(\pi_1)=\pi_{1E}=(\overline{p}-c)x \tag{6-7}$$

一方面，新型农业经营主体向银行或其他金融组织[1]的贷款通常为短期贷款，用于日常生产经营及流动资金需求，长期贷款相对较少，也较难获得；另一方面，新型农业经营主体经营以年度为会计单位，而长期投资发生作用的时间是多年的，如果要衡量动态效率，则需要对新型农业经营主体进行追踪调查以获取面板数据，由于研究经费和条件所限，本节只分析新型农业经营主体使用短期贷款的情形，同时只分析短期经营效率。假设银行放贷数量为 y，银行主要根据新型农业经营主体的盈利预期、资产状况、抵押物及担保情况确定贷款数量，尽量将自身与新型农业经营主体的经营风险（主要是农产品价格波动风险）进行隔离。由于银行利润是本金的固定比例（利息，用 r 表示），为了计算上的方便，本节以本息和作为银行利润的替代值[2]。

$$\pi_2=\begin{cases}(1+r)y, & \pi_1\geqslant(1+r)y\\ \pi_1, & 0\leqslant\pi_1<(1+r)y\\ 0, & \pi_1<0\end{cases} \tag{6-8}$$

式（6-8）中，银行的收益为分段函数，如果新型农业经营主体在经营中获得正常利润且有能力偿还贷款，则银行可以收回本息和。如果新型农业经营主体只获得少量利润，甚至出现经营亏损，无力偿还本息和，银行的处理方式一般包括：①直接展期，即银行同意新型农业经营主体延期归还贷款的本息。②再担保，对于信用记录较好的借款人，银行可以要求其再找其他担保人，同时对贷款进行延期。③再贷款，以新还旧。由于出现还款违约表明借款人有较大风险，银行一般会急于收回贷款，因此，目前这种形式已经极少出现。④免除部分或全部贷款利息，同时要求偿还贷款本金，这种情况一般适用于有国家财政支持的小微或支农贷款。⑤申请抵押物拍卖还款。一般情况下，当银行觉察到借款人风险较高时，为挽回损失，银行可能会积极通过这种途径收回贷款。而当银行与借款人有长期业务往来，互相间建立了较好的信任关系时，则不会轻易采用这种方式收回贷款。一方面，申请抵押物拍卖必须经过法院程序，需要较长的时间才能实施；另一方面，抵押物实质拍卖价格具有不确定性。根据商业银行法及银行与借款人在签订贷款合同时的一般细则，银行最多只能从抵押物拍卖中获取贷款的本息和，超出部分被认为是不当得利，需归还借款人。当抵押物拍卖款不足以抵偿本息和时，银行虽有进一步追讨债务的权利，但实质完全收回本息和的可能性较小。式（6-8）

---

① 为简化表述，本书在本节内把“银行或其他金融组织”统称为“银行”。

② 为避免动态模型的复杂性，本章只考虑了 1 个会计周期（1 年）的经济主体行为，更贴近现实的模型应为动态模型，即贷款如果不能及时偿还，经济主体会在多期内进行互动，但那样模型将过于复杂以至于无解释解。

中，当新型农业经营主体只获得少量利润，不足以偿还贷款本息和时，即 $0 \leqslant \pi_1 < (1+r)y$，银行只能回收较少的资金 π_1，同时将不足本息和的差额借款进行延期。当新型农业经营主体出现亏损，即 $\pi_1 < 0$ 时，银行可以将贷款延期，也可以拍卖抵押物收回贷款。根据谨慎性原则，借款人出现亏损，银行能收回本金已属于成功规避风险，此时一般假设银行利润为 0。银行显然是风险规避的，可根据式（6-8）求得银行的确定性等价利润为

$$\pi_{2\mathrm{CE}}{}^{①} = \mathrm{E}(\pi_2) - \frac{\beta}{2}\mathrm{var}[\pi_2] \tag{6-9}$$

式（6-9）中，$\beta > 0$ 为风险系数，由期望的定义可得

$$\mathrm{E}(\pi_2) = \mathrm{E}[(1+r)y\mathbb{I}_{\{\pi_1 > (1+r)y\}} + \pi_1\mathbb{I}_{\{0<\pi_1 \leqslant (1+r)y\}} + 0\mathbb{I}_{\{\pi_1 \leqslant 0\}}] \tag{6-10}$$

式中，$\mathbb{I}_{\{.\}}$ 为示性函数，{}内条件满足时取值为 1，否则取值为 0。农产品价格为正态分布，为了计算方便，对其进行标准化，令 $p = \bar{p} + \sigma z$，其中 $z \sim N(0,1)$。注意到 $\pi_1 = (p-c)x$，则 $\pi_1 > 0 \Leftrightarrow z > \dfrac{c-\bar{p}}{\sigma} =: z_1$，$\pi_1 > (1+r)y \Leftrightarrow z > \dfrac{(1+r)y/x + c - \bar{p}}{\sigma} =: z_2$，其中符号“=:”表示“定义为”，即将左边的式子定义为右边，继而可得

$$\mathrm{E}(\pi_2) = x\mathrm{E}[(1+r)y/x\mathbb{I}_{\{z>z_2\}} + (\bar{p} + \sigma z - c)\mathbb{I}_{\{z_1<z\leqslant z_2\}}] =: xm_1(x,y) \tag{6-11}$$

式中，$m_1(x,y) = (1+r)y/x[1-\Phi(z_2)] + (\bar{p}-c)[\Phi(z_2)-\Phi(z_1)] + \dfrac{\sigma}{\sqrt{2\pi}}[\mathrm{e}^{-\frac{z_1^2}{2}} - \mathrm{e}^{-\frac{z_2^2}{2}}]$，$\Phi(x) = \int_{-\infty}^{x}\dfrac{1}{\sqrt{2\pi}}\mathrm{e}^{-\frac{z^2}{2}}\mathrm{d}z$ 是标准正态分布随机变量的累积分布函数。注意到 z_1 和 z_2 的形式，$m_1(x,y)$ 实际上是只与 y/x 有关的常数。

类似地，由二阶矩定义可得

$$\mathrm{E}(\pi_2^2) = \mathrm{E}\{[(1+r)y]^2\mathbb{I}_{\{\pi_1>(1+r)y\}} + \pi_1^2\mathbb{I}_{\{0<\pi_1\leqslant(1+r)y\}} + 0\mathbb{I}_{\{\pi_1\leqslant 0\}}\} =: x^2 m_2(x,y) \tag{6-12}$$

式中 $m_2(x,y)$ 为

$$m_2(x,y) = [(1+r)y/x]^2[1-\Phi(z_2)] + [(\bar{p}-c)^2 + \delta^2][\Phi(z_2)-\Phi(z_1)] + \frac{\sigma^2}{\sqrt{2\pi}}[z_1\mathrm{e}^{-\frac{z_1^2}{2}} - z_2\mathrm{e}^{-\frac{z_2^2}{2}}] + \frac{2\delta(\bar{p}-c)}{\sqrt{2\pi}}[\mathrm{e}^{-\frac{z_1^2}{2}} - \mathrm{e}^{-\frac{z_2^2}{2}}]$$

同理，由 z_1 和 z_2 的形式可知 $m_2(x,y)$ 也是只与 y/x 有关的常数。

由方差的定义可得

$$\mathrm{var}[\pi_2] = \mathrm{E}(\pi_2^2) - [\mathrm{E}(\pi_2)]^2 = x^2[m_2(x,y) - m_1^2(x,y)] \tag{6-13}$$

---

① $\pi_{2\mathrm{CE}}$ 为银行的确定性等价利润，其中 CE 表示 certainty equivalent。

注意到 $\mathrm{var}[\pi_2]>0$，当农产品产量 $x>0$，有 $m_2(x,y)-m_1^2(x,y)=:v(x,y)>0$。所以，银行的确定性等价利润如下：

$$\pi_{2\mathrm{CE}}=\mathrm{E}(\pi_2)-\frac{\beta}{2}\mathrm{var}[\pi_2]=xm_1(x,y)-\frac{\beta}{2}x^2[m_2(x,y)-m_1^2(x,y)] \tag{6-14}$$

（二）借贷能力、风险收益对产出的影响

在新型农业经营主体与借款人合作以最大化双方收益的假设下，参考Binmore（1985）的讨价还价模型，新型农业经营主体和放贷人形成合作可描述为求以下合作博弈的纳什议价均衡。

$$\begin{cases}\max\limits_{x,y}(\pi_{1\mathrm{E}})^{\alpha}\cdot(\pi_{2\mathrm{CE}})^{1-\alpha}\\ \text{s.t.}\quad(1+r)y=\tau\bar{p}x\\ \pi_{1\mathrm{E}}\geqslant 0,\pi_{2\mathrm{CE}}\geqslant 0\end{cases} \tag{6-15}$$

式中，$\alpha\in[0,1]$为新型农业经营主体借贷谈判能力。当 $\alpha=0$ 时，新型农业经营主体完全没有谈判能力，贷款完全由放贷人说了算，此时，合作退化为放贷人对新型农业经营主体还款能力评估的问题。现实中，当新型农业经营主体向银行等正规金融机构贷款时，基本处于无谈判能力的劣势地位，接近于 $\alpha=0$ 的情形。当新型农业经营主体使用民间借贷时，可假设 $0<\alpha<1$，此时新型农业经营主体有一定的谈判能力。当 $\alpha=1$ 时，新型农业经营主体完全使用自有资金，无须借贷。为保持模型的统一性，可假设存在一个虚拟的放贷人（新型农业经营主体自身），根据期望盈利能力，自己向自己提供贷款，以满足自身最大的资金需求。$\tau\in(0,1)$ 为新型农业经营主体的短期贷款负债率，约束 $(1+r)y=\tau\bar{p}x$ 为新型农业经营主体的资金负债约束平衡条件。

在约束条件 $(1+r)y=\tau\bar{p}x$ 下，令 $\dfrac{y}{x\bar{p}}=\dfrac{\tau}{1+r}=:k$。前文已指出 $m_1(x,y)$ 和 $m_2(x,y)$ 是与 x 和 y 无关的，而只与其比值 y/x 有关的常数。记 $m_1(x,y)=m_1(x,k\bar{p}x)=:m_1(k)$，$m_2(x,y)=m_2(x,k\bar{p}x)=:m_2(k)$，则有 $v(x,y)=m_2(x,y)-m_1^2(x,y)=:v(k)>0$。

由约束条件 $\mathrm{E}(\pi_1)=\pi_{1\mathrm{E}}=(\bar{p}-c)x\geqslant 0$，$x\geqslant 0$，得 $\bar{p}-c\geqslant 0$。

由约束条件 $\pi_{2\mathrm{CE}}=xm_1(k)-\dfrac{\beta}{2}x^2[m_2(k)-m_1^2(k)]=m_1(k)x-\dfrac{\beta}{2}v(k)x^2\geqslant 0$，得 $0\leqslant x\leqslant\dfrac{m_1(k)}{\frac{\beta}{2}v(k)}$，记 $m_1(k)=:m_1$，$\dfrac{\beta}{2}[m_2(k)-m_1^2(k)]=\dfrac{\beta}{2}v(k)=:b>0$，有 $0\leqslant x\leqslant\dfrac{m_1}{b}$。

1. 对于向正规金融机构的借款情形

此时假设新型农业经营主体没有任何谈判能力，$\alpha=0$，纳什议价的目标函数退化为

$$\pi_{2\mathrm{CE}}=xm_1(k)-\frac{\beta}{2}x^2[m_2(k)-m_1^2(k)] \tag{6-16}$$

最优化的一阶条件（first order condition，FOC）为 $\pi'_{2\mathrm{CE}}(x)=m_1(k)-\beta[m_2(k)-m_1^2(k)]x=0$，可得

$$x^*=\frac{m_1(k)}{\beta[m_2(k)-m_1^2(k)]}=\frac{m_1}{2b} \tag{6-17}$$

最优化的二阶条件（second order condition，SOC）为 $\pi''_{2\mathrm{CE}}(x)=-\beta[m_2(k)-m_1^2(k)]$。只需注意到 $\mathrm{var}[\pi_2]=x^2[m_2(k)-m_1^2(k)]>0$，且 $\beta>0$，有 $\pi''_{2\mathrm{CE}}(x)<0$，所得为最大值。

2. 对于一般的借款情形

当 $\alpha\in[0,1)$，既包括 $\alpha=0$，即向正规金融机构借款，也包括 $\alpha>0$，即采用民间借贷或其他资金筹措方式，具有一定讨价还价能力，但不包括 $\alpha=1$，即无须借贷的情形。此时，纳什议价的目标函数为

$$(\pi_{1\mathrm{E}})^{\alpha}\cdot(\pi_{2\mathrm{CE}})^{1-\alpha}=\left[(\overline{p}-c)x\right]^{\alpha}\left\{xm_1(k)-\frac{\beta}{2}x^2[m_2(k)-m_1^2(k)]\right\}^{1-\alpha} \tag{6-18}$$

注意到 $\overline{p}-c\geqslant0$，上述最优化目标函数等价于求 $F(x)=x\left\{m_1(k)-\frac{\beta}{2}x[m_2(k)-m_1^2(k)]\right\}^{1-\alpha}=x(m_1-bx)^{1-\alpha}$ 的最大值。其一阶导数为 $F'(x)=(m_1-bx)^{-\alpha}[m_1-(2-\alpha)bx]$，由最优化的一阶条件 $F'(x)=0$ 可得

$$x^*=\frac{m_1}{(2-\alpha)b} \tag{6-19}$$

由 $\alpha\in[0,1)$，显然有 $0\leqslant x^*<\frac{m_1}{b}$，且当 $\alpha=0$ 时，$x^*=\frac{m_1}{2b}$，与向正规金融机构借款的情形一致。最优化的二阶条件为

$$\begin{aligned}F''(x)&=(1-\alpha)(m_1-bx)^{-\alpha}(-b)-(1-\alpha)b(m_1-bx)^{-\alpha}-(1-\alpha)b(m_1-bx)^{-\alpha-1}x(-\alpha)(-b)\\&=-(1-\alpha)b(m_1-bx)^{-\alpha-1}[2m_1-(2-\alpha)bx]\end{aligned}$$

观察方括号里的 $2m_1-(2-\alpha)bx$，由 $0\leqslant\alpha<1$、$(2-\alpha)>0$，该式是关于 x 的单调减函数，且 $0\leqslant x^*<\frac{m_1}{b}$，于是 $2m_1-(2-\alpha)bx>2m_1-(2-\alpha)b\frac{m_1}{b}=2m_1-$

$(2-\alpha)m_1=\alpha m_1>0$，由$x$的取值范围，显然$(m_1-bx)>0$，可得$F''(x)<0$，即所得为最大值。

3. 对于无须借贷的特殊情形

此时，设$\alpha=1$时，$(\pi_{1E})^{\alpha}\cdot(\pi_{2CE})^{1-\alpha}=\pi_{1E}=(\overline{p}-c)x$，等价于$F(x)=x$，由约束条件$0\leqslant x\leqslant\frac{m_1}{b}$，在生产能力区间最大的范围内，$x$能取得的最大值点为$x^*=\frac{m_1}{b}$。这与前文一般的借款情形中令$\alpha\to 1$，则$x^*\to\frac{m_1}{(2-1)b}=\frac{m_1}{b}$相一致。

总结盈利能力、风险水平、借贷能力对新型农业经营主体最优产出的影响，如表 6-5 所示。

表 6-5　盈利能力、风险水平、借贷能力与最优产出的数量关系

指标	数量关系		
盈利能力	$m_1(x,y)=(1+r)y/x[1-\Phi(z_2)]+(\overline{p}-c)[\Phi(z_2)-\Phi(z_1)]+\frac{\sigma}{\sqrt{2\pi}}[\mathrm{e}^{-\frac{z_1^2}{2}}-\mathrm{e}^{-\frac{z_2^2}{2}}]$ $\pi_1=(1+r)y\Leftrightarrow z=z_2,\pi_1=0\Leftrightarrow z=z_1$		
风险水平	$\mathrm{var}[\pi_2]=x^2[m_2(x,y)-m_1^2(x,y)]$，$b=\frac{\beta}{2}[m_2(k)-m_1^2(k)]$，$b\propto\sigma_{\pi_2}^2$		
借贷能力	$\alpha=0$	$0<\alpha<1$	$\alpha=1$
最优产出	$x^*=\frac{m_1}{2b}$	$x^*=\frac{m_1}{(2-\alpha)b}$	$x^*=\frac{m_1}{b}$

注：根据风险理论，不确定性带来风险，盈利的方差（二阶矩）衡量了不确定性程度，因而被普遍作为风险水平的度量

由表 6-5 可得以下结论。

（1）盈利能力越强，新型农业经营主体的最优产出数量越高。m_1主要反映了新型农业经营主体的盈利能力水平，由于$(1+r)y/x[1-\Phi(z_2)]$中的$(1+r)$、y/x和$1-\Phi(z_2)$的数值较小，它们的乘积更小，因而盈利能力m_1主要由$(\overline{p}-c)[\Phi(z_2)-\Phi(z_1)]$和$\frac{\sigma}{\sqrt{2\pi}}[\mathrm{e}^{-\frac{z_1^2}{2}}-\mathrm{e}^{-\frac{z_2^2}{2}}]$决定。由定义可知，$z_1$和$z_2$分别为标准化之后的价格，由于标准化变换是一种仿射变换，因此并不改变偏好关系。z_1是新型农业经营主体获得正利润的价格临界点，z_2是银行收回贷款本息和的价格临界点。显然，当z_2和z_1的差距越大，m_1的第二项和第三项越大，m_1也就越大，表明新型农业经营主体盈利能力越强，相应的最优产出水平越高。

（2）风险越大，新型农业经营主体的最优产出数量越低。由于b与银行贷款收益的方差呈正比，而银行收益的方差反映了新型农业经营主体自身的风险程度。从表 6-5 可知，风险水平与最优产出水平成反比例关系，即风险越大，银行

信贷供给越少，新型农业经营主体的最优产出水平越低。

（3）借贷能力越强，新型农业经营主体的最优产出数量越高。由表 6-5 可知，当新型农业经营主体具有完全谈判能力 $\alpha=1$（无贷款约束）时，其最优产出数量是其完全无谈判能力 $\alpha=0$（面对正规金融机构）时最优产出数量的 2 倍。当新型农业经营主体具有一定的谈判能力，即 $\alpha\in(0,1)$ 时，其最优产出水平随着谈判能力的上升而上升。

二、调查方案介绍

（一）调查方式

微观数据来源于作者主持的国家社会科学基金项目在 2016 年和 2017 年的两次问卷调查。本书课题组采用分层抽样的方法，按人均 GDP 对我国中、东、西部地区的不同省区市进行了随机抽样，抽取了广东、山东、河北、江西、安徽、湖北、河南、重庆、云南、陕西、宁夏和广西等 12 个省区市的 43 个乡镇、村的新型农业经营主体，进行了问卷调查。调查形式为调查员向新型农业经营主体负责人或主要联系人进行问卷访谈，由调查员和被访者面对面交谈，被访者逐一回答调查员提出的问题，并由调查员代为填写问卷。还对部分新型农业经营主体负责人的访谈进行了录音整理。由于借贷、收益等相关数据是新型农业经营主体的商业机密，不少新型农业经营主体负责人在回答相关问题时都比较谨慎，有的甚至不愿意透露相关情况，给问卷调查带来了不少困难。经本书课题组审查与核实，两次调查共获得有效问卷 600 份。但由于部分问卷在某些主要变量中出现缺失值（例如，部分新型农业经营主体尚处于投资建设期，尚未获得经营收入等），最终进入计量分析的完整样本数为 537 个。在有关新型农业经营主体实际的各类借贷金额、盈利状况的研究中，数据获取困难，本章所使用的样本数量在类似研究中已属较大，且完全符合统计需要。

（二）数据的基本分析及描述统计

1. 新型农业经营主体类型

（1）专业大户。此次共调查专业大户 177 户，其中粮食（含小麦、玉米、水稻）种植大户 36 户，经济作物大户 41 户，畜牧养殖大户 71 户，水产养殖大户 29 户。调查的专业大户以畜牧养殖业为主，其中有 52.34%的人接受过初中以下的教育，仅有 12.15%的人受过高等教育，年龄均在 45 岁左右，务工、个体经商的农民是大户的主流。大户数量、种植面积在经营主体中较大，但规模和每亩地的产量和效益不高，租用土地较困难，对农户的吸引力并不高，机械化程度偏低。

（2）家庭农场。此次共调查家庭农场 123 户，其中 75%的家庭农场以种植业为主，38.67%种植经济作物，34.67%种植蔬菜。有 49.33%的人接受过初中以下的教育，仅有 14.67%的人受过高等教育。养殖规模较大，所种植面积均值为 90.9 亩，种植面积最小。每个家庭农场管理人员月收入为 2829.9 元，超过普通农户收入水平的 2 倍，但是在经营主体总体中还是偏低，处于起步阶段。大部分家庭农场主都是农民出身，机械化普及程度和对农户的吸引程度最低，产品大都是自产自销，自己到市场上销售。

（3）农业专业合作社。此次共调查专业合作社 145 户，其中 72.4%的合作社经营主以种植业为主。有 50.57%的人接受过初中以下的教育，仅有 10.34%的人受过高等教育。年龄平均为 41 岁左右，务工和农民是大户的主流。经营者在经营主体中参加培训的比重最大，向农户提供的服务占比最高。养殖规模小，种植面积较大，每亩地的产量和收入比较大，吸纳的农户数比较多，产品大都以自我销售和贩卖给销售商为主。专业合作社的发展提高了农民的自我组织化程度，大幅度增加了农产品的附加值和竞争力。

（4）农业龙头企业。此次共调查农业龙头企业 103 户，其中 58.1%的龙头企业经营主以种植业为主。有超过 30.65%的人受过高等教育，并且有 1.61%的人接受过研究生教育。龙头企业是经营主体中受过高等教育的人最多的类型，每亩地收入、每亩地产量、月工资等变量在五大经营主体中占比较大，说明经营主体所接受的文化程度在经营过程中起到至关重要的作用。个体经商和开办企业是大户的主流。总固定资产和总从业人员数量最多，经营规模最大，养殖规模和种植面积最大，每亩地的收入是其他经营主体收入的 2 倍以上。机械化普及程度较高，产品销售地多样化，分配相对比较平衡。很多优秀品牌都出自龙头企业，有助于其在市场竞争中居于有利地位。

（5）农业服务型组织。此次共调查农业服务型组织 52 户，其中 34.38%的服务型组织经营主以种植蔬菜为主，仅有 12.5%的人受过高等教育。以农民为主流，农民工的月工资最高。种植面积较大，每亩地的产量和收入比较少，吸纳的农户数最多，机械化普及程度并不高，销售渠道单一，主要向贩销商和专业合作社销售。

2. 数据的描述统计

如前文所述，该节实证研究所涉及的变量分为四个方面：被解释变量、新型农业经营主体的生产函数变量、反映新型农业经营主体借贷能力的变量、反映新型农业经营主体盈利与风险的变量。变量设置及其描述统计如表 6-6 所示。

表 6-6　变量说明与描述性统计

变量类型	变量名	定义与赋值	均值	标准差	VIF
被解释变量	*Y*	去年经营总收入	873.4 万元	4495.5	—
生产函数变量	*K*	成立以来累计生产性投资额	508.1 万元	1299.0	1.88
	L	总从业人员数	23.0 人	37.2	1.81
借贷能力变量	FZL	总资产负债率	0.2005	0.3107	1.60
	ZYZJ	自有资金占总投入资金的比率	0.6218	0.2990	1.41
	YHDK	银行贷款占总投入资金的比率	0.1874	0.2425	1.37
	MJJK	民间借款占总投入资金的比率	0.0712	0.1209	1.35
	CYRG	成员入股占总投入资金的比率	0.0948	0.2337	1.24
盈利与风险变量	AGE	负责人年龄	44.7 岁	8.4	1.22
	SEX	负责人性别（1=男，0=女）	0.9	0.4	1.20
	EDU	负责人受教育程度（0 为小学以下，6 为小学毕业，9 为初中，12 为高中、中专或职业学校毕业，16 为大专及以上）	10.9	3.0	1.17
	LRL	经营利润率	0.3950	0.3469	1.17
	YLSJ	生产至今已获得收益年数	4.60	4.61	1.05
	BX	是否已购买农业保险（1=是，0=否）	0.3	0.4	1.11
	BTMY	对政府补贴的满意度（1=不满意，2=一般，3=满意）	2.6	2.1	1.97

注：VIF（variance inflation factor）为方差膨胀因子，用于衡量变量之间的多重共线性程度

（三）问卷的统计分析

1. 财政金融供给分析

供给方面主要从经营主体基本情况出发，对经营主体的受教育程度、培训和工作经历进行分析，了解到大部分经营主体都是务农和务工出身，受过高等教育的人很少，缺乏培训经历，所以，专业知识和眼界的狭窄导致销售渠道比较单一，对品牌商标的打造力度不足，缺乏长远发展的思路；导致人才和劳动力偏少，产量和收入额都偏低。通过调查也找到了经营主体在经营发展中和贷款时遇到的主要困难。因此，在供给方面政府应该增加农业专业人才的引进和培养，鼓励和资助经营主体打造自己的品牌，扩大销售渠道，使销售方式多样化，提高机械化运用程度，解决经营主体在经营过程中和贷款时面临的主要问题，这样才能有效促进新型农业经营主体快速稳定地度过起步阶段。

表 6-7 主要从五大经营主体的文化程度和培训经历两方面进行分析，可以看出：五大经营主体受高等教育程度普遍不高，大多是初中和小学文化水平，除龙头企业经营者从事过经商和开办个人企业外，其余四者大都以务农和务工为主流，且占比都在 50%以上。近些年来随着农村青年劳动力的外流，人才匮乏阻碍了新型农业经营主体的发展。从表 6-7 中可以大致了解到，大部分农业经营主体的带头人综合文化素质不高，对国家经济政策和市场经济的发展趋势把握不到位，懂技术、会管理、高精尖端复合型人才更是缺乏。从表 6-8 中的销售渠道情况来看，经营主体所生产的产品大多是自己到市场上进行销售，销售地点也局限在当地城镇，说明销售渠道和销售地点过于单一，销售人才眼界狭窄，对于国内外销售市场的基本情况不了解。所以，新型农业经营主体的市场营销已成为严重制约其健康发展的一块短板。销售人才的缺乏就是其中最重要的一环，为解决这一问题，经营主体需要主动寻求市场上营销能力较强的高手的帮助，但是经营主体寻求到的外聘高管的忠诚度和稳定性等问题却很难解决。也正是因为如此，大多数新型农业经营主体会选择从基层开始培养属于自己的销售人才，由于培养的基层人员大多接受的知识和教育相对较少，这种“自产自销”的方法很难培养出优秀的营销人才，同时，一些出身为农民和工人的企业主很难适应市场经济和现代农业发展的需要。

表 6-7　经营者个体情况表

个体情况	专业大户	家庭农场	农业专业合作社	农业龙头企业	农业服务型组织
高等教育	12.2%	14.7%	10.3%	32.3%	12.5%
初中以下	52.3%	49.3%	50.1%	33.9%	43.8%
参加培训	29.0%	22.7%	42.5%	37.1%	12.5%
务农比例	58.0%	67.6%	53.4%	37.7%	50.0%

表 6-8　销售情况

类别	专业大户	家庭农场	农业专业合作社	农业龙头企业	农业服务型组织
自己销售	43.9%	57.3%	40.2%	42.0%	59.4%
当地城镇	66.4%	68.0%	56.3%	58.0%	37.5%

表 6-9 主要从品牌商标方面来对新型农业经营主体进行分析，从数据上来看，经营主体对自己的产品品牌打造的问题很显著，除了龙头企业外，其余四个经营主体注重培育品牌商标的比率非常低，农业服务型组织仅有 3.1%。调查分析显示：一是品牌培育与自己的日常生产经营过程是相对独立的两个过程，没有将自己独特的生产加工工艺注入市场品牌中，赋予其特殊的品质、品位和文化内涵。例如，在部分专业大户生产中，虽然产品已经通过绿色产品质量认

证，但没有重视品牌的培育，使得产品的品质并没有得到显著提升，最终导致产品退出竞争市场。二是一旦自己的品牌有了点名气就不再着重发掘现有的品牌价值，而是更多地考虑多样化、多元化，急着再培育更多的品牌，从而使得品牌的培育和管理不到位，导致这一品牌产品过滥，最终使得市场竞争力和市场占有率下降。三是把品牌保护与市场营销过程分割开来。品牌本来是作为自己向客户传递信息和回馈客户市场意见的一个重要载体，但是经营主体并没有很好地利用这一重要载体，没有与消费者形成一种互动、一种默契，品牌的影响力没有迸发出来。

表 6-9 品牌商标情况

项目	专业大户	家庭农场	农业专业合作社	农业龙头企业	农业服务型组织
比重	11.2%	9.3%	18.4%	45.2%	3.1%

注：表格中的比重为有品牌商标的经营主体占所属类别经营主体总数的比重

2. 财政金融需求分析

需求方面主要包括金融支农和财政支农两个方面，在金融支农中，又包含了金融机构贷款和购买农业保险两个方面。五类新型农业经营主体获得金融贷款的比例并不是很大，依然存在着经营主体无法获得贷款的情况。而且，新型农业经营主体在经营过程中担心遇到的风险问题也较突出，但对于农业保险的购买情况却差强人意，大部分经营主体都没有购买农业保险以防范风险的意识，政府应该加强农业保险方面的管理和投入力度，让经营主体详细了解农业保险当前的实际情况。在财政支农中，无论是政府的直接补贴还是其他补贴，补贴力度都不够大，并且分配也不是很平衡，作用有所局限。所以，部分经营主体开始选择友情借贷或高利贷等其他民间借贷方式，但这样存在着借钱难和还款利率高的风险。同时，在五大经营主体中仅有龙头企业获得的银行贷款和财政补贴比较大，这引起了其他经营主体对补贴政策的不满，所以为什么龙头企业获得的补贴多？经营主体需要政府提供哪些方面的服务？这成为政府必须要思考的问题，只有将这些最困扰经营主体的问题解决了，才能持续推动经营主体的发展。

表 6-10 主要说明的是经营主体获得财政金融支农服务的情况，主要从金融机构贷款和购买农业保险两个方面来体现。显然，新型农业经营主体主要会选择向金融机构贷款，而购买农业保险的比例比较低，其中农业服务型组织仅有6.25%。在向金融机构贷款中，大部分新型农业经营主体都会选择向农村信用社进行贷款，其中专业大户、家庭农场和农村合作社占比最大。

表 6-10　金融支农情况分析表

项目	银行	专业大户	家庭农场	农业专业合作社	农业龙头企业	农业服务型组织
金融机构贷款	农村信用社	65.42%	64.00%	64.37%	48.39%	53.13%
	农业发展银行	28.04%	21.33%	32.18%	33.87%	31.25%
	农发行	7.48%	8.00%	8.05%	8.06%	9.38%
购买农业保险		25.23%	13.33%	31.03%	14.52%	6.25%

表 6-11 列举了在生产经营中新型农业经营主体主要担心的风险类型，其中，所有经营主体最担心的风险是自然灾害，比例均超过了 60%。同时，其对于农产品价格的下降也很担心，比例都超过了 50%，因为这很大程度上会影响到经营者的利润。可以说自然灾害和农产品价格下降应该是农业经营主体害怕的两大风险。对于这两个威胁，除了政府给予补贴外，还有什么其他的方法吗？我们知道可以购买农业保险，那为什么经营主体那么担心风险而又不购买保险呢？这背后的原因让人深思。通过调查我们发现其主要原因有：①新型农业经营主体主要分为五大类，但是有的以种植业为主，有的以养殖业为主；在种植业中，有的以玉米、小麦等粮食作物为主，有的以烟草等经济作物为主，现有农业保险政策大都以传统的小规模经营农户为出发点，不能充分反映已经日益分化的不同需求，导致新型农业经营主体的生产风险缺乏有效的分散渠道，从而制约了其快速发展壮大。②农业保险产品体系单一、没有差异化，不足以满足现代农业发展过程中多层次的风险管理需要。③农业保险产品的保障水平相对较低，没能充分满足规模化经营主体的保障需要。现代农业科学技术和农业机械化操作在新型农业经营主体生产过程中的广泛运用，使得大量设备投入、成本自然不断提高，同时随着农村人口结构的变化及劳动力市场供求关系的逆转，人工成本也在不断增加。④对保险的基本情况不了解，以及保险行业管理体系的不完善，使得新型农业经营主体对保险行业缺乏信任。⑤国家出台的政策性农业保险在全国大多数范围内依然处于试点阶段，保险品种较少且覆盖范围小，大多数保险品种只保成本不保收益，这类保险对新型农业经营主体的发展并不能起到实质性的帮助；商业保险的偏好与新型农业经营主体业务特征没有兼容性，也不愿意为新型农业经营主体相关业务承保。

表 6-11　经营过程中担心遇到的风险分析表

风险	专业大户	家庭农场	农业专业合作社	农业龙头企业	农业服务型组织
自然灾害	69.16%	69.33%	75.86%	62.90%	75.00%
生产资料供应不足	12.15%	12.00%	13.79%	19.35%	3.13%
生产资料价格上涨	32.71%	26.67%	33.33%	22.58%	12.50%
农产品价格下降	62.62%	58.67%	60.92%	56.45%	53.13%

表 6-12 主要是新型农业经营主体获得财政金融支农服务情况的汇总，专业合作社得到的政府直接补贴最多，但专业合作社的标准差为 907.8，相对其余四个经营主体来说，不同的专业合作社获得的补贴差别很大，这一定程度上说明了政府直接补贴分配存在的不均衡。政府其他补贴的形式也比较丰富，但是每个经营主体所分配到的每种补贴形式占比很少，比如农业专业大户获得农业保险补贴的仅占 16.82%，表明农业专业大户中仅有不到 20%的人获得农业保险补贴，每种补贴给予的名额不多。而且，其他补贴也存在这样类似的问题。总体而言，无论是政府直接补贴还是其他补贴，作用都是有限的。例如，虽然财政支农每年的金额都在提升，但是存在着“急功近利”的趋势。一方面，很多财政资金被投向虚有其表的面子工程，这些工程大部分都脱离了农村地区的发展水平，不仅没有增加农民的收益，还挤占了新型农业的农用资源；另一方面，财政支农资金大都被投入见效快、短期收益高的项目中，一些见效慢但意义深远的新型农业项目往往得不到补贴资金的青睐。

表 6-12 新型农业经营主体获得的财政补贴的形式分析表

补贴	项目	专业大户	家庭农场	农业专业合作社	农业龙头企业	农业服务型组织
政府直接补贴	均值	183.2	64.7	289.2	87.6	52.2
	标准差	404.3	113.4	907.8	135.3	78.8
	变异系数	2.21	1.75	3.14	1.54	1.51
政府其他补贴	农业保险补贴	16.82%	12.00%	22.99%	19.35%	28.13%
	农业灾害补贴	17.76%	16.00%	17.24%	14.52%	28.13%
	生产资料补贴	16.82%	12.00%	24.14%	19.35%	15.63%
	减免税收补贴	16.82%	17.33%	17.24%	25.81%	18.75%
	农机补贴	13.08%	9.33%	18.39%	14.52%	9.38%

三、实证研究介绍

（一）借贷能力、风险收益与双边随机边界模型

根据生产理论，假设新型农业经营主体在给定投入要素的条件下，最优产出存在一个随机的有效边界。由前文的理论分析结果可知，新型农业经营主体的最优产出受到盈利能力、风险水平和借贷能力等因素的影响。有些因素会提高最优产出水平，有些因素则会压低最优产出水平，对于这两种力量共同的作用的影响，我们可以使用 Kumbhakar 和 Parmeter（2009）提出的双边随机边界模型来描述新型农业经营主体的生产经营效率：

$$Y_i = f(K_i, L_i) \cdot \varepsilon_i \tag{6-20}$$

式中，Y 为新型农业经营主体的实际产出；$f(\cdot)$ 为生产函数，是确定性的生产边界；ε 为随机影响因素，由前文的理论分析，我们假设 $\varepsilon_i = \dfrac{m_{1i}}{(2-\alpha_i)b_i} \cdot \mathrm{e}^{v_i}$，其中 $v_i \sim \text{i.i.d.}N(0, \sigma_v^2)$ 是传统意义的随机误差项。假设生产函数为柯布–道格拉斯型，则式（6-20）两边取对数变换，可得

$$\ln Y_i = \beta_0 + \beta_1 \ln K_i + \beta_2 \ln L_i + v_i - u_i + w_i \tag{6-21}$$

式中，$u_i = \ln(2-\alpha)$ 反映了借贷能力使产出向下偏离生产边界；$w_i = \ln m_{1i} - \ln b_i$ 反映了盈利能力和风险水平共同作用使产出向上偏离生产边界。由于盈利能力本质上也属于经营风险的范畴，因此将 m_1 与 b 两项合并处理，其比值的对数 w_i 称为风险收益对效率的影响①。μ_i 和 w_i 是非负的随机误差项，由 Kumbhakar 和 Parmeter（2009），假设它们服从指数分布：$u_i \sim \text{i.i.d.}\exp(\sigma_u^2)$，$w_i \sim \text{i.i.d.}\exp(\sigma_w^2)$，在 v、u 和 w 彼此独立且与解释变量 K、L 不相关的假设下，可得到复合干扰项的概率密度为

$$f(\varepsilon_i) = \frac{\exp(\xi_i)}{\delta_u + \delta_w}\Phi(\eta_i) + \frac{\exp(\zeta_i)}{\delta_u + \delta_w}\Phi(\psi_i) \tag{6-22}$$

式中，$\Phi(\cdot)$ 为标准正态分布的累积分布函数；其他参数的设定分别为

$$\xi_i = \frac{\varepsilon_i}{\sigma_u} + \frac{\sigma_v^2}{2\sigma_u^2}; \quad \eta_i = -\frac{\varepsilon_i}{\sigma_v} - \frac{\sigma_v}{\sigma_u}; \quad \psi_i = \frac{\varepsilon_i}{\sigma_v} - \frac{\sigma_v}{\sigma_w} \tag{6-23}$$

根据复合残差的分布形式，对给定样本观察数量 n 的条件下，可通过极大似然估计获得模型的参数，相应的对数似然函数为

$$\ln L(X;\theta) = -n\ln(\sigma_u + \sigma_w) + \sum_{i=1}^{n} \ln[\mathrm{e}^{\xi_i}\Phi(\eta_i) + \mathrm{e}^{\zeta_i}\Phi(\psi_i)] \tag{6-24}$$

式中，$\theta = \{\beta_i, \sigma_v, \sigma_u, \sigma_w\}$ 为双边随机边界模型的被估计参数。在获得参数估计的基础上，通过构造似然比检验以判断借贷能力、盈利能力与和风险水平等因素对新型农业经营主体产出偏离最优随机边界的显著性，其统计量为

$$\text{LR} = -2[L(H_0) - L(H_1)] \sim \chi^2(k) \tag{6-25}$$

式中，$L(H_0)$ 和 $L(H_1)$ 为原假设与对立假设的对数似然值；k 为约束条件个数；LR 统计量服从自由度为 k 的卡方分布。Kumbhakar 和 Parmeter（2009）还给出了 u_i 和 w_i 的条件密度函数：

---

① 此处，m_1 与 b 由表 6-5 定义给出，由于 m_1 表示银行期望盈利系数[一阶矩，见式（6-11）]，b 表示银行的风险系数（二阶矩，由定义），风险收益 $w_i = \ln m_{1i} - \ln b_i = \ln(m_{1i}/b_i)$ 实质度量了银行标准化收益系数的对数值。而由式（6-11）可知，银行的收益正比于新型农业经营主体的收益，二者是捆绑在一起的。由于 m_1 代表期望收益系数，b 代表风险水平，因此我们合称 w 为“风险收益”因素。

$$f(u_i \mid \varepsilon_i)=\frac{\lambda \exp(-\lambda u_i)\Phi(u_i / \sigma_v+\psi_i)}{\Phi(\psi_i)+\exp(\xi_i-\zeta_i)\Phi(\eta_i)} \tag{6-26}$$

$$f(w_i \mid \varepsilon_i)=\frac{\lambda \exp(-\lambda w_i)\Phi(w_i / \sigma_v+\eta_i)}{\exp(\zeta_i-\xi_i)[\Phi(\psi_i)+\exp(\xi_i-\zeta_i)\Phi(\eta_i)]} \tag{6-27}$$

式中，$\lambda=\frac{1}{\sigma_u}+\frac{1}{\sigma_w}$，由式（6-26）和式（6-27），可求得$u_i$和$w_i$的条件期望值。由于不同新型农业经营主体经营内容不同，最优产出水平的绝对偏差u_i和w_i不具可比性，Kumbhakar 和 Parmeter（2009）建议对其进行对数变换。

$$\begin{aligned}\mathrm{PLA}&=E(1-\mathrm{e}^{-u_i} \mid \varepsilon_i)\\&=1-\frac{\lambda}{1+\lambda}\cdot\frac{\Phi(\psi_i)+\exp(\xi_i-\zeta_i)\exp(\sigma_v^2/2-\sigma_v\eta_i)\Phi(\eta_i-\sigma_v)}{\Phi(\psi_i)+\exp(\xi_i-\zeta_i)\Phi(\eta_i)}\end{aligned} \tag{6-28}$$

$$\begin{aligned}\mathrm{PRS}&=E(1-\mathrm{e}^{-w_i} \mid \varepsilon_i)\\&=1-\frac{\lambda}{1+\lambda}\cdot\frac{\Phi(\eta_i)+\exp(\zeta_i-\xi_i)\exp(\sigma_v^2/2-\sigma_v\psi_i)\Phi(\psi_i-\sigma_v)}{\exp(\zeta_i-\xi_i)[\Phi(\psi_i)+\exp(\xi_i-\zeta_i)\Phi(\eta_i)]}\end{aligned} \tag{6-29}$$

式中，PLA 为受借贷能力限制，使得新型农业经营主体产出低于最优生产边界的百分比；PRS 为受盈利和风险综合影响，使得新型农业经营主体产出高于最优生产边界的百分比。最终，可得出受借贷能力、风险收益的影响，新型农业经营主体经营效率的净值为$\mathrm{PNS}=\mathrm{PRS}-\mathrm{PLA}$。

（二）计量模型设定

对于双边随机边界模型，见式（6-21），由于新型农业经营主体的业务类型包含种植、养殖、服务等各种生产形式，为了使不同类型的新型农业经营主体具有可比性，本节采用调查时上一年新型农业经营主体的销售/营业总收入作为总产出的度量。类似地，由于专业大户、家庭农场、农业专业合作社和农业服务型组织等生产经营的特殊性，单纯以固定资产作为生产函数的资本投入并不能完全反映新型农业经营主体资本投入的实际状况，本节以新型农业经营主体成立以来累计生产性投资金额（不含可变成本）作为生产函数中资本投入的度量。以新型农业经营主体的总从业人员数作为劳动力投入指标。除了常规生产函数中资本与劳动力的投入，本节关注的重点是借贷能力、风险收益等因素对新型农业经营主体经营效率的影响。因此，研究影响借贷能力、风险收益的具体因素，进而分析这些因素对新型农业经营主体经营效率的影响程度，构成本节实证研究的主要内容。根据已有相关研究成果和类似文献的做法（林乐芬和法宁，2015；靳淑平和王济民，2017；翁贞林，2010），本节设定借贷能力和风险收益的相关影响机制为

$$\sigma_u = \exp(\delta_u)\text{，}\quad \delta_u = \gamma_0 + \gamma_1\mathrm{FZL} + \gamma_2\mathrm{ZYZJ} + \gamma_3\mathrm{YHDK} + \gamma_4\mathrm{MJJK} + \gamma_5\mathrm{CYRG} \quad (6\text{-}30)$$

$$\sigma_w = \exp(\delta_w)$$

$$\delta_w = \varphi_0 + \varphi_1\mathrm{AGE} + \varphi_2\mathrm{SEX} + \varphi_3\mathrm{EDU} + \varphi_4\mathrm{LRL} + \varphi_5\mathrm{YLSJ} + \varphi_6\mathrm{BX} + \varphi_7\mathrm{BTMY} \quad (6\text{-}31)$$

式中，δ_u 方程反映借贷能力变量的影响；FZL 为总资产负债率；ZYZJ、YHDK、MJJK、CYRG 分别为自有资金、银行贷款、民间借款、成员入股占新型农业经营主体成立以来总投入资金的比率。δ_w 方程反映盈利能力及经营风险相关变量的影响，AGE、SEX、EDU 分别为新型农业经营主体负责人的年龄、性别及受教育水平，LRL、YLSJ、BX、BTMY 分别为新型农业经营主体的经营利润率、生产至今已获得获益年数、是否已购买农业保险、对政府补贴的满意度。γ_0 和 φ_0 为常数项，γ_i 和 φ_j（$i=1,2,\cdots,5; j=1,2,\cdots,7$）分别为相关变量的影响系数。

四、实证结果分析

（一）模型整体显著性与方差分解

表 6-13 给出了模型的各种估计结果。OLS 列是采用普通最小二乘法对新型农业经营主体的生产函数进行估计的结果。OLS 估计只对资本和劳动力两要素的相关参数进行了估计，并不对随机误差项进行分解，所得到的生产函数表示所有样本构成的一个平均生产边界。SFA1 列是双边随机边界模型的估计，但此列估计把 3 个随机扰动项 v、u 和 w 均设置成常数，并不考虑借贷能力、盈利与风险等外生因素对新型农业经营主体产出效率的影响。比较 OLS 列和 SFA1 列可知，二者关于生产函数的估计结果十分接近，由计量理论可知，满足经典假设条件下，OLS 估计与极大似然估计（maximum likelihood estimate，MLE）是等价的。SFA2 列是包含全部解释变量的基准双边随机边界模型的估计结果，影响借贷能力、盈利与风险的所有变量均被纳入模型。SFA3 列则是对 SFA2 列中不显著的变量进行了剔除后所做的重新估计，比较 SFA2 列和 SFA3 列的相关检验可知，在剔除不显著变量后，SFA2 列结果中显著的变量仍然显著，并且被估计参数变化非常微小，整体对数似然函数值十分接近，这与表 6-6 中显示的所有解释变量的方差膨胀因子都很小相一致，即模型不存在多重共线性问题。所有模型的 LR 检验均在 1%水平上显著异于 0，即复合误差成分显著。SFA4~SFA7 列这 4 列是分别对基准模型（SFA2 列）中显著影响借贷能力和经营风险的变量进行不同组合后重新估计的结果。限于篇幅，本节只给出了 4 种主要测试结果，不同结果中，基准模型中显著的变量，除了自有资金比率（ZYZJ）变量的显著性消失以外，其余变量的显著性及系数大小基本稳定，且比较

SFA2~SFA7 列这 6 个估计的生产函数部分，其估计系数的大小与显著性也非常稳定，说明表 6-13 给出的估计结果是稳健的。

表 6-13 模型估计结果及其稳健性测试（被解释变量：ln *Y*）

解释变量	OLS	SFA1	SFA2	SFA3	SFA4	SFA5	SFA6	SFA7
ln*K*	0.694^{***} （0.064）	0.669^{***} （0.057）	0.647^{***} （0.058）	0.650^{***} （0.059）	0.662^{***} （0.048）	0.694^{***} （0.051）	0.669^{***} （0.048）	0.638^{***} （0.074）
ln*L*	0.435^{***} （0.099）	0.425^{***} （0.087）	0.344^{***} （0.083）	0.356^{***} （0.088）	0.331^{***} （0.075）	0.297^{***} （0.080）	0.332^{***} （0.078）	0.353^{***} （0.098）
β_0	−0.318 （0.253）	−0.106 （0.207）	0.275^{**} （0.139）	0.238^{*} （0.140）	0.254^{*} （0.136）	0.192 （0.144）	0.210 （0.134）	0.295^{**} （0.142）
随机成分 σ_v								
ln σ_v		−1.751 （1.188）	−1.938 （2.019）	−1.832 （2.010）	-2.244^{*} （1.291）	-2.198^{*} （1.276）	-2.352^{**} （1.112）	−2.026 （2.719）
借贷能力 σ_u								
FZL			0.244 （0.314）					
ZYZJ			-0.796^{**} （0.364）	-0.775^{**} （0.321）	−0.405 （0.259）	−0.272 （0.245）	−0.289 （0.245）	
YHDK			-1.243^{**} （0.582）	-1.151^{**} （0.524）		-1.145^{**} （0.523）		-1.106^{**} （0.495）
MJJK			-1.563^{*} （0.853）	-1.491^{*} （0.831）	-1.449^{*} （0.741）	-1.394^{*} （0.833）		-1.369^{*} （0.794）
CYRG			−0.0159 （0.396）					
γ_0		−0.114 （0.122）	0.598^{*} （0.348）	0.613^{**} （0.288）	0.218 （0.204）	0.0709 （0.183）	0.0560 （0.180）	0.0237 （0.165）
盈利与风险 σ_w								
AGE			0.0280^{**} （0.012）	0.0268^{**} （0.012）	0.0264^{**} （0.012）	0.0297^{***} （0.011）	0.0283^{**} （0.012）	0.0260^{**} （0.012）
SEX			−0.354 （0.337）					
EDU			0.0958^{***} （0.035）	0.0974^{***} （0.034）	0.0950^{***} （0.032）	0.116^{***} （0.031）	0.107^{***} （0.031）	0.102^{**} （0.040）
LRL			1.435^{***} （0.390）	1.306^{***} （0.345）	1.300^{***} （0.340）		1.374^{***} （0.342）	1.303^{***} （0.341）

续表

解释变量	OLS	SFA1	SFA2	SFA3	SFA4	SFA5	SFA6	SFA7
				盈利与风险 σ_w				
YLSJ			0.0585** (0.024)	0.0571** (0.024)	0.0545** (0.023)	0.0580** (0.023)		0.0556** (0.024)
BX			0.0978 (0.230)					
BTMY			−0.0919 (0.136)					
μ_0		−0.198* (0.116)	−2.086** (0.917)	−2.599*** (0.828)	−2.538*** (0.787)	−3.320*** (0.724)	−2.414*** (0.763)	−2.581*** (0.929)
Adj-R^2	0.175							
LL		−317.44	−287.10	−288.26	−290.02	−300.85	−295.90	−291.46
LR		398.21	478.39	502.8	561.08	556.10	563.60	543.81
p		0	0	0	0	0	0	0
样本数	537	537	537	537	537	537	537	537

注：LL 为 Log Likelihood 的缩写；p 为 LR 检验的概率；括号内为标准差，表示估计的对数似然函数值
***、**、*分别表示在 1%、5%和 10%的水平上显著

以 SFA2 列的估计为基础，计算传统随机误差项、借贷能力和风险收益等 3 项的方差，其结果见表 6-14。

表 6-14　双边随机边界模型的方差分解

项目	变量含义	符号	估计结果
随机误差项组成	纯随机误差项	σ_v	0.1440
	借贷能力	σ_u	0.8633
	风险收益	σ_w	0.7223
方差分解	总方差	$\sigma_v^2+\sigma_u^2+\sigma_w^2$	1.2877
	效率因素方差比重	$(\sigma_u^2+\sigma_w^2)/(\sigma_v^2+\sigma_u^2+\sigma_w^2)$	0.9839
	借贷能力影响比重	$\sigma_u^2/(\sigma_u^2+\sigma_w^2)$	0.5883
	风险收益影响比重	$\sigma_w^2/(\sigma_u^2+\sigma_w^2)$	0.4117

从表 6-14 计算出的方差分解结果可知，借贷能力和风险收益总体上解释了随机误差项总方差的 98.39%，即双边随机边界模型是十分有解释能力的。而在影响新型农业经营主体偏离生产边界的效率因素中，借贷能力因素占方差解释比重的 58.83%，风险收益因素占方差解释比重的 41.17%，即借贷能力是比风险收益更能影响新型农业经营主体效率偏离生产边界的因素。

（二）借贷能力变量的影响分析

表 6-13 的估计显示，在反映借贷能力的变量中，总资产负债率（FZL）、自有资金比率（ZYZJ）和成员入股比率（CYRG）等变量并不显著。而银行贷款比率（YHDK）显著性稳定在 5%的水平，民间借款比率（MJJK）显著性稳定在 10%的水平，显著变量的系数均为负。由 $u_i = \ln(2-\alpha)$，负的系数表明变量与借贷能力 σ_u 呈正相关。可见，借贷能力越强，u_i 越小。u_i 反映受借贷能力的约束，即新型农业经营主体向下偏离随机生产边界的无效率程度，因而，银行贷款比率和民间借款比率的增加能有效地减少这种无效率的偏差，即借贷能力越强，新型农业经营主体的经营效率越高，该结论支持了理论模型的分析结果。从显著性程度可知，银行贷款的显著性要高于民间借款，但从估计系数的大小可知，民间借款估计系数的绝对值大于银行贷款。这一估计结果对应的现实含义为：银行作为正规金融机构仍然是新型农业经营主体融资的主要来源（由表 6-6，银行贷款占总投入资金的平均比率为 18.74%），而民间借款作为正规融资渠道的补充（只占总投入资金比率的 7.12%），是更容易获得的借款方式，其对新型农业经营主体经营效率的贡献更大，但由于民间借款风险更高（具有更大的方差），故其显著性水平不及正规金融机构。

（三）风险收益变量的影响分析

由表 6-13 可知，在反映盈利与风险的变量中，新型农业经营主体负责人的性别（SEX）、是否已购买农业保险（BX），以及对政府补贴的满意度（BTMY）等变量并不显著；而新型农业经营主体负责人的年龄（AGE）、受教育程度（EDU）、经营利润率（LRL）和生产至今已获得收益年数（YLSJ）均在 1%或 5%的水平上显著。显著变量的系数均为正，与理论的预期方向相符。结果表明：新型农业经营主体负责人的年龄越大，受教育文化程度越高，越有利于提升其经营绩效。虽然经营利润率与生产至今已获得收益年数是从不同角度反映新型农业经营主体盈利能力，但从表 6-6 的 VIF 可知其造成多重共线性的可能较小，并且在稳健性测试中，剔除其中一个变量并不影响另一个变量的显著性（如表 6-13，SFA5 列和 SFA6 列），表明新型农业经营主体短期盈利和长期持续盈利的能力都会显著提升经营绩效。而是否已购买农业保险、对政府财政补贴的满意度等变量，对新型农业经营主体的生产效率无显著影响。虽然新型农业经营主体负责人在年龄、受教育程度上对农业保险的意识较普通农户有较大优势（孙晓杨和郑军，2017），但是平均参保率仍仅为 30%（表 6-6），即农业保险对防范与化解农业经营风险的能力仍然较弱。同时，政府财政补贴对新型农业经营主体生产效率的影响在统计上也并不显著。

五、借贷能力与风险收益对产出效率影响的估计

（一）总体效率估计

在表 6-13 估计结果的基础上，利用 Kumbhakar 和 Parmeter（2009）提出的方法，可以估计出借贷能力、风险收益等因素对新型农业经营主体经营效率的影响。基于表 6-13 中 SFA2~SFA7 列的 6 个估计结果均可进行经营效率的估计。本节计算并比较了不同模型的估计结果，其差异并不大。由于 SFA2 列为基准模型，包含了全部的解释变量，当然也包含不显著的变量。因此，应尽量多地控制相关的因素，虽然包含不显著变量增加了模型的冗余度，但相对于遗漏变量造成的估计偏误，增加模型变量是更为可取的选择。因此，我们最终报告了基于基准模型 SFA2 计算的相关效率估计结果，其描述性统计如表 6-15 所示，相关的分布如图 6-3 所示。

表 6-15　双边随机边界模型效率估计的描述性统计

效率变量	中位数	均值	标准差	Q_{25}	Q_{75}	最小值	最大值
PLA	0.3680	0.4581	0.2357	0.2663	0.6386	0.0529	0.9910
PRS	0.2798	0.3768	0.2323	0.2173	0.4918	0.0181	0.9989
PNS	−0.1019	−0.0813	0.3861	−0.4019	0.2395	−0.7673	0.6974

注：Q_{25} 和 Q_{75} 分别代表 25%和 75%分位值，中位数为 50%分位值

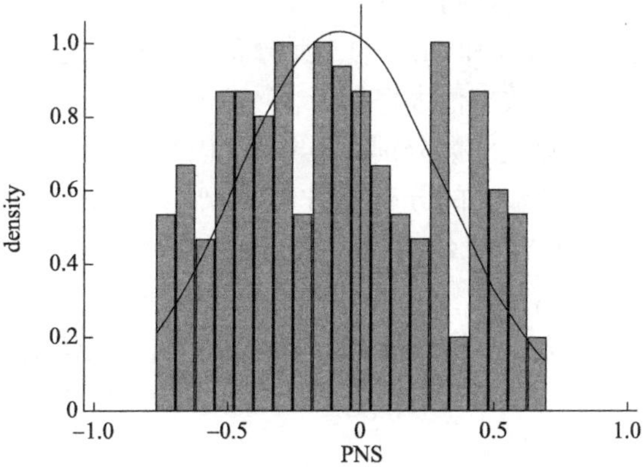

（a）净效应分布直方图

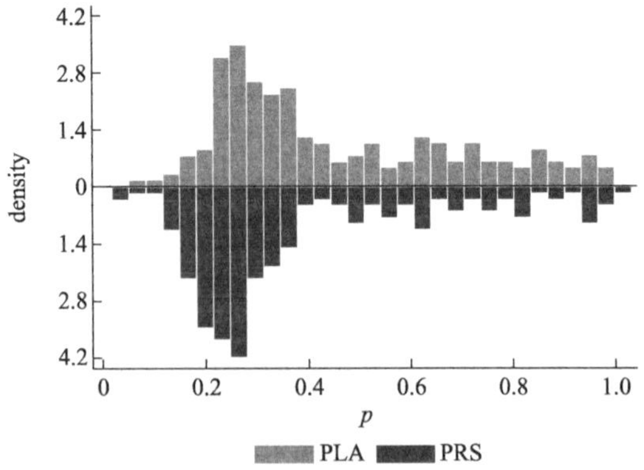

（b）PRS与PLA分布比较

图 6-3　借贷能力、风险收益影响新型农业经营主体产出效率的分布

density 为数据密度

表 6-15 显示了 PLA、PRS 及 PNS 的描述性统计。由前文，PLA 受借贷能力限制，使得新型农业经营主体产出低于最优生产边界百分比，而 PRS 则受盈利和风险综合影响，使得新型农业经营主体产出高于生产边界的百分比。平均而言，因受借贷能力限制，新型农业经营主体产出效率向下偏离生产边界为 45.81%，而风险收益使产出效率向上偏离生产边界 37.68%，二者的净效应使得新型农业经营主体平均向下偏离生产边界 8.13%。总体而言，由于借贷能力的约束，新型农业经营主体的经营效率平均下降了 8.13%，如果以年平均经营收入 873.4 万元计算，借贷约束使新型农业经营主体收入平均每年减少了 71.0 万元。

图 6-3（a）显示了受借贷能力与风险收益影响净效应的分布直方图，由分布密度拟合曲线中心小于 0，可知总体上受借贷能力约束对效率的损耗力量大于风险收益对效率的提升力量，使得净效率均值为负，与描述性统计表 6-5 的结果一致。图 6-3（b）显示了 PRS 和 PLA 的二元分布直方图，上半部分为 PLA，下半部分为 PRS。可以看出，效率值大多处于 10%~40%，经统计，PRS 和 PLA 处于上述区间的新型农业经营主体数分别为 140 家和 111 家，分别占总样本的 68.63% 和 54.41%。而在效率波动较高的分布上，PRS>40%的新型农业经营主体有 66 家，占总样本的 32.35%，PLA>40%的有 98 家，占总样本 48.04%。可见，风险收益对约 70%的新型农业经营主体经营效率有较小的提升，对约 30%的新型农业经营主体经营效率的提升较大；而借贷能力限制对新型农业经营主体经营效率有较小限制和较大限制的比例均接近于 50%。这种不平衡的效率影响总体上降低了新型农业经营主体的平均经营效率。

（二）不同类型新型农业经营主体效率估计

为进一步细化研究，我们根据新型农业经营主体的类型，分别计算了专业大户、家庭农场、农业专业合作社、农业龙头企业和农业服务型组织等受借贷能力、风险收益因素影响的相应效率值，如表 6-16 所示。

表 6-16　不同类型新型农业经营主体经营效率估计

组织类型	观察数	效率变量	中位数	均值	标准差	最小值	最大值
专业大户	173	PLA	0.3984	0.3379	0.2072	0.0181	0.9634
		PRS	0.2750	0.4534	0.2169	0.1464	0.8887
		PNS	−0.1424	−0.1154	0.3572	−0.7195	0.6974
家庭农场	111	PLA	0.3181	0.2654	0.1341	0.1118	0.6466
		PRS	0.2246	0.4412	0.2524	0.1115	0.9586
		PNS	−0.1508	−0.1758	0.3176	−0.7651	0.4292
农业专业合作社	142	PLA	0.3742	0.3949	0.2407	0.0194	0.9989
		PRS	0.2918	0.4721	0.2355	0.2009	0.9773
		PNS	−0.1019	−0.0771	0.3961	−0.7673	0.6624
农业龙头企业	86	PLA	0.3537	0.5594	0.2708	0.1984	0.9721
		PRS	0.6252	0.4549	0.2276	0.2126	0.9910
		PNS	0.2630	0.1046	0.4237	−0.7235	0.6023
农业服务型组织	25	PLA	0.5401	0.4022	0.1808	0.2235	0.6786
		PRS	0.3292	0.4994	0.3488	0.0529	0.9133
		PNS	−0.2109	−0.0971	0.5222	−0.6897	0.5413

由表 6-16 可知，除了农业龙头企业风险收益对效率的提升值（平均 55.49%）大于借贷能力对效率的损耗值（平均 45.49%），净效率提升 10.46% 以外，其余新型农业经营主体借贷能力对效率的损耗值均大于风险收益对效率的提升值，由净效率值反映的无效率程度从高到低依次为：家庭农场（−17.58%）>专业大户（−11.54%）>农业服务型组织（−9.71%）>农业专业合作社（−7.71%）。从净效率值 PNS 的大小看，无效率程度恰好与各类新型农业经营主体的组织化程度负相关。从组织化程度看，一般认为，家庭农场<专业大户<农业服务型组织<农业专业合作社<农业龙头企业，而相应的无效率程度排序与新型农业经营主体的组织化程度排序正好完全相反，即新型农业经营主体的组织化程度越高，则借贷能力越强，获得风险收益的能力也越强，其经营的无效率程度就越低。

第三节 本章小结

宏观层面上，本章通过对我国财政金融支农服务新型农业经营主体效率的比较分析，得出了以下结论：外在环境变量对财政金融支农服务新型农业经营主体绩效的存在显著影响。优化我国农业生产结构、加强我国农村基础设施建设能够有效减少财政金融投入冗余，有利于财政金融支农服务新型农业经营主体效率的提高；然而，财政与金融投入的资金增多反而会使得财政金融投入冗余增加，降低财政金融支农服务绩效。同时，对比东、中、西部地区之间财政金融支农服务绩效发现，纯技术效率差异较小，规模效率差异相对较大，表明规模效率低下是制约我国财政金融支农服务新型农业经营主体效率提升的瓶颈。最后，通过将我国各省区市财政金融支农服务新型农业经营主体效率类型进行划分，发现我国多数省区市均属于“双高型”或“双低型”，“高低型”和“低高型”省区市相对较少，表明各省区市内部纯技术效率和规模效率之间存在一定的耦合效应。

微观层面上，本章分析了借贷能力、风险收益对新型农业经营主体经营效率的影响关系，研究发现：借贷能力不足成为新型农业经营主体经营无效率的主导因素，最终使平均效率净下降 8.13%，经营收入年平均减少 71.0 万元。无论是向正规金融机构贷款，或是采用民间借款的融资方式，均对新型农业经营主体的经营效率有显著影响，其中民间借款对经营效率的影响更强。新型农业经营主体负责人自身的经验、能力可提升其经营绩效，但政府补贴的满意度、是否购买农业保险等对经营效率无显著影响。同时，新型农业经营主体的组织化程度越高，其经营效率则越高，组织化程度与经营效率从高到低的排序为：农业龙头企业>农业专业合作社>农业服务型组织>专业大户>家庭农场。其中，农业龙头企业是唯一受风险收益和借贷能力综合影响，经营净效率为正的新型农业经营主体类型。

第七章　新型农业经营主体资金需求与财政金融支农服务的矛盾

随着我国经济步入新常态、改革进入深水区，农村发展面临新的形势和挑战，发展新型农业经营主体已经成为未来现代化农业发展的方向之一。2017 年，中共中央办公厅、国务院办公厅印发《关于加快构建政策体系培育新型农业经营主体的意见》，为财政、金融支持新型农业经营主体发展提供了强有力的保障。但是，新型农业经营主体的现实经济活动中，仍显著地受到财政金融支农服务的约束。因此，在前文基础上，本章将从财政、金融两方面，分析财政金融支农供给与新型农业经营主体需求之间存在的矛盾。

第一节　国家财政支持新型农业经营主体发展的矛盾

2013 年始，中央一号文件连续多年提到发展新型农业经营主体、构建新型农业经营体系，国家也在财政上为培育新型农业经营主体提供多方面支持。如今，新型农业经营主体发展态势总体良好，但仍然存在一些问题。

一、国家财政支持新型农业经营主体发展的政策变迁

自 1978 年改革开放以来，党中央、国务院在不同时期出台了多种支持农业发展的财政、金融政策，对农业发展做出了巨大贡献。随着我国农业产业不断发展，农业方面的一些问题也突显出来，如人均耕地面积低、农业劳动生产率低等，所以我

国必须发展现代化农业。2013 年，党的十八大报告明确指出“发展多种形式规模经营，构建集约化、专业化、组织化、社会化相结合的新型农业经营体系”①，为中国农业经济发展指明了方向，此后，我国支农政策逐步向发展新型农业经营主体倾斜。

20 世纪 70 年代末，为鼓励农民生产的积极性，我国确立了农户在农业经营中作为微观主体的基础地位。此后，随着我国社会经济的发展，农村的经营主体在此基础上不断发生变化，正如相关学者在对我国经营主体演进研究中所指出的，我国经营主体发展大致可分为四个阶段（韩国明和郭鹏鹏，2017）：1982~1986 年我国以传统承包户为主，2004~2006 年龙头企业成长逐渐壮大起来，2007~2012 年农民合作社组织蓬勃发展，2013~2016 年我国经营主体进入多元化发展阶段，即我国提出的培育新型农业经营主体。

自 2013 年中央一号文件中首次提出新型农业经营主体的概念，培育专业大户、家庭农场，发展农民专业合作社、龙头企业等新型农业经营主体就成了我国现代化农业发展的客观要求。如表 7-1 所示，自 1953 年起我国相继出台了关于经营主体的一些重要论断和财政扶持政策，其中 2013~2017 年集中出台了一系列关于新型农业经营主体发展的政策。

表 7-1 关于农业经营主体演进的相关政策

年份	政策
1953	中共中央《关于发展农业生产合作社的决议》提出建立合作社
1958	合作社转为人民公社
1978	实行家庭联产承包责任制，以农民为制度变革的主体
1998	十五届三中全会提出发展农业产业化经营，关键要培育“龙头企业”
2003	正式启动了合作社立法工作
2004~2006	连续提出加快合作社立法进程
2006~2012	提出了一系列支持合作社发展的政策措施，出台了许多税收优惠、财政支持等方面的政策措施
2007	《中华人民共和国农民专业合作社法》《农民专业合作社登记管理条例》实施
2011	大力发展农民用水合作组织
2012	对农村未升学的初中和高中毕业生提供免费的农业技能培训 对那些符合条件的农民工返乡创业和农村青年务农创业项目给予补助和贷款支持
2013	新增补贴朝农民合作社、家庭农场、专业大户等新型农业经营主体倾斜 鼓励和支持承包土地向专业大户、家庭农场、农民合作社流转 充分利用各类培训资源，加大专业大户、家庭农场经营者培训力度 鼓励承包经营权向家庭农场等各类新型农业经营主体流转，发展适度规模经营 鼓励农民兴办专业合作社和股份合作等多元、多类型合作社 培育壮大龙头企业，支持龙头企业通过兼并、收购、重组等方式组建大型集团，推动龙头企业与农户建立紧密型利益联结机制，支持龙头企业建设原料基地、培育品牌、节能减排 加强农民合作社党建工作

① 资料来源：胡锦涛，《坚定不移沿着中国特色社会主义道路前进 为全面建成小康社会而奋斗》，《人民日报》，2012 年 11 月 18 日，第 1 版。

续表

年份	政策
2014	按照自愿原则开展家庭农场登记 重点培育以家庭成员为主要劳动力、以农业为主要收入来源，从事专业化、集约化农业生产的家庭农场 鼓励发展混合所有制农业产业化龙头企业，推动集群发展，密切与农户、农民专业合作社的利益联结关系 支持发展农机合作社，允许财政项目资金直接投向符合条件的合作社，允许财政补助形成的资产转交合作社持有和管护，推进财政支持农民合作社创新试点，加快供销合作社改革发展
2015	加大对生猪、奶牛、肉牛、肉羊标准化规模养殖场（小区）建设支持力度 推动农民专业合作社与周边学校、企业、超市及社区对接，引导农民专业合作社拓宽服务领域 逐步完善覆盖农村各类生产经营主体方面的法律法规，适时修改农民专业合作法 发展适度规模的家庭农场，完善对粮食生产规模经营主体的支持服务体系 推动农业产业化示范基地的建设、加快龙头企业转型升级 引导农民以土地经营权入股合作社和龙头企业
2016	再次提出要积极培育家庭农场、专业大户、农民合作社、农业产业化龙头企业等新型农业经营主体 积极扶持农民发展休闲旅游业合作社，加强农民合作社示范建设，支持合作社发展农产品加工流通和直供直销
2017	加强农民合作社规范化建设，积极发展生产、供销、信用“三位一体合作”综合合作 支持有条件的乡村建设以农民合作社为主要载体的农业经营主体 支持农技推广人员与家庭农场、农民合作社、龙头企业开展技术合作 支持家庭农场、农民合作社科学储粮 完善家庭农场认定办法，扶持规模适度的家庭农场 优化农业从业者结构，深入推进现代青年农场主、林场主培养计划和新型农业经营主体带头人轮训计划 以规模化种养基地为基础，依托农业产业化龙头企业带动 吸引龙头企业和科研机构建设运营产业园

在农业经营主体变化的过程中，我们国家的财政支农政策也经历着变迁。1978 年至今，我国财政支农政策可以划分为五个阶段，前面四个阶段具体如表7-2所示。1978 年，我国提出建立家庭联产承包责任制，由此拉开了农村土地改革的序幕。1979 年，国家大幅度提高了主要农副产品的收购价格，改变了当时农业工业交换不平等的状态。20 世纪 80 年代初，政府将财政高度集中的统收统支管理体制用“分灶吃饭”的财政包干体制替代，明确中央财政和地方财政在农业、农村方面的支出重点。1998 年，为了应对亚洲金融危机，我国提出积极的财政政策。2002 年 11 月，党的十六大报告首次明确提出统筹城乡经济社会发展的要求，此后，我国财政支农政策发生了很大的变化。2004~2012 年，我国连续发布了以“三农”为主题的一号文件，把支农工作作为全党工作的重中之重。这一时期的财政支农政策主要有以下四个：一是推进农村税费改革，直到取消农村税费；二是对

农民实施各种政策的补贴；三是加大农村基础设施投入；四是加快农村社会事业的发展。2013 年开始即进入第五阶段，国家财政支农的政策集中向新型农业经营主体倾斜，具体相关政策如表 7-1 所示。

表 7-2 1978~2012 年重要财政支农政策

阶段划分	重要财政支农政策
1978~1984 年	实行家庭联产承包责任制 大幅度提高了多种主要农副产品的价格 将统收统支管理体系用财政包干体制代替 农村土地承包期十五年不变
1985~1991 年	将农产品统购统销制度改为合同定购 开征耕地占用税并实施大规模农业综合开发、改造中低田、开垦宜农荒地 支持乡镇农产品企业发展 多渠道、多层次增加农业投入，大力促进农村经济全面发展
1992~1998 年	着手建立粮食收购保护制度 实行“分税制”改革 延长土地承包期三十年不变 对以粮食为主的农产品流通体制进行一系列改革 提出积极财政政策（重点是水利基础设施建设、农村生产生活环境改善等）
1999~2012 年	提出统筹城乡发展 提出社会主义新农村建设 把解决“三农”问题作为一切问题的重中之重 推进农村税费改革直到取消农村税费 对农民实施各种政策补贴 加大农村基础设施投入 加快农村社会事业发展

资料来源：《中国农村改革之路》《农村改革三十年》

二、国家财政支持新型农业经营主体发展的方式和力度

我国是一个农业大国，“三农”问题始终是改革发展和国家安定的基础。随着国家对“三农”问题的重视度不断增强，扶持力度不断加大，我国农业发展越来越好。如今，我国农业已具备发展新型农业经营主体的基础和条件，财政投入的方式和力度正逐步向新型农业经营主体倾斜。

（一）财政对“三农”的支持力度持续增加

近些年，我国经济飞速发展，国家财政对“三农”的投入也不断增加。2006~2018 年，我国对“三农”发展累计投入 65 963.90 亿元，2013 年的同比增

长率为 11.40%；2014 年的投入为 14 173.80 亿元①，同比增长了 2.70%，虽然相比 2013 年的投入增加额明显减少，但投入总量依然大于 2013 年的投入，保持了持续增长；自 2015 年起，国家财政对“三农”的投入继续保持增长，2018 年我国财政对“三农”的投入额已经达到了 21 085.59 亿元（表 7-3）。由此可见，“三农”问题作为全党工作的重中之重，国家对“三农”的关注度一直有增不减。

表 7-3　2006~2018 年国家财政“三农”投入表

年份	国家财政支出/亿元	国家财政“三农”支出/亿元	“三农”占财政支出比
2006	40 422.73	3 173.00	7.85%
2007	49 781.35	4 318.30	8.67%
2008	62 592.66	5 955.50	9.51%
2009	76 299.93	7 253.10	9.51%
2010	89 874.16	8 579.70	9.55%
2011	109 247.79	10 497.70	9.61%
2012	125 952.97	12 387.60	9.84%
2013	140 212.10	13 799.00	9.84%
2014	151 785.56	14 173.80	9.34%
2015	175 877.77	17 380.49	9.88%
2016	187 755.21	18 587.36	9.90%
2017	203 085.49	19 088.99	9.40%
2018	220 904.13	21 085.59	9.55%

资料来源：EPS（Economy Prediction System）数据库、《中国农业年鉴》（2007~2019 年）

如图 7-1 所示，2006~2018 年，我国对“三农”的投入力度不断加大。2006 年，我国财政支出中农业支出占比为 7.85%，2007 年提高至 8.67%，2008 年直线提升至 9.51%。2008~2018 年农业支出占比财政支出的比例均值为 9.63%，其中 2014 年和 2017 年农业支出占比相比其他年份略有下降，但是总体保持平稳状态。

① 此处的年度财政投入额按当年价格计算，以下皆同。

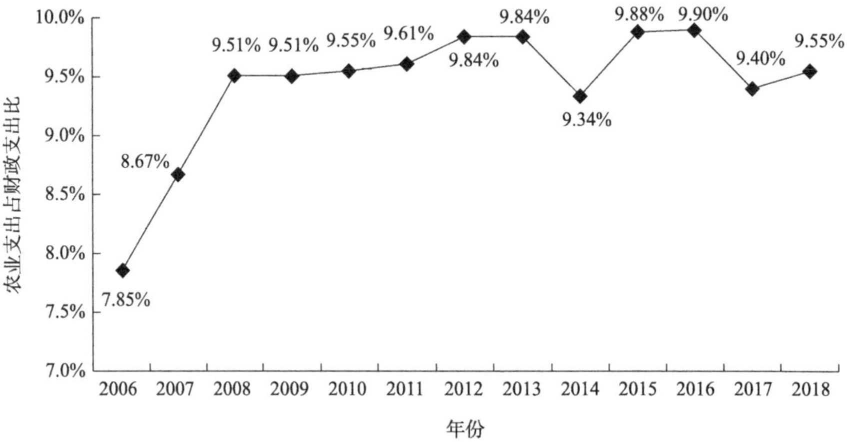

图 7-1　我国农业支出占财政支出的比重情况

资料来源：EPS 数据库

（二）财政对新型农业经营主体的支持

1. 财政对新型农业经营主体的直接投入

1）农民专业合作社

2003~2012 年，中央财政扶持农民专业合作社资金累计达 34.20 亿元；至 2013 年，各级财政扶持资金突飞猛进，总额达到 55 亿元，有力促进了 3.40 万个农民专业合作社的发展；2014 年中央财政安排农民专业合作组织发展资金 20 亿元，地方财政支持合作社发展专项资金 54.70 亿元，2015~2018 年各级财政扶持农民专业合作社的专项资金总额分别达到了 44.48 亿元、46.25 亿元、63.80 亿元和 67.08 亿元（表 7-4）。

表 7-4　我国财政对农民专业合作社投入情况

年份	国家对农民专业合作社给予的支持
2003~2009	中央累计安排专项资金已经达到 13.25 亿元
2004~2009	农业部开展农民专业合作组织示范项目建设，累计安排项目资金 1.45 亿元，扶持了 800 个农民专业合作组织
2003~2010	中央财政累计安排专项资金 18.75 亿元
2004~2010	农业部开展农民专业合作组织示范项目建设，累计安排项目资金 1.95 亿元，扶持了 1021 个农民专业合作组织
2008~2010	农业综合开发项目累计安排项目资金近 1.30 亿元
2009	财政补助 3700 万元支持 556 家农民专业合作社购买 556 辆封闭冷货车、冷藏车、奶罐车
2011	省级政府对农民专业合作社投入的财政扶持资金达 32.40 亿元，其中专项资金近 10 亿元

续表

年份	国家对农民专业合作社给予的支持
2012	各级政府对农民专业合作社投入的财政扶持资金达 54.80 亿元，共扶持合作社 3.20 万个 全国农机购置补贴资金约 30%用于支持合作社购置农机装备
2013	中央财政安排农民专业合作组织发展资金 18.50 亿元 中央财政安排 9.96 亿元于农业综合开发，扶持 2425 个农民合作社项目 各级财政扶持资金达 55 亿元，共扶持农民合作社 3.40 万个 主要围绕家庭农场、专业大户等人员投入培训资金 11 亿元
2014	中央财政安排农民专业合作组织发展资金 20 亿元 地方财政支持合作社发展专项资金达 54.70 亿元 农产品初加工设施补助政策安排资金 6 亿元，扶持 1500 多个合作社和 1 万多个农户建设初加工设施 1.80 万座 各级财政共安排 1.61 亿元扶持“农社对接”
2015	各级财政扶持农民专业合作社的专项资金达 44.48 亿元 中央拨付 20 亿元资金专项用于支持农民专业合作组织发展，旨在促进加快构建新型农业经营体系，不断提高农民组织化程度
2016	各级财政扶持农民专业合作社的专项资金达 46.25 亿元
2017	各级财政扶持农民专业合作社的专项资金达 63.80 亿元
2018	各级财政扶持农民专业合作社的专项资金达 67.08 亿元

资料来源：《中国农业年鉴》（2010~2015 年）、《中国农村经营管理统计年报》（2015~2018 年）

与此同时，各省（自治区、直辖市）也纷纷对所在地的农民专业合作社采取各种措施提供财政支持。例如，湖北的恩施通过推进农业综合开发项目建设，带动帮扶当地农民专业合作社发展，2016 年累计投入资金约 6 亿元。

2）龙头企业

1993 年初，“农业产业化”这个对中国农业发展具有历史性重大影响的概念在潍坊被提出，农业产业化的发展催生了龙头企业，对我国农村的建设、农业产业化的推进具有重大意义。此后，我国逐步强调发展农业龙头企业的重要性，同时加大对龙头企业的财政支持力度。如表 7-5 所示，2009~2018 年国家财政对龙头企业的发展采取了多种支持方式，如出台《2016 年国家农业综合开发产业化经营项目申报指南》、开展“以奖代补”方式鼓励龙头企业发展。

表 7-5　2009~2018 年我国财政对龙头企业投入情况

年份	国家对龙头企业给予的支持
2009	共受理各省（自治区、直辖市）及新疆生产建设兵团申报的农业产业化项目 108 个，其中：A 类项目（龙头企业基地建设）88 个，B 类项目（中介服务组织试点）20 个，最后组织专家对项目进行论证打分，综合平衡后确定了 A 类 34 个，安排资金 2130 万元；B 类 12 个，安排资金 720 万元

续表

年份	国家对龙头企业给予的支持
2010	共受理各省（自治区、直辖市）及新疆生产建设兵团申报的农业产业化项目 100 个，其中：A 类项目（龙头企业基地建设）85 个，B 类项目（中介服务组织试点）15 个，最后组织专家对项目进行论证打分，综合平衡后确定了 A 类 43 个，安排资金 2250 万元；B 类 9 个，安排资金 540 万元
2011	农业部农业产业化项目资金 3000 万元，主要用于国家重点龙头企业开展生产基地建设、“龙头企业+中介服务组织+农户”试点，每个项目标准 50 万~60 万元 部分省份农业产业化主管部门组织龙头企业负责人培训，每个项目标准 10 万元
2012	农业部安排农业产业化项目资金 3000 万元，主要用于支持国家 A 类项目（龙头企业基地建设）、B 类项目（中介服务组织试点），各省（自治区、直辖市）农业产业化主管部门组织龙头企业负责人培训及有关单位开展相关调查研究等
2013	农业部安排农业产业化项目资金 2848 万元，主要用于支持龙头企业服务农户专业化规模生产，提升龙头企业为农户开展生产经营服务的能力 进一步推进农产品原料基地专业化、标准化、规模化、集约化生产，提高农业综合生产能力，切实保障主要农产品有效供给 强化农业产业化相关工作，提升农业产业化工作指导和服务水平
2014	农业部安排农业产业化项目资金共 2848 万元，主要用于通过“以奖代补”方式鼓励和支持龙头企业订单收购农户生产的农产品；通过“以奖代补”方式鼓励和支持农业产业化示范基地建设公共服务平台
2016	有关省份财政设立 2 亿元专项资金，重点用于省级以上农业产业化龙头企业贷款贴息、农产品精深加工、生产基地建设、上市奖励、人才培训和品牌建设
2017	中央财政安排农业生产发展资金、农业资源及生态保护补助资金，支持龙头企业农业生产发展、农业资源生态保护等工作
2018	农业农村部、国家发展和改革委员会、财政部、中华全国供销合作总社等相关部门对 148 家国家重点龙头企业实行动态管理和定时监测评估，并进行等额递补，通过给待遇、强信誉、赋机遇，更精准、更有效地支持龙头企业做大做强，打造成乡村产业振兴的领头雁

资料来源：《中国农业年鉴》（2010~2015 年）、中国政府网（http://www.gov.cn）、中国农业农村部官网（http://www.moa.gov.cn）、中国财政部官网（http://www.mof.gov.cn）

2017 年十九大后，《人民日报》刊载文章《新时代乡村如何振兴（聚焦十九大报告·转向高质量发展阶段）》指出“鼓励龙头企业与农民建立紧密型利益联结机制”，这为新时期龙头企业的发展提出了更高质量的要求，进一步指明了龙头企业未来发展的方向、模式和目标。

3）家庭农场

家庭农场作为新型农业经营主体的一支新生力量，对推进现代化农业发展起到重要作用。目前，我国家庭农场的发展还处于探索阶段，许多地方出台了支持家庭农场发展的政策，采取了一系列措施对家庭农场进行帮扶。2007 年，上海松江区将集体统一整理好的土地租给家庭农场经营，浙江宁波市对家庭农场流转土地给予适当资金补助。2013 年，政府提出各地要建立家庭农场注册登记和认证制度。随后，江苏、山东等省出台了家庭农场工商注册登记办法，浙江、安徽等省出台了示范性家庭农场认定办法，引导农村土地流向家庭农场；财政涉农补贴也向家庭农场倾斜，全国各地扶持家庭农场发展资金达到 6.35 亿元。2014 年，政府出台多项举措支持家庭农场发展。其一，提出依据各地实际情况合理确定家庭农场适度经营规模的政策要求，江苏规定家庭农场适度经营规模为 100~200 亩、上海松江区规定为 100~150 亩、嘉定区规定为 150~250 亩。其二，探索建立家庭农场管理服务制度，全国共有 20 个省份下发了扶持家庭农场发展的专门意见，并明确了具体扶持措施，有 10 个省份出台了家庭农场工商注册登记办法，如山西专门研发了家庭农场信息管理系统，实现了省、市、县三级主管部门在线进行家庭农场信息的录入、审核、认定、查询和统计分析。其三，探索建立各级示范家庭农场制度，天津建立了示范性家庭农场创建项目库、江西财政投入 1000 万元用于扶持省级示范家庭农场。其四，完善家庭农场人才培训机制，各地通过专题培训、农经网站、编印宣传小册子等多种形式，通过组织互比互看、参观访问等活动，依托已有的阳光工程培训、农村实用人才带头人培训等多种培训资源，分批培训各类家庭农场经营者，促进家庭农场之间的交流学习，提高家庭农场经营者的整体素质和水平[①]。2017~2019 年，各级政府在家庭农场的壮大发展中持续投入，加速推进了家庭农场发展与我国农业现代化进程的有机衔接。2017 年中央以贴息、补助等方式，加大贴息力度，重点扶持了经营涉及园艺作物标准园建设项目、种子工程植保工程储备项目、良种繁育及生产示范基地项目等内容的家庭农场，单个项目资金补助数额为 300 万~2000 万元不等。2018 年甘肃根据农业农村部、财政部《关于做好 2018 年农业生产发展等项目实施工作的通知》要求，下达支持家庭农场发展资金 1088 万元，扶持家庭农场 136 家，通过示范家庭农场建设，促使家庭农场逐步成为现代农业和农村经济发展的新型主力军。2019 年农业农村部政策与改革司在长沙举办全国家庭农场高质量发展培训班，现场相关专家进行专题报告，各地农业农村部门家庭农场工作主管机构负责人进行了工作研讨[②]。

2. 财政对新型农业经营主体的间接支持

1）社会事业

A.养老

国家健全农村养老保障体系，鼓励中老年人放弃现有土地经营权，从依靠土地养老转为依靠社会养老，实现土地长期流转，从而为专业大户、家庭农场及农

① 资料来源：2013~2014 年的《中国农业年鉴》，并经数据处理。

② 资料来源：中国政府网（http://www.gov.cn）、中国农业农村部官网（http://www.moa.gov.cn）、中国财政部官网（http://www.mof.gov.cn）。

民专业合作社承包更多土地、扩大经营规模创造了有利条件。近几年，我国老年收养性福利机构数和年末收养人数急剧减少，2018 年的老年收养性福利机构数与 2014 年相比减少了近 31.47%，2018 年末收养人数与 2014 年末收养人数相比更是减少了将近 44.15%（表 7-6）。显然，伴随着我国人口老龄化问题越来越严重，政府也在积极解决养老需求，但目前我国养老机构的建设及发展不尽如人意，导致此现状的原因很多，如养老机构建设用地困难、现行政策制约了民办养老机构的发展等，各级政府还应丰富解决养老问题的手段和措施。

表 7-6 我国 2006~2018 年农村养老机构建立及收养人数情况

年份	养老	
	老年收养性福利机构数/个	年末收养人数/人
2006	31 889	934 633
2007	31 373	919 649
2008	30 368	1 605 178
2009	31 286	1 730 200
2010	31 472	1 824 854
2011	32 140	1 924 820
2012	32 787	2 000 000
2013	30 247	2 012 000
2014	20 261	1 557 000
2015	15 587	1 151 825
2016	15 398	1 132 300
2017	15 006	1 013 400
2018	13 885	869 600

资料来源：EPS 数据库

B.教育

农村剩余劳动力向非农产业和城镇有序转移，有助于促进土地承包经营权的流转和农地经营规模的扩大，推动了专业大户、家庭农场等新型农业经营主体的形成，大规模转移农村剩余劳动力是解决我国农民问题及农业问题的关键。“十二五”规划明确提出，“加大引导和扶持力度，提高农民职业技能和创收能力”，同时要“加强农民技能培训和就业信息服务”。2010~2013 年，政府每年通过“阳光工程”项目对农村劳动力转移培训的投入维持在 11 亿元，培训农村劳动力 300 万余人次。2014 年起，政府每年拨付定向资金，用于新型职业农民培训工作，助力新型农业经营主体的壮大与现代农业产业的发展（表 7-7）。

表 7-7　中央对农村劳动力转移培训的投入

年份	投入金额/亿元	投入资金运用领域
2010	11	用于实施农村劳动力培训阳光工程，当年安排示范性培训任务 300 万人
2011	11	用于实施农村劳动力培训阳光工程，当年安排示范性培训任务 300 万人
2012	11	用于实施农村劳动力培训阳光工程，当年安排示范性培训任务 330 万人
2013	11	用于实施农村劳动力培训阳光工程，当年安排示范性培训任务 316 万人
2014	16	用于新型职业农民培训工作
2015	16	用于新型职业农民培训工作
2016	13.9	继续组织实施新型职业农民培育工程，启动实施新型农业经营主体带头人轮训计划和现代青年农场主培养计划

资料来源：《中国农业年鉴》（2011~2017 年）

建立农民技术学校，首先有助于转变农民的观念，使其能更顺畅地与外界交流沟通，适应生产力的发展方向；其次，有助于培养农民的科学技术能力，使其成为适应社会发展方向的新型职业农民。新型职业农民对农民专业合作社等新型农业经营主体的发展起着重要的推动作用，农户的文化程度、技术水平及接受新事物的能力是与合作社的发展呈正相关的。

然而，我国 2006~2017 年农民技术培训学校个数却呈现出单调递减的趋势（图 7-2），这可能反映了当前农民技术培训学校发展的实际情况。在过去的几年里，农村成人教育的热点已经冷却，可能因为城镇化进程加快，农村空心化现象越来越明显，农民技术培训学校已经缺少教育对象了（李兴敏和罗唱，2015）。如今强调发展新型农业经营主体，开展现代化农业，而农民技术培训学校的培训手段、配套设施都未跟上时代发展的步伐，使得农民的实际问题得不到解决，农民对技术培训学校的信任度随之减少，学习的激情逐渐褪去。农民技术培训学校的发展还存在很多现实的问题，需要政府对其加大财政投入、建立制度保障及加大宣传力度。

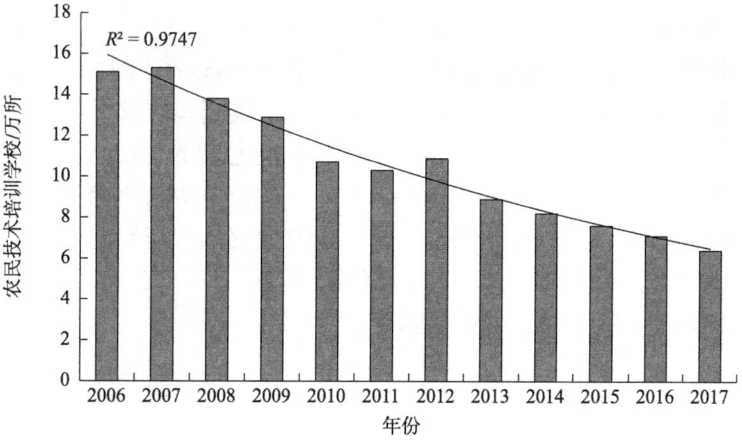

图 7-2　我国 2006~2017 年农民技术培训学校建设情况

资料来源：EPS 数据库

2）农村基础设施建设

国家加强对农村基础设施的建设，有助于降低农民专业合作社、家庭农场及专业大户的经营成本和风险，为新型农业经营主体开展生产经营活动奠定良好的基础。

A.交通

我国对农村道路桥梁建设投入资金，可以有效改善农村的交通运输状况，降低农产品运输成本，减少农民专业合作社、家庭农场及专业大户经营的总成本，同时，拓宽运输渠道有利于“农社对接”。如图 7-3 所示，我国每年在农村道路桥梁建设方面的资金投入持续攀升，特别是 2013 年，投资金额达到 947.08 亿元，创历史新高。虽然 2014 年的投入有所降低，但 2012~2015 年年均值依然保持在 900 亿元左右。

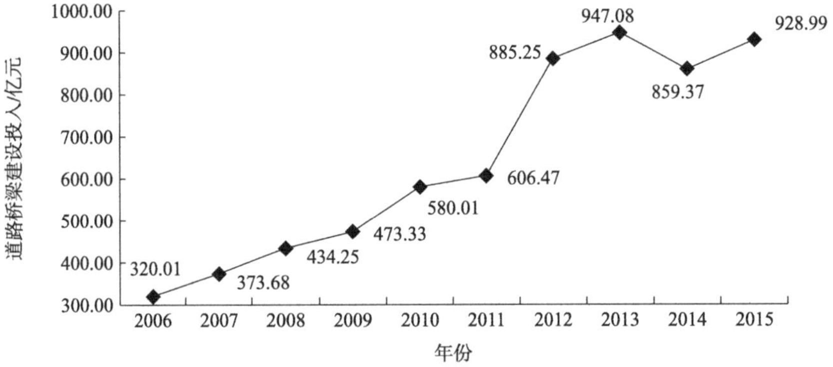

图 7-3　2006~2015 年农村道路桥梁建设投入情况

资料来源：EPS 数据库

2013~2016 年，中央继续加大对农村公路的建设。截至 2016 年底，全国农村公路总里程达到 396 万公里，99.99%的乡镇和 99.94%的建制村通了公路，99.02%的乡镇和 95.37%的建制村通了客车。2017 年，交通运输部全年安排车购税用于农村公路投资达 905.8 亿元，占全年车购税资金总额的 36.3%。交通运输部公布的数据显示，党的十八大以来，我国新改建农村公路 98.2 万公里，新增 406 个乡镇通硬化路、59 588 个建制村通公路[①]。农村公路的快速发展，有效带动了特色种养业、农村电商、客货运输、乡村旅游等产业，有力支撑了现代农业与新型农业经营主体的发展，促进了农民增收致富。

① 根据交通运输部官网（http://www.mot.gov.cn）、财政部官网（http://www.mof.gov.cn）网站数据整理而得。

B.农村生态环境建设

改革开放以来，虽然农村经济全面快速发展，农民收入日益提高，但生态环境遭到了不同程度的破坏，生态问题日益突出。各地方政府相继出台了一系列政策法规，采取了一系列措施对生态环境进行治理，特别是 2015 年的中央一号文件，明确提出“让农村成为农民安居乐业的美丽家园”，这进一步强调了农村生态环境的重要性。

农村生态环境的改善有助于吸纳农业技术人才、吸引农民工返乡务农、鼓励基层创业大学生来农村发展，也有助于培育拥有技术、视野、知识的人成为新型农业经营主体的带头人、经营者，从而促进新型农业经营主体发展壮大。2006~2015 年，我国财政在农村排水、园林绿化、环境卫生建设上的投入呈现出稳定增长趋势，2015 年比 2006 年分别增长了 521.70%、482.30%和 1111.70%，其中 2008 年的环境卫生建设投入显著高于上一年，但是在 2009 年以后又恢复稳定的增长趋势（图 7-4）。

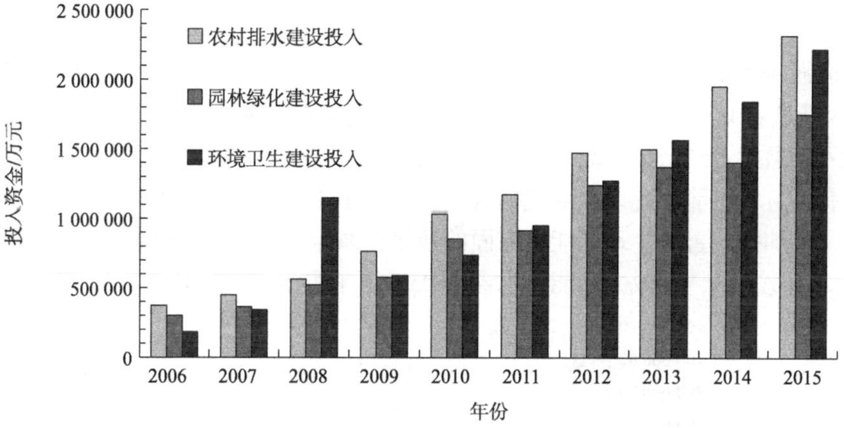

图 7-4　国家 2006~2015 年对农村生态环境建设投入情况

资料来源：EPS 数据库

农村生态环境的建设还有助于农村发展旅游业，如通过农家乐等方式吸引城镇居民旅游、度假，不仅可以带动农民收入增加，还可以促进农村其他设施的建设，如交通建设、水利建设及互联网的引进；而先进思想和经营理念的引入也会对新型农业经营主体的发展起到正面的作用。例如，在调研过程中我们发现，湖北恩施通过发展乡村旅游业显著带动了地区经济增长，逐步形成了人流、物流、资金流、信息流的协调发展，从而进一步促进了新型农业经营主体的发展。

C.农村水利及能源建设

加强农村的水利建设有助于减小农民农业受自然灾害的影响，使新型农业经营主体发展的风险性降低，还有利于提高粮食综合生产能力。如图 7-5 所示，

2008~2015 年，我国在水利方面的建设投入也在不断增加，2015 年投入资金达到 4807.90 亿元，显著高于 2014 年的资金投入，相比 2008 年增长了 328.24%；2016~2017 年虽稍有回落，但总体保持增长态势。

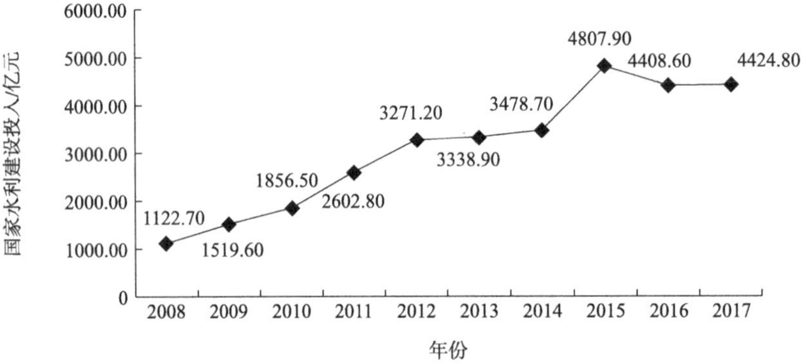

图 7-5　2008~2017 年国家水利建设投入情况

资料来源：EPS 数据库

加强能源基础设施建设可以使农民合理地利用自然资源，达到保护环境的作用，为新型农业经营主体的发展提供良好的环境支持。我国政府每年对能源都有大量投入，但投入经费逐步减少（图 7-6），当然，这与我国农村能源基础建设日益完善有关。农村能源建设主要包括改灶节能、小水电、风能、地热能等。近几年，我国一直加强完善各个地区能源方面的建设，截至 2018 年，全国沼气池产气量达 112.20 亿立方米，建成太阳能热水器 8805.4 万平方米、太阳灶 213.6 万台。

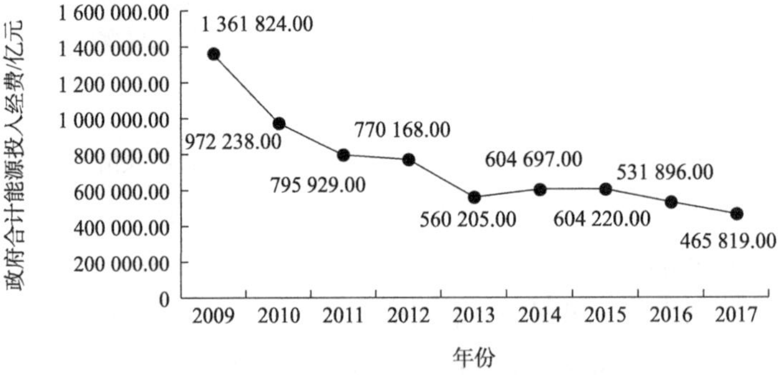

图 7-6　2009~2017 年我国政府合计能源投入经费情况

资料来源：EPS 数据库

3）农业补贴

A.农机购置补贴

农村新型农业经营主体采用机械化的耕作方式，可以节省劳动力投入、减少经济成本，提高劳动生产率、土地产出率、资源利用率。近几年，政府通过加大农机购置补贴，推动农民专业合作社、专业大户及家庭农场朝机械化的方向发展，形成巨大的现实社会生产力。如图 7-7 所示，2006~2014 年我国农机购置补贴大幅增加，2006 年仅投入 6 亿元，然而 2009 年的投入达到 130 亿元，相比 2008 年增长了 225%，投入额接近 2006~2008 年三年总和的两倍；2009~2014 年每年投入增长幅度相近，投入资金呈稳定的增长趋势；2014 年投入达到 237.54 亿元，相比 2006 年增长了近 40 倍，相比 2013 年增长了 9.21%；2014~2016 年投入额基本持平，2016 年开始略微有下降趋势。

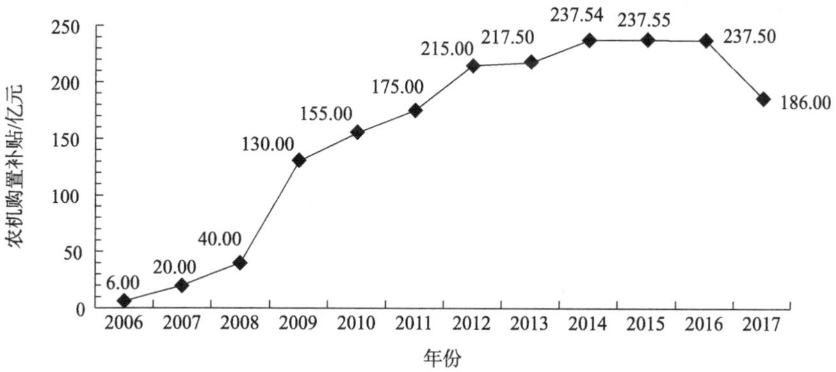

图 7-7　2006~2017 年我国农机购置补贴情况

资料来源：EPS 数据库

B.畜牧业补贴

畜牧业的发展既能促进农村生产，又能实现农民增收，是我国农业和农村经济发展的“重头戏”，对社会主义新农村建设具有重要意义。近几年，国家对畜牧业的发展十分重视，每年投入大量资金补贴畜牧业，并提出一系列相关政策，使养殖大户等相关经营主体的生产得到了保障，拥有更好的发展前景。

其中，畜牧良种补贴项目是推进全国畜禽品种改良工作的重要载体和抓手，自 2005 年项目启动以来补贴畜种不断增多，补贴规模不断扩大，补贴资金不断增加，到 2010 年底中央财政累计投入资金 40 多亿元。2010~2013 年，国家不断加大对畜牧良种补贴的投入（表 7-8）；2014 年，国家为扶持生猪生产，继续投入 25 亿元扶持生猪标准化规模养殖场建设，共改造生猪养殖场约 8000 个；中央财政共投入 75.61 亿元资金用于建设生猪标准化规模养殖场（小区）、奖励生猪调出大县、补贴生猪良种等，有效保障了生猪产品的市场供应[①]。

① 资料来源：《中国农业年鉴》（2009~2015 年）。

表 7-8 2010~2013 年国家对畜牧良种补贴投入情况

年份	总投入资金/亿元	主要补贴项目投入资金/亿元		
		生猪良种补贴	奶牛良种补贴	肉牛良种补贴
2010	9.90	6.50	2.60	0.20
2011	11.90	6.50	2.60	0.60
2012	12.00	6.56	2.60	0.50
2013	12.00	6.61	2.60	0.45

国家财政自 2007 年以来开始实施生猪调出大县奖励政策，该政策的制定极大地带动了地方规模养殖大户的积极性。2009~2014 年国家对生猪调出大县奖励投入是一个单调不减曲线，从 2009 年投入的 21.0 亿元增加到 2014 年的 35.0 亿元，其中 2012 年的投入明显增加至 35.0 亿元，之后稳定在该规模（图 7-8）。

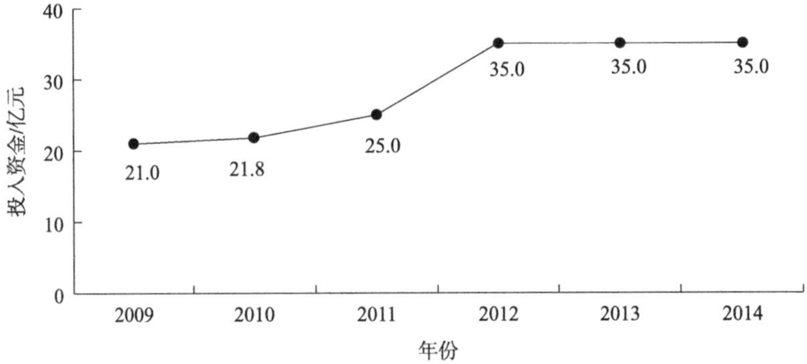

图 7-8 2009~2014 年国家实施生猪调出大县奖励政策资金投入情况

资料来源：《中国农业年鉴》（2010~2015 年）

与此同时，国家还通过各种畜牧专项补贴对畜牧业从多方面进行帮扶，如 2011 年为稳定母猪生产，国家对养殖户（场）饲养的能繁母猪每头补贴 100 元，中央财政共发放能繁母猪补贴资金 26.03 亿元；2012 年我国继续实施能繁母猪补贴政策，补贴标准仍为每头 100 元，中央财政安排补贴资金 28.92 亿元，共补贴中西部地区能繁母猪 4781 万头；2014 年国家继续实施“菜篮子”畜产品生产扶持项目，共安排 9 亿元对包括生猪在内的畜禽养殖场进行标准改造①。

C.种植业良种补贴

国家财政补贴优质农作物品种，支持农民积极使用优良作物种子，有助于提高良种覆盖率，增加主要农产品的产量，推进农业区域化布局、规模化种植。2006 年，良种补贴主要针对水稻、小麦、玉米、大豆等四大粮食作物，涉及农户由 2002

① 资料来源：《中国农业年鉴》（2012~2015 年）。

年的53万户增加到5800多万户。其中，水稻补贴涉及湖南、湖北、江西等7个省，补贴资金27.54亿元，相比去年增加8500万元；玉米补贴涉及辽宁、吉林、黑龙江等8个省，补贴资金3亿元，同比增加2亿元；小麦补贴涉及河北、山东、山西等11个省，补贴资金10亿元，与上年持平；大豆补贴涉及辽宁、吉林等4个省，补贴资金1亿元，与上年持平。2007年补贴范围扩大，新增棉花和油菜良种补贴，补贴品种扩大到水稻、小麦、玉米、大豆、棉花和油菜等6个粮棉油主要品种，其中，高油大豆1亿元，专用玉米3亿元，优质专用小麦10亿元，水稻近38亿元，油菜10亿元左右。2009年补贴范围再次扩大，大宗粮棉油作物良种补贴实现全国覆盖或主产区覆盖；补贴品种增加，为解决脱毒种薯供需矛盾，加快马铃薯优良品种推广，提高马铃薯生产水平，2009年启动实施马铃薯原种生产补贴。如表7-9所示，从2006年起，国家种植业良种补贴投入资金不断增加，2010年的种植业良种补贴金额达到204.00亿元。

表7-9 2006~2010年种植业良种补贴情况

年份	良种补贴总投入/亿元
2006	41.54
2007	66.63
2008	—
2009	198.50
2010	204.00

资料来源：《中国农业年鉴》（2007~2011年）

4）气象

新型农业经营主体（如家庭农户、专业大户）的经营过程和产品质量受自然条件及气候的影响很大，也直接涉及农业经营主体所要承担的自然灾害风险。国家气象部门较准确地预报天气，有利于农业经营主体根据情况及时地采取防范措施，降低气候变化对农作物或牧畜的影响。对此，我国财政也投入了大量资金，进行农业气象观测点的建设，2008~2015年，农业气象观测点一直稳定在653个，2007~2016年，生态与农业气象观测试验的平均数为68.2个[①]。

5）“一村一品”工程建设

“一村一品”已成为培育新型农业经营主体、创新农业经营体制的重要载体，有助于促进周边企业、农村旅游业的发展。发展“一村一品”专业村镇是培育新型农业经营主体的基础平台，“一村一品”的发展催生了新型农业经营主体的发

① 资料来源：《中国农业年鉴》（2007~2017年）。

育，新型主体的发展壮大又促进了“一村一品”的发展。通过建设“一村一品”工程、“村社互动”“村企对接”等组织方式，专业大户、家庭农场、农民合作社、龙头企业和社会化服务组织等多种主体逐步形成了共融共生、合作发展、相互交织的运行机制。由表 7-10 及图 7-9 可以看出，2009~2015 年专业村个数呈稳定增长趋势。

表 7-10　2009~2015 年“一村一品”建设情况

年份	专业村数量/万个	专业村农民人均可支配收入/元
2009	4.90	6 201.00
2010	5.14	6 840.00
2011	5.20	7 946.00
2012	5.30	9 076.00
2013	5.42	10 233.00
2014	5.50	11 673.00
2015	5.80	13 287.00

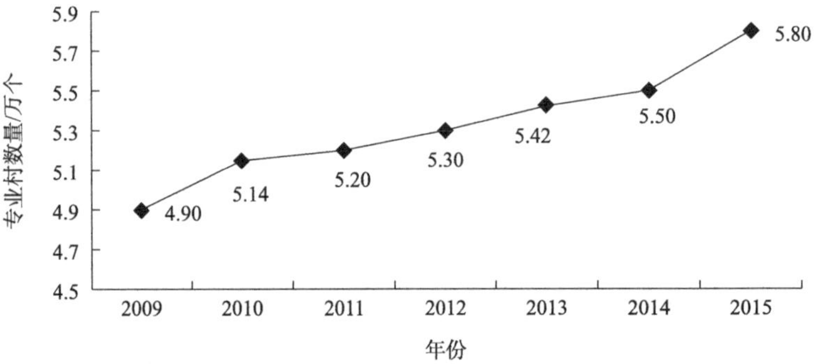

图 7-9　2009~2015 年专业村发展情况

资料来源：《中国农业年鉴》（2010~2016 年）

三、新型农业经营主体发展对国家财政支持的现实需求

（一）农村财政供给不足

1. 中国与发达国家农业总产值的差异

比较中国与英国、法国、德国、美国、印度 2016 年相对 2008 年农业总产值

的增长率（(2016年农业总产值-2008年农业总产值)/2008年农业总产值）可知，英国、法国、德国、美国这四个发达国家的农业总产值增长率比较低，其中英国、德国和法国甚至出现了负增长，而中国和印度这两个发展中经济体的农业总产值增长率相对较高（图7-10）。

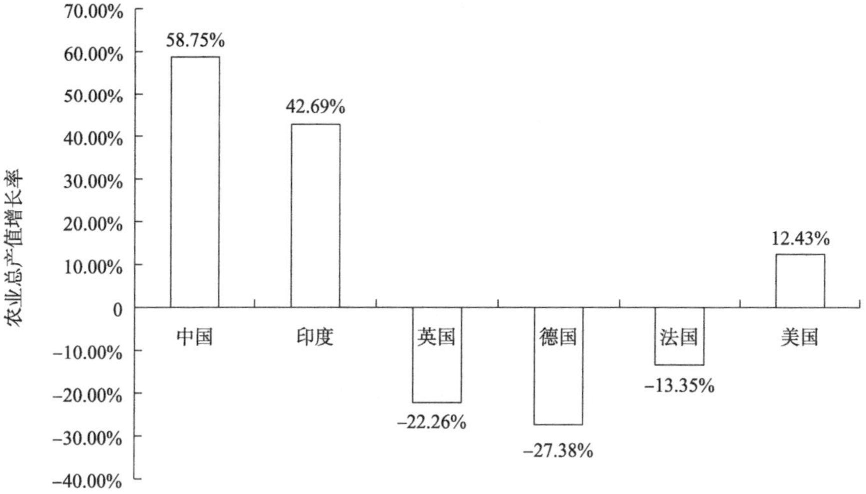

图7-10　2016年相比2008年各国农业总产值增长率

资料来源：EPS数据库

条形图这样分布的原因可能是发达国家的农业在技术、资金投入、人员培养方面已经达到了饱和状态，政府的投入逐渐向其他行业转移，所以增长率逐渐降低，甚至出现负增长。中国和印度的农业发展空间依旧很大、需求程度依然很高，机械化等发展都不够完善，所以财政对于农业的投入应该加强，政府应加大力度促进农村发展。

2. 城乡居民消费水平差异

增加财政支农力度可以有效提高农民收入水平，而收入变化会引起消费的变化（赵石磊，2007）。2006~2017年，我国农村与城市居民消费水平都在不断增加，但是农村增长幅度较为缓慢，而且同期与城市居民消费水平的差距越来越大（图7-11）。这在一定程度上反映出，相对于城镇，农村财政支农投入仍不足，农村发展速度依旧缓慢，农村居民、农业发展依然需要政府的大力帮扶，需要政府针对性地投入更多资金。

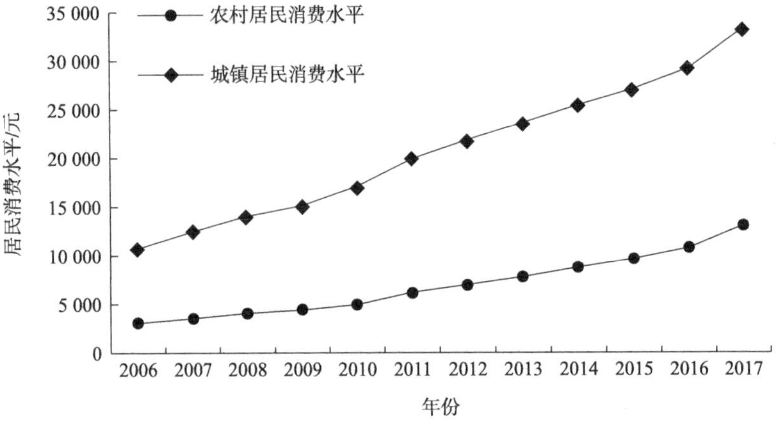

图 7-11 2006~2017 年居民消费水平情况

资料来源：EPS 数据库

（二）新型农业经营主体面临的财政问题

1. 家庭农场

1）家庭农场的现状

2013 年，家庭农场首次出现在中央一号文件上，随后国家出台了各种有关家庭农场的政策。截至 2017 年底，全国纳入各级农业部门名录管理的家庭农场达到 54.8 万家，各类家庭农场经营土地面积 966.7 万公顷，其中种植业家庭农场平均经营规模 11.7 公顷左右[①]。

2）家庭农场存在的各种问题

A.家庭农场规模较小

在美国，家庭农场的经营方式已经成为农业生产经营的基本方式之一。到 2016 年，美国农场数量为 206 万个，相比 2015 年减少了 8000 个，在总体数量下降的同时，单个农场的规模却在不断扩大，经营土地面积从 1950 年的 212 英亩增长到 2016 年的 442 英亩，增加了一倍多；瑞典在 1900 年有 51 万个家庭农场，到 2015 年减少到 6.70 万个，同时平均规模由 1980 年的 39 公顷扩大到 2015 年的 46 公顷；丹麦在 1903 年有 26 万个家庭农场，到 1964 年减少到 17.50 万个，到 2015 年再减少到 3.80 万个，相应的规模由 1970 年的 21 公顷扩大到 2015 年的 70 公顷；法国家庭农场 1955 年有 299 万个，到 1997 年减少到 68 万个，而规模从 1955 年的 16 公顷扩大到 1997 年的 41.70 公顷。但是，中国在 2012 年平均每个

① 数据来源：《中国农业统计年鉴 2018》。

家庭农场占地仅 200 亩，远远小于发达国家的家庭农场规模（表 7-11）。

表 7-11　不同时刻各国家庭农场规模

年份	美国	瑞典	丹麦	法国	中国
1997	—	—	—	41.70 公顷	—
2012	—	—	—	—	200 亩
2015	—	46 公顷	70 公顷	—	—
2016	442 英亩	—	—	—	—

资料来源：EPS 数据库

B.家庭农场产出效率相对较低

2007 年，美国的家庭农场个数由 1935 年的 681.40 万个减少到 220.50 万个，其中面积在 1000 英亩以上的大型农场用地面积占比由原来的 60%增长到接近 70%，每个农场雇佣劳动力约 1.90 个（梁涛，2013）。而中国在 2012 年平均每个家庭农场占地 200 亩，拥有 6.01 个劳动力。2006~2017 年，我国每年的谷物总产量是高于美国的，这与我国每年用于种植粮食的土地面积大于美国有关（图 7-12）。然而，2006~2017 年美国每公顷谷物产量均高于中国（图 7-13）。由此看出，中国每个家庭农场拥有的劳动力虽然多于美国，但其发展规模和单位面积产量远小于美国的家庭农场，中国家庭农场的单位产出较低。出现上述结果的原因有很多，其中我国机械化程度不高、人员整体技术水平低是主要原因，需要政府继续加强对家庭农场的投入。

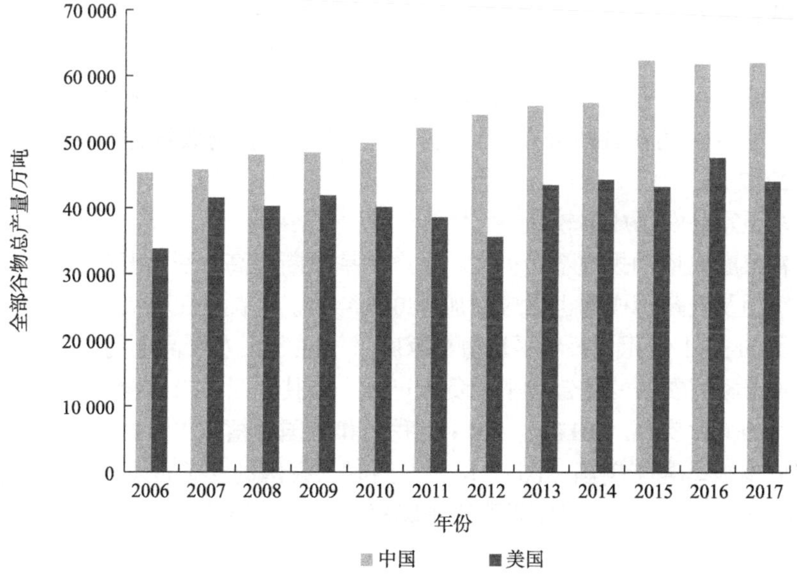

图 7-12　2006~2017 年中国、美国谷物总产量

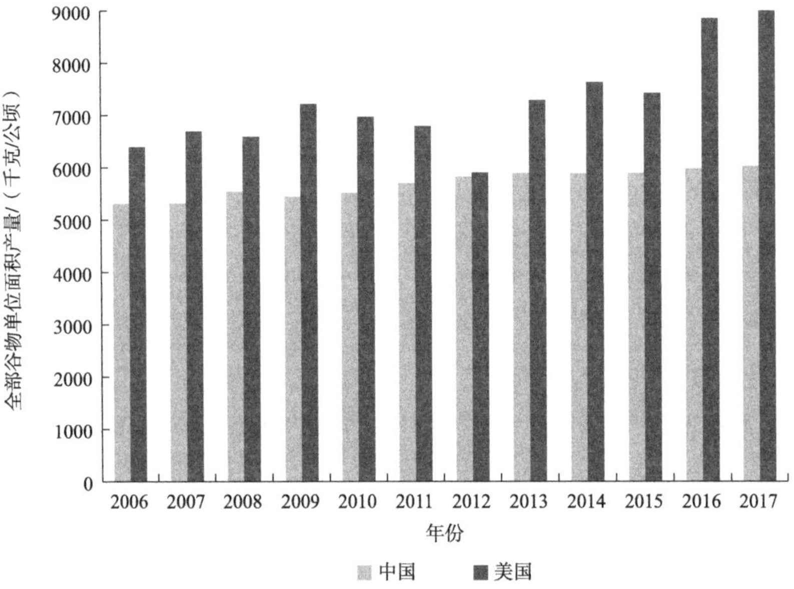

图 7-13　2006~2017 年中国、美国谷物每公顷产量

资料来源：EPS 数据库

C.各地家庭农场数量分布不均衡

我国共有 23 个省、4 个直辖市、5 个自治区和 2 个特别行政区，各地区气候不同、区域特征明显，因此，我国各地家庭农场发展程度差异大。从数量上看，安徽家庭农场数量达到 3.52 万个；江苏和湖北排在第二、第三位，数量分别是 3.01 万个、2.90 万个。这三个省的数量加起来占全国家庭农场的 30%；而北京的家庭农场仅有 8 个，天津 459 个，这可能与地区的土地面积有关，但也说明我国家庭农场在各地分布不均衡，南方的家庭农场数量普遍高于北方（袁梦等，2017）。

D.发展家庭农场成本较高

随着家庭农场的规模不断扩大，生产效率不断提高，所需要的机械设备、基础设施费用及农药等成本也相应增加。2015 年，家庭农场在购买生产投入品上总共花费了 589.82 亿元，每年平均每个家庭农场在购买农产品上的花费达 17.2 万元，这对于家庭农场的经营者来说负担过重。究其原因，与我国的种植成本较高是分不开的（袁梦等，2017）。2014 年我国和美国种植成本价格差异显示，我国的种植成本显著高于美国（图 7-14）；同时，我国的土地成本也显著高于美国（图 7-15）[①]。所以，国家如果不给予家庭农场相应的补贴，经营者难以支撑家

① 资料来源：袁梦等（2017）中的数据。

庭农场的发展。

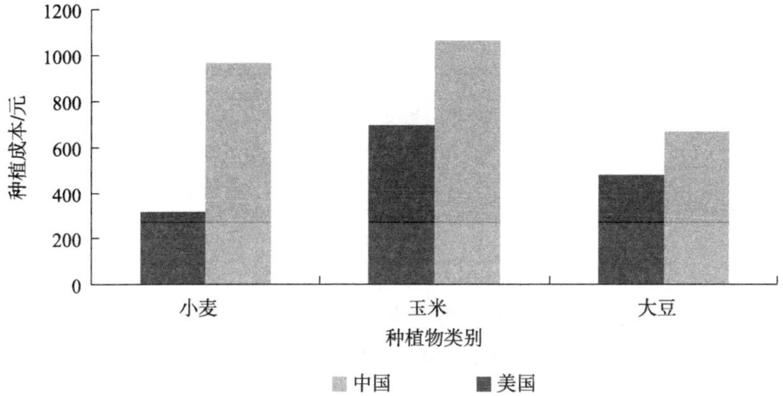

图 7-14　2014 年中国和美国种植成本

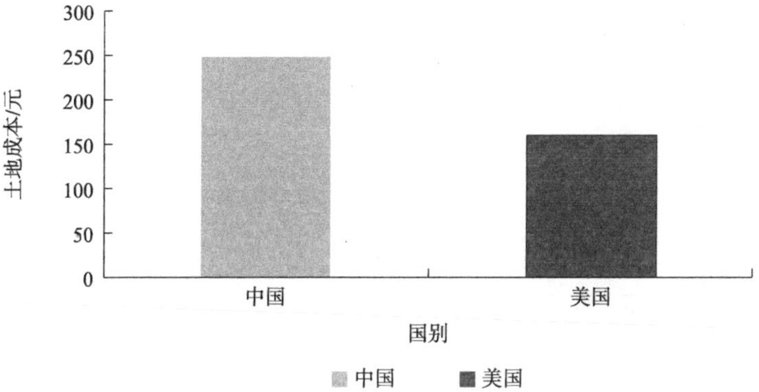

图 7-15　2014 年中国和美国土地成本

资料来源：EPS 数据库

2. 龙头企业

1）龙头企业现状

由表 7-12 可以看出，近些年龙头企业数量、销售收入是不断增加的，因此，从整体上看，我国龙头企业发展势头很好，但是各地也存在结构差异。中西部地区的龙头企业发展能力较弱，而东部地区的农业龙头企业发展较好；东部地区一些规模较大、经营能力较强、发展较好的企业一定程度上拉高了龙头企业整体的收入水平（余涤非，2012）。

表 7-12 2010~2014 年龙头企业发展情况

年份	龙头企业数量/万个	每年增长数量/万个	销售收入/万亿元	收入比上年增长
2010	9.92	—	5.02	17.18%
2011	11.13	1.21	5.74	14.34%
2012	11.83	0.70	6.88	19.86%
2013	12.34	0.51	7.86	14.24%
2014	12.55	0.21	8.64	9.92%

2010~2014 年，我国龙头企业数量逐年增加，呈指数式增加（图 7-16），但是其增长幅度却日趋放缓。为了将增长幅度下降表现得更为明显，图 7-17 对龙头企业数量做一阶差分，得到 2011~2014 年龙头企业每年的增长量，从中可以更清晰地看出近几年龙头企业数量增长幅度下降十分明显。

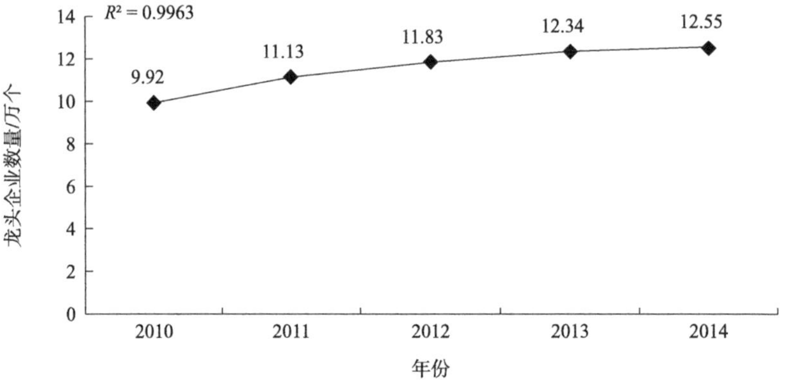

图 7-16 2010~2014 年龙头企业数量情况

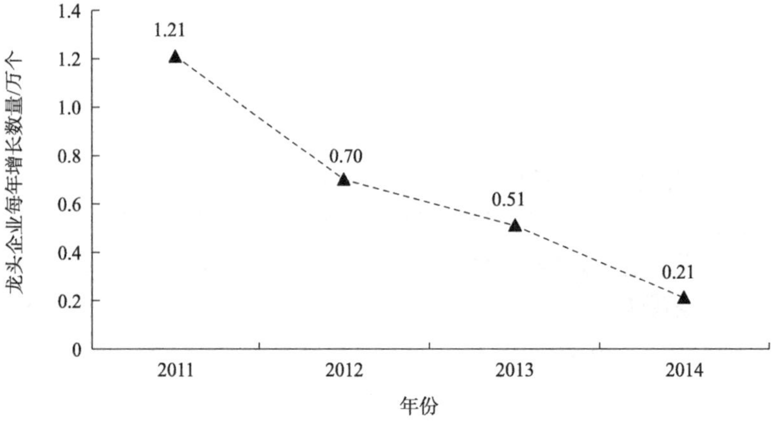

图 7-17 2011~2014 年龙头企业数量增长情况

2）龙头企业存在的各种问题

A.龙头企业整体实力偏弱

目前，各地虽然已出现一些农业龙头企业，并且这些龙头企业确实在农业产业化过程中起到了较大的推动作用，但各地政府往往从地方利益出发，龙头企业也各自为营，没有达成高效的合作网络，有的地方甚至还搞地方保护主义，极大限制了企业和区域的发展。此外，各地农业企业的规模有限，竞争力不足，不利于农业产业化整体水平的提高。

B.与其他农业经营主体的利益联结不够紧密

我国多数的中小龙头企业与其他农业经营主体的联结机制还比较简单、随意，且双方的契约意识都不强，交易过程中出现逆向选择和道德风险的概率很大，如遇到自然灾害或人为意外则其中的利益联结往往不堪一击，这给龙头企业的进一步发展和农业产业链的深化都埋下了极大的隐患。

C.运营资金严重不足

龙头企业大多主营农副产品，而且大多采取季节收购，由于经常出现收购资金不足的情况，因此企业生产能力过剩，效益低下。除此之外，资金的欠缺也使得企业的技术设备得不到及时更新，并且无法引入高水平人才，长此以往，许多龙头企业的经营运转陷入泥潭。近年来，许多外资企业凭借其资金优势和技术设备人才的先进性，通过并购我国的本土农业企业进入市场，严重抑制了我国部分农业龙头企业的发展。

3. 农民专业合作社

1）农民专业合作社的现状

近几年，我国农民合作社的发展规模、数量有了很大提升。2009~2017 年，我国农民合作社数量逐年增加，实有入社农户数也不断增长，从 2009 年的 2100.00 万户增长到 2017 年的 11 761.93 万户（表 7-13），实现突破式的发展。

表 7-13　2009~2017 年农民专业合作社发展情况

年份	农民专业合作社数量/万个	实有入社农户/万户
2009	24.64	2 100.00
2010	37.91	2 900.00
2011	52.17	4 100.00
2012	68.90	5 300.00
2013	94.24	7 412.00
2014	128.90	9 227.00
2015	132.40	9 966.53
2016	154.81	10 425.71
2017	173.85	11 761.93

资料来源：《中国农业年鉴》（2010~2015 年）、《中国农村经营管理统计年报》（2015~2017 年）

2）农民专业合作社存在的各种问题

A.缺乏完善的制度管理

近几年，我国合作社虽然在数量上显著提高，但依然存在很多问题。如我国合作社存在重规模、轻规范问题，农业部经管总站副站长赵铁桥曾说全国 40 万余家合作社，真正规范化的合作社可能还不到 5%，这种不规范的合作社不应属于真正意义上的合作社（崔宝玉和刘峰，2013）。所以，现在统计出的农民专业合作社数量有多少算是真正意义上的农民专业合作社，又有多少合作社不存在“异化”还有待核实（邓衡山，2016）。目前，虽然我国农民专业合作社在数量、规模上有所提高，但内部问题依然严重，合作社要确保农民真正收益，还需政府改进合作社发展的内部问题和提高财政支农的投入方式。

B.整县推进覆盖率低

截至 2019 年底，全国依法登记的农民专业合作社已有 220.1 万家，是 2012 年底的 3 倍多，但是依据农业农村部印发的《新型农业经营主体和服务主体高质量发展规划（2020—2022）年》，截至 2018 年底，我国农民专业合作社质量提升整县推进覆盖率提升到 80%以上，如此巨大的提升需要更多的政策倾斜。

C.财政支持力度不足

法国合作社 20 世纪 80 年代后期迅速发展，合作社数量在不断减少，规模在不断扩大。2004 年已达 3500 个合作社，全国 40.6 万个农户中有 90%的农户为合作社成员。我国 2014 年入社农户总数仅占全国农户的 35.50%（全国人大农业与农村委员会代表团，2005）。与法国对比，我国合作社在规模上还有待提升。原因之一在于其拥有完善的合作社制度及较好的财政和税收扶持政策，如免公司税、减半征收地方税等。相比较而言，我国对于合作社的财政支持力度显得不足。

第二节　金融服务新型农业经营主体发展的矛盾

一、金融服务新型农业经营主体发展的政策变迁

“新型农业经营体系”的概念于 2012 年党的十八大报告中首次提出，在此之前，我国改革开放后金融支农政策的变迁大致可以划分为三个阶段（丁一凡，2013）：第一阶段（1979~1992 年）是金融支农体系的建立与形成，主要目标是

建立新的金融机构，形成农村金融支农体系。第二阶段（1993~2000 年）是金融机构体系的调整阶段，在亚洲金融危机爆发后，我国政府开始意识到金融发展的重要性，对重大的金融政策进行调整。第三阶段（2001~2011 年）是金融支农体系的改革与完善阶段，自 2002 年党的十六大重点关注了“三农”问题，农村金融改革加速发展，金融支农体系不断完善。具体如表 7-14 所示。

表 7-14　1979~2011 年主要金融支农政策

阶段划分	年份	主要金融政策
第一阶段	1979	恢复中国农业银行，将农村信用社再次归于农业银行“旗下”，成为农业银行的基层机构
	1981	国家提出农业银行“企业化”的口号，为的是提高资金的使用效率 国务院肯定了民间借贷的作用，并认为民间借贷是农业银行和信用社的补充，并提出了由银行、信用社的改革和发展来引导和管理
	1982	中国人民保险集团股份有限公司（以下简称中国人保）恢复办理农业保险业务，开展多项种植业和养殖业保险
	1984	国家决定恢复信用社在组织上的群众性、管理上的民主性、经营上的灵活性，使信用社能成为真正服务群众的合作金融组织 在少数地区试办农村合作基金 恢复农村信用社合作金融性质，增强了农村信用社的独立性和灵活性
	1985	农村合作基金会在全国各地建设
	1986	邮电部与中国人民银行决定在北京、天津等 12 个城市试办邮政储蓄业务 将邮政储蓄业务法定为邮政企业的业务之一
	1987	我国进行期货试点的准备工作
	1988	提出要完善农业银行整体管理体系，提高业务水平
	1990	中国人民银行进一步规范了农社管理
第二阶段	1993	建立了中国农业发展银行，将农业银行原有的政策性金融业务转给发展银行 中共十四届三中全会确定了我国金融体制改革的总目标
	1994	孟加拉国乡村银行（即格莱珉银行，Grameen Bank，GB）小额信贷模式被引进我国开始试点
	1996	提出中国农业银行与信用社解除隶属关系 明确指出农村金融体制改革的指导思想 农村金融改革启动了农村信用合作社以产权明晰为主旨的产权制度调整
	1997	农业银行开始进入向国有商业银行转化的历史新时期 中央金融工作会议确定了“各国有商业银行收缩县（及以下）机构，发展中小金融机构，支持地方经济发展”的基本策略 调整农业政策性金融业务范围
	1998	国务院农业发展银行将一系列业务划转有关国有商业银行，使农业发展银行实质上成为“粮食收购银行”
	1999	国务院发布了取缔全国的农村合作基金会的文件 中国人民银行批准了组建农村信用社联合社的试点
第三阶段	2001	中国人民银行决定选择 8 个单位进行农村合作社浮动利率试点，推动农村利率市场化
	2002	要求各分行及营业管理部严格按照国务院《非法金融机构和非法金融业务活动取缔办法》的规定，依法取缔辖区内的非法金融机构及非法金融活动，严格规范民间借贷行为
	2005	中央一号文件要求继续深化农村信用社改革，扩大农业政策性保险的试点范围，鼓励商业性保险机构开展农业保险业务

续表

阶段划分	年份	主要金融政策
第三阶段	2006	鼓励开办乡镇银行，鼓励其他商业银行在农村开设网点
	2007	提出进一步深化农村金融体制改革，增加农村金融机构 成立了中国邮政储蓄银行
	2008	允许农村小型金融组织从金融机构融入资金，允许有条件的农民专业合作社开展信用合作
	2010	明确提出提高农村金融服务质量和水平
	2011	规定“对农村信用社、村镇银行、农村资金互助社、由银行业机构全资发起设立的贷款公司、法人机构所在地县（含县级市、区、旗）及县以下地区的农村合作银行和农村商业银行的金融保险业收入减按 3%的税率征收营业税”政策的执行期延长至 2015 年 12 月 31 日

上述阶段金融支农政策的发展与完善为我国培育新型农业经营主体奠定了基础。2013 年中央一号文件指出“着力构建集约化、专业化、组织化、社会化相结合的新型农业经营体系”①，我国金融支农政策也开始向服务新型农业经营主体倾斜，随后几年的中央一号文件进一步出台了相关政策，加大了金融对新型农业经营主体的服务力度，如表 7-15 所示。

表 7-15　2013~2017 年金融对新型农业经营主体支持的政策

年份	有关新型农业经营主体的金融支农政策
2013	创新金融产品和服务，优先满足农户信贷需求，加大新型生产经营主体信贷支持力度
2014	将农业作为财政科技投入优先领域，引导金融信贷、风险投资等进入农业科技创新领域 鼓励地方政府和民间出资设立融资性担保公司，为新型农业经营主体提供贷款担保服务
2015	积极探索新型农村合作金融发展的有效途径，稳妥开展农民合作社内部资金互助试点 支持银行业金融机构发行“三农”专项金融债，鼓励符合条件的涉农企业发行债券。开展大型农机具融资租赁试点。完善对新型农业经营主体的金融服务
2016	完善“三农”贷款统计，突出农户贷款、新型农业经营主体贷款、扶贫贴息贷款等 完善财税、信贷保险、用地用电、项目支持等政策，加快形成培育新型农业经营主体的政策体系，进一步发挥财政资金引导作用，撬动规模化经营主体增加生产性投入
2017	鼓励金融机构积极利用互联网技术，为农业经营主体提供小额存贷款、支付结算和保险等金融服务。推进信用户、信用村、信用乡镇创建。支持金融机构开展适合新型农业经营主体的订单融资和应收账款融资业务

资料来源：2013~2017 年中央一号文件

二、金融服务新型农业经营主体发展的方式和力度

党中央、国务院一直以来都高度重视农村金融工作，不断为金融服务农村经济发展创造良好的环境。近年来，在国家的大力支持下，金融对“三农”的支持力度不断加强，对实现农业现代化发展、培育新型农业经营主体起到了积极的推

① 引自 2013 年 1 月 31 日新华社受权发布的 2013 年中央一号文件：《中共中央、国务院关于加快发展现代农业进一步增强农村发展活力的若干意见》。

动作用。具体情况如下。

（一）金融对农业发展的支持

1. 金融机构涉农贷款稳定增长

如图 7-18 所示，2007 年末，我国所有金融机构的涉农贷款余额达 6.12 万亿元，占金融机构贷款总额的 22%，占 GDP 的 24.8%。到 2010 年末，我国所有金融机构的涉农贷款余额已提高到 11.77 万亿元，占金融机构贷款总额的 23.1%，比 2007 年末增长 92.3%，相对 2007 年、2008 年、2009 年末分别增加 5.65 万亿元、4.86 万亿元和 5.65 万亿元。2014 年末，所有金融机构涉农贷款余额进一步增长为 23.6 万亿元，同比增长 12.9%，占各项贷款比重为 28.1%，较 2007 年末增长 285.6%，7 年间平均增速为 21.7%。此后几年金融机构的涉农贷款依旧在持续增加，2015 年、2016 年、2017 年所有金融机构的涉农贷款额分别为 26.4 万亿元、28.2 万亿元、31.0 万亿元；截至 2018 年底，所有金融机构涉农贷款余额为 32.7 万亿元，占各项贷款比重为 24%。总体来看，2007~2018 年，我国金融机构涉农贷款余额在金融机构贷款占比基本保持不变，但总量保持稳定增长。

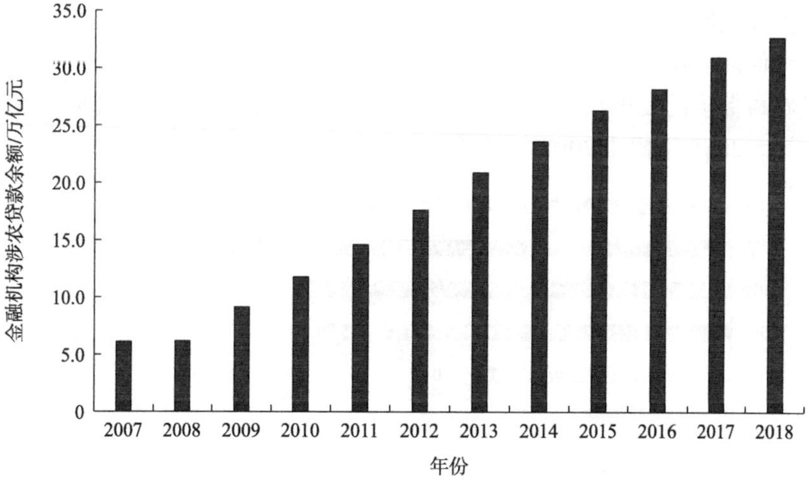

图 7-18　2007~2018 年金融机构涉农贷款余额

资料来源（包括文字部分）：《中国金融年鉴》（2008~2016 年）、《中国农村金融服务报告 2016》、《中国农村金融服务报告 2018》

2. 农业保险发展趋好

农业易受自然气候、灾害、市场风险等影响，投资风险相对较高，收益又很低。因此，新型农业经营主体想要快速发展起来较为困难。然而，农业保险在从事农业的生产者遭受自然灾害、意外事故、疫病等保险事故所造成的经济损失时，能给新型农业经营主体在经营过程中提供一定的保障，有效降低其风险性。表7-16展示了2007~2018年全国农业保险提供的风险保障金额与覆盖的农户数量，可以看出，农业保险提供的风险保障金额一直处于递增状态，而风险保障覆盖的农户数则在2017年出现下降拐点，这可能与2017年农村外出务工人数陡然增加，进而导致本地务农人数减少有关①；但即便如此，2007~2018年风险保障覆盖的农户数在总体上仍呈增长趋势。

表7-16　2007~2018年金融机构提供风险保障金及其覆盖农户情况

年份	提供风险保障金额/亿元	风险保障覆盖的农户数/户
2007	1 126	0.49
2010	3 943	1.40
2012	9 006	1.83
2014	16 600	2.47
2016	21 600	—
2017	27 900	2.13
2018	34 600	1.95

资料来源：《中国农村金融服务报告》（2008~2018年）

此外，农业保险可以减少农民对未来未知灾害的恐惧，为其经营增加一份保障，这极大地促进了农民生产的积极性，对农民第一产业收入有显著影响。保费收入作为保险公司为履行保险合同规定的义务而向投保人收取的对价收入，基本反映了农村保险的发展状况。如图7-19所示，2007~2018年，我国农业保费收入大幅提高，2018年相比2007年增加了520.81亿元，增长了1004.6%。

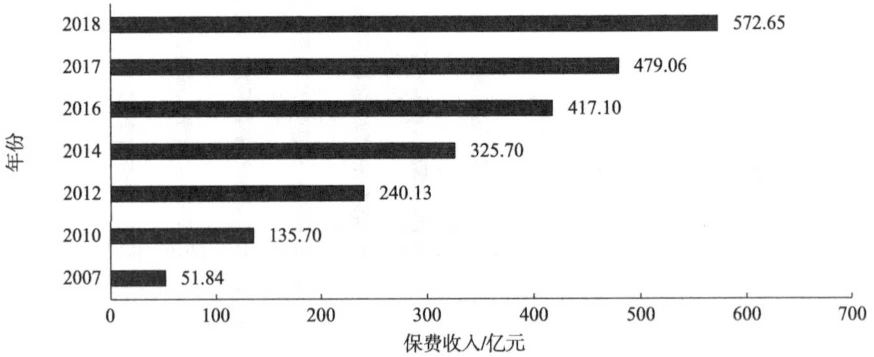

图7-19　2007~2018年农业保费收入情况

资料来源：《中国农村金融服务报告》（2008~2016年）、《保险统计数据报告》（2017~2018年）

① 国家统计局数据显示：2016年全国农村外出务工劳动力人数累计达16 934万人，同比增长0.30%；2017年第一~三季度全国农村外出务工劳动力人数累计达17 969万人，同比增长1.80%，其同比增长率显著高于以往年份。

（二）金融对新型农业经营主体的支持

1. 对新型农业经营主体的直接支持

农村贷款包括农户贷款、农村企业贷款及各类非企业组织涉农贷款。农户贷款是农村信用社向服务辖区内符合贷款条件的农户发放的用于生产经营、消费等的各类人民币贷款，贷款对象一般是承包户和专业户。各类金融机构贷款给各类非企业组织的涉农贷款称为各类非企业组织涉农贷款，农民专业合作社及其他组织都属于各类非企业组织。如表 7-17 所示，2007~2018 年的农户贷款余额选取个人涉农贷款余额表示，可以看出农户贷款余额逐年增加，2018 年农户贷款余额高达 92 300 亿元，相比 2007 年增长 588.9%。不考虑部分年份数据的缺失，除 2017 年各类非企业组织涉农贷款有所下降外，农村企业贷款余额及各类非企业组织涉农贷款余额总体呈增长态势。

表 7-17　2007~2018 年农村贷款余额　　单位：亿元

年份	农户贷款余额	农村企业贷款余额	各类非企业组织涉农贷款
2007	13 399	—	5 689
2008	15 170	—	—
2009	20 134	—	—
2010	26 043	65 581	8 283
2011	31 649	85 093	7 428
2012	37 133	103 623	8 347
2013	46 328	121 951	9 116
2014	53 587	133 735	10 970
2015	61 488	146 560	12 871
2016	70 845	152 659	10 475
2017	81 055	164 917	8 332
2018	92 300	—	—

资料来源：《中国金融年鉴》（2008~2019 年）

具体地，2008 年，农业部农业产业化项目带动银行给龙头企业贷款 1.4 亿元；2009 年，农业发展银行支持 5600 多家龙头企业，贷款余额 1984 亿元，农业银行支持省级以上龙头企业 3100 多家，用信余额超过 800 亿元；2011 年，累放产业化龙头企业和加工企业贷款 1561.1 亿元；2013 年，全国农村合作金融机构农民合作社贷款余额 146 亿元；2014 年，产业化龙头企业、农业科技、农村流通体系建设贷款 2165.7 亿元，农业部在北京、吉林、浙江、湖北、重庆等 5 省市开展农民合作社贷款担保保费补助试点，为 124 个合作社提供担保金额 3.03 亿元①。据统计，农村信用社所发放的农业贷款数量在 2010~2014 年从 2659 亿元增加到了 10 853 亿元，增加了 3.08 倍，而且在全国发放给农业机构的贷款中，农村信用合作社发放的农业贷款占 71.6%②。由上述一系列的数字可以看出，近年来金融为新型农业经营主体的发展提供了有力的支持。

2. 对新型农业经营主体的间接支持

农村基础设施包括交通、水利、园林绿化、教育、生活服务设施等，良好的基础设施建设有利于农业和农村的发展，对新型农业经营主体的发展也必将起到间接的促进作用。

1）三种用途的涉农贷款余额

农用物资贷款一般用于购买农业运输机械、农药、种子、化肥等；农副产品流通贷款用于粮食、经济作物等方面的流通。充足的农用物资、农业生产资料和现代的农产品加工，有助于新型农业经营主体产品质量的保证和品牌的打造。正如表 7-18 所示，2010~2014 年，金融机构用于农用物资和农副产品流通、农业生产资料制造、农产品加工的涉农贷款余额逐年增加；但在 2015 年这种增势发生转变，2016 年，农业生产资料制造与农产品加工的贷款余额较 2015 年贷款余额有所下降，并且 2017 年的农用物资和农副产品流通贷款余额也少于 2016 年的贷款余额。但是相对于 2010 年，2017 年三种用途的涉农贷款依旧发生了质的增长，分别增加了 139.5%、53.6%和 78.1%。

表 7-18　三种用途的涉农贷款余额　　单位：亿元

年份	农用物资和农副产品流通	农业生产资料制造	农产品加工
2010	11 830	3 901	6 992
2011	12 237	4 974	9 374
2012	15 799	5 912	11 549
2013	19 650	6 466	12 681
2014	22 978	7 187	13 373
2015	27 247	6 836	13 907
2016	28 536	5 982	12 767
2017	28 332	5 990	12 453

资料来源：《中国金融年鉴》（2011~2018 年）

① 资料来源：《中国农业年鉴》（2009~2015 年）。
② 资料来源：《中国农业年鉴 2015》。

2）农村基础设施建设贷款余额

农村基础设施建设主要包含农村道路建设与农田水利修建，建设农村道路可以拉近农村与城市的距离，有利于城乡一体化发展，为新型农业经营主体发展提供基础条件和保障。并且，农村良好的道路可以为农业产业化龙头企业提供便捷的路网支撑，使物流等经营成本降低，企业发展速度加快，还可以使农民接受更多外界的信息，有利于培养新型农民。再者，水利建设对于农村的发展同样具有重要作用，如云南省昭通市的大关县是一个典型的山区农业县，水浇地面积少，旱涝保收程度差，农业的生产完全取决于自然天气。在我国类似于大关县这样的经济不发达的区县还有很多，需要通过金融信贷去建设当地的水利，为培育新型农业经营主体创造条件，降低其发展中风险发生的概率。由图 7-20 可知，2010~2017 年农村基础设施贷款余额逐年增加，其中，2017 年农村基础设施建设贷款余额同比增长率高达 27.6%。

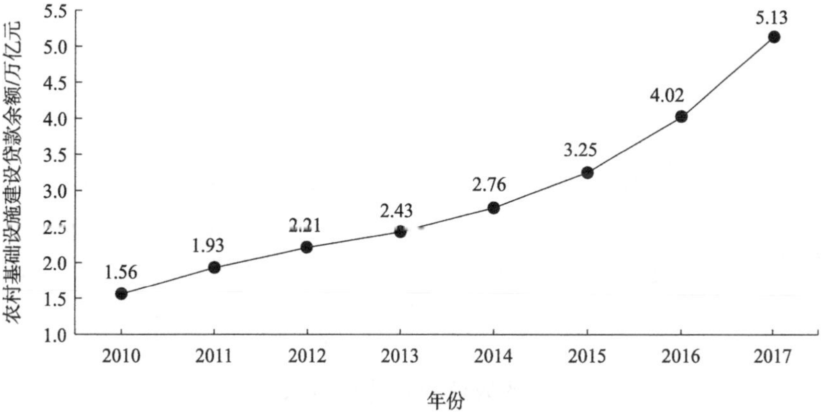

图 7-20　2010~2017 年农村基础设施建设贷款余额

资料来源：《中国金融年鉴》（2011~2018 年）

此外，通过人为合理地利用和改造自然来进行农田基本建设，不仅有助于降低农业受环境影响的风险性，也便于发展农业，实现稳产高产，为新型农业经营主体发展提供保障。相关数据显示（图 7-21），2010~2015 年我国农田基本建设贷款余额呈逐年增高的态势，尤其是 2015 年的农田基本建设贷款余额同比增长 18.4%，显著高于以往年份的贷款余额。但是，自 2016 年以来，农田基本建设贷款余额有所下降，这可能与我国农田基本建设已逐渐完善有关。

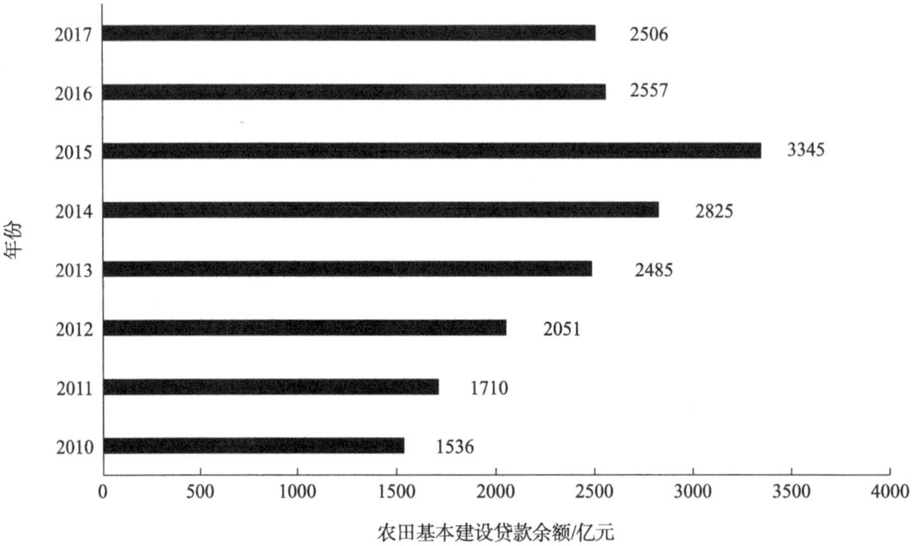

图 7-21 2010~2017 年农田基本建设贷款余额

资料来源：《中国金融年鉴》（2011~2018 年）

3）农业科技建设贷款余额

科技是建设现代化农业的核心。科学技术有助于提高农业生产率、农业劳动者技术素质及生产技能。如今农业发展面临着资源与市场的双重约束、经济增长与生态保护的双重压力、农民增收与粮食安全的双重挑战，这更加需要我国发展现代化农业，加快农业科技创新。自 2011 年起，我国农业贷款余额呈增加态势，有力地助推了各类新型农业经营主体的发展，如图 7-22 所示。由图 7-22 不难得知我国 2010~2017 年平均每年的农业科技建设贷款约为 397 亿元，并且自 2010 年以来我国农业科技建设贷款余额存在一定浮动，具体为 2012 年的农业科技建设贷款余额显著提升，并呈增长态势，直到 2016 年农业科技建设贷款余额才恢复为接近 2010 年的水平。主要原因可能在于 2012 年的中央一号文件重点强调要“依靠科技创新驱动，引领支撑现代农业建设”①，随后几年我国大力发展农业科技，截至 2016 年，我国的“农业科技创新能力总体上达到发展中国家领先水平”②。

① 引自 2012 年 2 月 1 日新华社受权发布的 2012 年中央一号文件：《关于加快推进农业科技创新持续增强农产品供给保障能力的若干意见》。

② 引自 2016 年 1 月 27 日新华社受权发布的 2016 年中央一号文件：《中共中央、国务院关于落实发展新理念加快农业现代化实现全面小康目标的若干意见》。

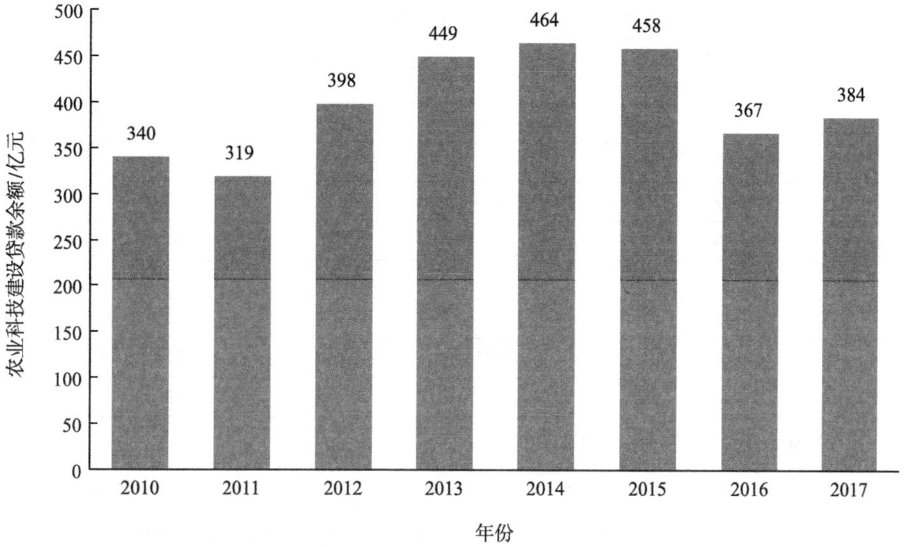

图 7-22　2010~2017 年农业科技建设贷款余额

资料来源：《中国金融年鉴》（2011~2018 年）

三、新型农业经营主体发展对金融服务的现实需求

在就新型农业经营主体金融服务供给的分析基础上，新型农业经营主体的现实需求又是怎样？本节从现实需求的角度进一步分析。

（一）农村金融供给不足

1. 我国农业信贷供给不足

金融机构是以营利为目的的企业组织。因为农民抵抗农业自然风险差，创收能力不高，其还款能力也受到质疑，所以大部分金融机构不愿意贷款涉农产业或者农户。我国金融机构的贷款余额中，农村贷款余额①占比都很小，如表 7-19 所示，2010~2017 年农村贷款余额占金融机构人民币各项贷款余额比例基本维持在 20%左右。虽然 2010~2017 年，金融机构人民币各项贷款余额、农村贷款余额都呈增长的趋势；但是根据农村贷款余额占金融机构人民币各项贷款余额比例可知，相对于金融机构总体贷款情况而言，农村贷款余额并未显著增加，且在某些年份的占比还有所下降。

① 农村贷款余额指农村（县及县以下）贷款余额。

表 7-19　2010~2017 年金融机构贷款统计

年份	金融机构人民币各项贷款余额/万亿元	农村贷款余额/万亿元	农村贷款余额占金融机构人民币各项贷款余额比例
2010	50.92	9.80	19.25%
2011	58.19	12.15	20.88%
2012	62.99	14.54	23.08%
2013	71.90	17.29	24.05%
2014	81.68	19.44	23.80%
2015	96.42	21.61	22.41%
2016	108.48	23.01	21.21%
2017	123.69	25.14	20.33%

资料来源：《中国金融年鉴》（2011~2018 年）

图 7-23 展示了 2010~2017 年我国金融机构人民币各项贷款余额与农村贷款余额的变化情况，显然，两种贷款余额均呈逐年增加态势，但农村贷款余额的增长幅度远小于金融机构人民币各项贷款余额的增长幅度。

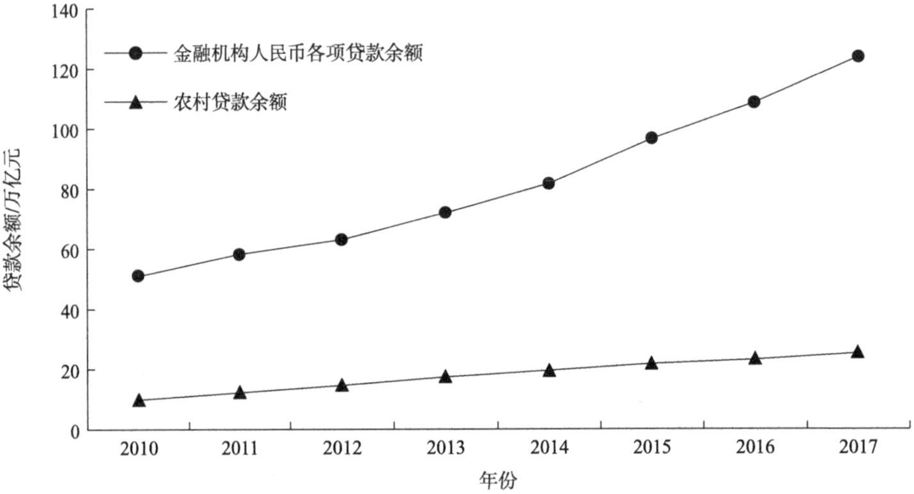

图 7-23　2010~2017 年金融贷款趋势

资料来源：《中国金融年鉴》（2011~2018 年）

2. 金融服务机构农村网点数少

我国金融服务机构的农村网点数少，在一定程度上也抑制了金融供给。自 2009 年 10 月全国金融机构空白乡镇计划启动，全国金融机构空白乡镇从 2009 年统计的 2945 个减少到 2012 年的 1686 个，但 2014 年依然还有 1570 个，相比 2012 年仅减少了 116 个。全国金融网点空白行政村比例较高，金融网点在各个乡镇的人员配置少、网点机构过于分散使得单家的金融机构服务半径太大，而且我国存在很多农村金融服务真空区。同时，本书课题组 2016 年与 2017 年的调研数据也显示，有 77.5%的农户反映金融服务机构网点过少。

（二）新型农业经营主体面临的金融问题

1. 金融机构信贷不易获取

新型农业经营主体在生产经营中面临许多问题，我们在对全国 12 个省（自治区、直辖市）43 个乡镇、村的新型农业经营主体进行问卷调查时发现，抑制新型农业经营主体发展的主要因素中，金融支持不足占比达到 20.9%，显著高于其他因素。由此可知，金融机构对新型农业经营主体支持不足已成为制约经营主体发展的主要原因，这与刘婉（2014）、李坤（2015）、王月梅（2016）等的调查结果一致。

新型农业经营主体向金融机构贷款难度较大存在多方面原因。调查显示，25%的人认为向金融机构贷款的手续过于烦琐、复杂，有 18%和 16%的人缺乏抵押物和担保人导致其向金融机构贷款困难，有 17%的人认为金融机构的贷款利率太高，超过了他们能力的承受范围；此外，还有 6%的人反映向金融机构贷款隐性交易费用高，8%的人是因为在金融机构没有熟人所以导致其无法获得贷款，以及 10%的人认为贷款期限不灵活，从而放弃贷款（图 7-24）。

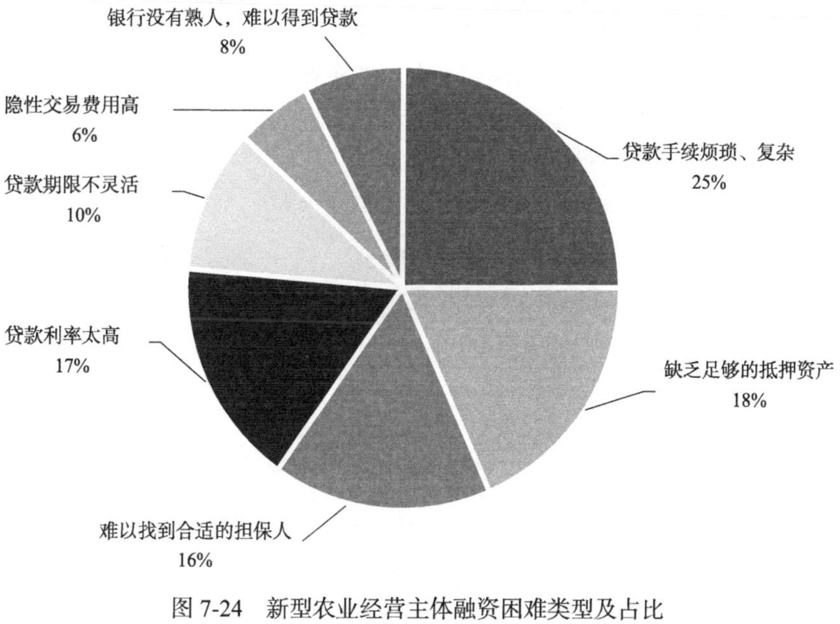

图 7-24　新型农业经营主体融资困难类型及占比

2. 保险业支持不足

农业属于高风险性产业，而农民专业合作社、家庭农场及专业大户等存在较高的金融风险，导致金融机构不愿意提供贷款，这加剧了农村金融供给的紧张。我国每年受灾的农作物种植面积达 0.3 亿公顷，占全国农作物播种面积的 1/4，成灾面积占受灾面积的比重在 40%以上。2004 年，我国农作物洪涝受灾面积达到 11 590 万亩，成灾面积 6280 万亩，受灾人口 1.17 亿人，直接经济损失 600 多亿元。2016 年，安徽省洪灾使全省农业直接损失达 183.3 亿元，全省农作物受灾面积 1593.2 万亩，成灾面积 1102.8 万亩，绝收面积 589 万亩。显然，农业与生俱来的高风险性决定了保险在农业发展中的重要地位。但是，农户对保险的观念仅仅停留在缴纳保费上面，对农业保险的知识匮乏，使得农业保险推广十分艰难。再者，政府对农业保险政策缺失，使得政策性农业保险覆盖投保率低。如齐齐哈尔市，2013 年全市种植业政策性农业保险承保面积为 1765 万亩，占全市耕地面积的 66%，但 90%以上的保险以农户个体为单位，以合作社为主体的保险不足 10%。

3. 政策性金融覆盖面窄

以河南省农发行对资产规模贷款的情况来看，对大型龙头企业（资产规模在 1 亿元以上）的贷款占总数的 57%，对中型龙头企业（资产规模在 3000 万~1 亿元）的贷款占总数的 35%，对小型龙头企业（资产规模在 3000 万元以下）的贷款仅占总数的 8%（图 7-25）。龙头企业在发展壮大的过程中极需要资金的支持，然而金融机构往往选择有一定规模或是上市的企业进行贷款，对于资产规模小、刚起步的产业化龙头企业，金融机构为了规避风险不愿意对其贷款，这进一步遏制了中小型农业企业的发展。

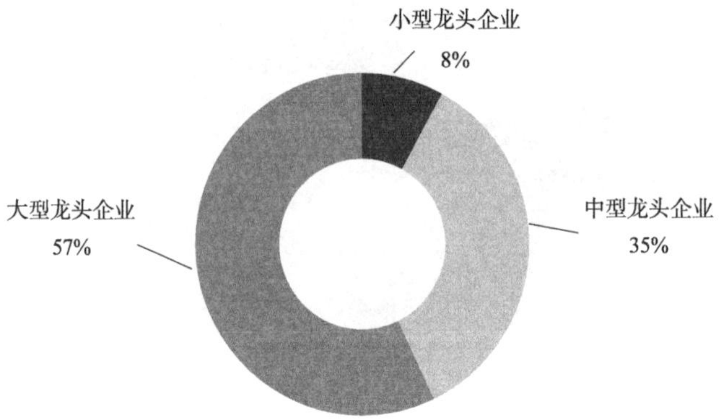

图 7-25 河南省龙头企业贷款情况

资料来源：李星皓（2014）

第三节　本 章 小 结

本章从宏观角度分析了新型农业经营主体与财政金融支农服务的现实矛盾，首先梳理了自 1978 年改革开放以来，我国出台的重大财政、金融政策，梳理、总结了财政、金融对新型农业经营主体帮扶的相关政策。其次，分析了财政、金融对新型农业经营主体的支持，将支持分为直接支持和间接支持。通过对宏观数据的分析可知，近几年我国无论是财政还是金融对新型农业经营主体的投入和帮扶力度都在不断增强，新型农业经营主体的发展势头强劲。最后，对新型农业经营主体对财政、金融的需求进行了分析，立足于统计年鉴相关数据和我们的调查数据，分析发现我国新型农业经营主体发展中对财政和金融的需求远大于财政和金融的供给，加之我国财政支农制度与农村金融体系的不健全，新型农业经营主体的发展受到了明显制约。

第八章　财政金融供需对新型农业经营主体发展的影响

新型农业经营主体作为中国转变农业生产方式、实现农业现代化的主体，其发展面临着严重的财政供给短缺和金融融资约束问题。为了深入分析财政金融的供需对新型农业经营主体的具体影响，本章通过构建结构方程模型，采用调研数据定量测度了财政供需、金融供需对经营主体培育效果的影响，以期能针对性地改善农村财政金融供需环境，促进新型农业经营主体的快速健康发展。

第一节　现实背景

2018 年中央一号文件明确指出，要“实施新型农业经营主体培育工程，培育发展家庭农场、合作社、龙头企业、社会化服务组织和农业产业化联合体，发展多种形式适度规模经营”[①]，这为实施乡村振兴战略和实现农业产业化经营指明了道路。据相关部门统计，截止到 2017 年底，我国家庭农场、农业合作社和龙头企业等各类新型农业经营主体总量达到 300 万家，社会化服务组织达到 22.7 万家[②]，呈现出了欣欣向荣、蓬勃发展的良好势头。新型农业经营主体作为中国农业当前转变生产经营方式，实现农业现代化的重要载体，对农业增效和农民增收起到积极作用，为实现乡村振兴战略提供了新动力。自党的十九大报告中首次提出实现乡村振兴的目标以来，乡村振兴已经逐渐成为这个时代的主题。在此背景下，2017 年 12 月国务院常务会议明确指出将新型农业经营主体的培育作为实

① 资料来源：http://www.moa.gov.cn/ztzl/yhwj2018/zyyhwj/201802/t20180205_6136435.htm，2020 年 12 月 10 日。

② 资料来源：《农村一二三产业融合发展年度报告（2017 年）》。

施乡村振兴战略的重要内容，并进一步确定支持新型农业经营主体培育的具体措施，以此来推动农业现代化的发展。

近些年随着新型农业经营主体的生产规模进一步增大，其自身带动效应和发展潜力也逐渐得到体现，日渐成为农业现代化进程中不可或缺的部分。而农业现代化的发展，既需要政府部门优化政策环境、改进组织服务，也需要农业经营主体投入大量的资本、劳动力、土地等生产要素。而这些环境的改善和要素的调动需要大量的资金投入，仅仅依靠农业经营主体的自我投资难以为继，还需要借助财政金融支农服务等外源资本来缓解资金瓶颈约束，特别是随着社会经济的发展和农村财政金融体制的改革，农业经营主体对财政金融的需求愈加强烈，但是在融资和财政补贴方面仍然具有较强的约束。在融资方面，因贷款手续烦琐、贷款期限不灵活等问题使得经营主体的融资需求得不到满足。同时，政府财政补贴规模分配不均，支持政策落实不到位也扩大了农业经营主体的资金欠缺。由于财政和金融是农业主体获取外部资金支持的主要渠道，两者之间出现供需矛盾会严重阻碍新型农业经营主体的发展。

因而，本章基于调研数据，采用结构方程模型从财政和金融两个方面，以及供给和需求两个视角对新型农业经营主体的培育效果进行探讨，所得结论或将有助于改善新型农业经营主体的资金约束及其扩展渠道。

第二节　研究现状

一、金融供需研究现状

近些年，随着我国经济和城镇化的发展，农业机械化和农业技术的完善，农村青壮劳动力不断涌入非农产业部门，农业传统生产方式正迅速向现代化生产方式转变。与之相伴的，新兴多样化的农业经济模式和农业经营主体正在产生。这不仅是中国农业发展的趋势，也是政府大力扶持发展的重要内容。新型农业经营主体作为国家农业现代化的中坚力量，逐步改变了小规模农户的生产经营方式，更好地保证了农产品质量（孔祥智，2013）。同时，其相对于传统农户，在经营规模、盈利能力、资金来源、市场品牌和销售渠道等方面占有优势（黄祖辉和俞宁，2010）。国外经济学家在对新型农业经营主体中农业合作组织的发展和农村金融相关理论方面已形成了丰富的研究成果（Stiglitz and Weiss，1981；Cook，1995），发现农业合作组织在西方发达国家的农业现代化中发挥着重要作用，是各国农业发展的重要组成部分（Chaddad and Cook，2004），能够帮助农业产品快速进入产品销售市场（Galdeano-Gómez et al.，2006），提升农户的市场竞争力和抵抗风险能力。新型农业经营主体的培育和成长也正影响着农业现代化的进程，其运行效率是影响经济增长的关键因素。新型农业经营主体通过采用先进的农业技术，提高了劳动生产率和土地生产率，使现代农业呈现出蓬勃发展之势（葛宗保，2017）。

值得注意的是，新型农业经营主体作为在农业结构调整、农业组织不断成长和分化新环境下诞生的产物，以及作为从传统农业向现代化农业转变的主要力量，对资金的需求和依赖程度远远大于传统农户，因此农村金融的发展尤为重要。从金融供需角度来看，自美国经济学家 Ronald Mckinnon 和 Edward Shaw 在 1973 年提出“金融抑制”概念后，激起了国外学者对发展中国家农村金融发展状况的热议。经济学家 Patrick（1966）对此提出过两种研究模式，分别是“需求追随”和“供给领先”模式，这两种模式会在农村经济发展不同阶段交替出现，并产生三种金融抑制形式。而由此引起的农村金融市场经济主体间矛盾问题，主要采取强化金融市场改革力度来解决（Gonzalez-Vega，2003）。由于我国农村金融市场目前发展并不充分，农业经营主体的金融需求又较为旺盛，且展现出了与传统农户不同的新需求特征，农村“融资难”“融资贵”问题也成为制约经营主体发展的核心要素（孙立刚等，2015），表现为农村正规金融服务难以协调经营主体快速增长的资金需求，经营主体从金融机构获得贷款较难、金融需求得不到满足（钱克明和彭廷军，2013）。尽管经营主体借款时遇到借贷手续复杂，贷款利率高等“融资难”问题，但其仍会选择向正规金融渠道借贷，且规模越大，越需要向正规金融机构借贷（孔祥智，2014）。虽然非正规金融具有低成本、借贷灵活的特点，且近些年迅速进入农村金融市场，民间互助性借贷方式冲击着正规金融机构借贷（陈鹏和刘锡良，2011），但其自身规模和衔接性上都受到过多限制。因此随着经营规模的扩大，非正规金融借贷是无法满足其不断增长的资金需求的（李乐等，2011），可是从正规金融获得的贷款规模与实际贷款需求依然存在较大差距。当前，农村资本向城市的大规模流动造成农村资金供给不足，而要实现农村现代化，就需要大量资金对农村地区进行资助（Huang et al.，2006）。我国农村金融机构中，农村信用社和农村银行作为主力军，其每年用于支农的资金都远远小于农村储蓄，使得大量资金外流到城市，因而，农村金融机构支农未得到有效落实（靳淑平，2015），这也是造成我国城乡发展不协调的重要原因。当前我国农村金融资源配置的特征是供给抑制与需求抑制并存，信息不对称、产权变异都导致了农村金融资源配置严重缺失，金融支持效用十分低下（谷洪波和王文涛，2007）。因此，不仅需要通过增加中小型金融机构、小额信贷的数量和规模，还应通过机制变革、制度创新来保持农村金融供需平衡，这样才能促进农业经营主体培育效果的提升（许清正，2009）。

二、财政供需研究现状

从财政供需角度来看，2016 年政府相继出台农业支持和补贴政策，发放的惠农补贴规模达到 1.8 万亿元，比 2015 年增长 15%[①]。补贴规模的扩大，对新型农业经营主体的培育效果影响显著。政府的农业补贴政策不仅是对农业部门的支持和保护，且其中的政府专项资金是帮助新型农业经营主体扩大经营规模的主要因素（葛宗保，2017）。但是政府对农业的财政支持规模仍显得不足（沈淑霞和秦富，2004；刘涵，2008），远小于测算得到的财政支持的最优规模（郭玉清，2006），并且现代农业发展遇到的各种自然和经营风险日益突出，严重阻碍了现代农业发展进程和经营主体效益的提高（张照新和赵海，2013）。与此同时，财政支农资金的增长不仅无助于农业经济的增长，反而由于资金供给不足和配置效率低阻碍农村现代化的进程（温涛和王煜宇，2005），导致政府财政直接补贴对新型农业经营主体效果的影响程度减弱。显然，随着农业经营主体风险防范意识的提高，对政府财政补贴和风险补贴的需求日益增加，但家庭规模经营对风险抵御能力有限，且政府财政支持不足、补贴分配不到位，使农业经营主体陷入财政补贴供给不足的泥沼中，因此，增加政府对农业的财政补贴、建立风险补偿机制是非常有必要的，解决财政供需矛盾是推动经营主体培育效果提升的重要因素之一。

综上所述，财政金融供需矛盾严重阻碍了新型农业经营主体的发展进程，合理处理其中的矛盾关系是促进其发展的关键，对于实现农业现代化和乡村振兴意义重大。已有研究在讨论农村财政金融矛盾对新型农业经营主体的影响时，主要使用的是 Logistic 等计量经济模型，而运用结构方程模型的方式研究农业经营主体影响因素的成果较少。同时，结构方程模型不仅能够同时处理多个变量间的复杂关系，还能够处理不能直接观测的变量，消除共线性对结果的干扰，并且允许以较小的误差计算变量间的关系，显著提高计算结果的准确性。因此，本章将使用此方法就财政金融供需对新型农业经营主体的影响进行定量测度。

---

① 引自 2016 年第 8 期《世界热带农业信息》中的文章《中国出台的农业扶持和补贴政策系列报道之一——农业农村金融信贷类补贴政策》。

第三节 研究设计

一、研究方法

结构方程模型属于多变量统计（multivariate statistics），能够对抽象概念进行估计和检验,也可以构建变量间的因果关系。它结合了因素分析（factor analysis）与路径分析（path analysis）两种方法，同时对模型中包含的显性变量、潜在变量、干扰项或误差项（disturbance variables/error variables）之间的关系进行检验，获得自变量对因变量影响的直接效果（direct effects）、间接效果（indirect effects）、总效果（total effects），以及潜在变量①与潜在变量、潜在变量与显性变量②之间的关系。

结构方程模型（structural equation model，SEM）由测量模型（measurement equation）和结构模型（structural equation）组成。测量模型界定了潜在变量和观测变量间的线性关系，结构模型是用来界定潜在自变量与潜在因变量之间关系的，具体方程式如下所示。

结构方程式：

$$\eta = \gamma\xi + \beta\eta + \zeta \tag{8-1}$$

内衍潜在变量（因变量）的测量方程式：

$$Y = \lambda\eta + \varepsilon \tag{8-2}$$

外衍潜在变量（自变量）的测量方程式：

$$X = \lambda\xi + \delta \tag{8-3}$$

式中，η 为内衍潜在变量向量；ξ 为外衍潜在变量向量；β 和 γ 均为路径系数；β 为内衍潜在变量之间的相关系数矩阵；γ 为外衍潜在变量与内衍潜在变量之间的相关系数矩阵；ζ 为内衍潜在变量的误差；Y 为内衍潜在变量的观测变量或测量指标；λ 为内衍潜在变量的观测变量与内衍潜在变量之间的关系，是内衍潜在变量的观测变量在内衍潜在变量上的因子载荷矩阵；ε 为 Y 变量的测量误差；X 为外衍潜在变量的观测变量或测量指标；δ 为 X 变量的测量误差。

---

① 潜在变量（latent variables）是指无法直接观测的变量或理论变量，但可以通过一些观测变量（observable indicators）进行表征。

② 显性变量（dominant variables）是指可以直接观测的变量或理论变量，又称为观测变量。

从 SEM 的基本原理可知，SEM 具有验证性功能[①]，其处理过程有以下特点。

（1）SEM 具有理论先验性。SEM 分析的一个特性，即假设因果模型建立在一定的理论之上，因而 SEM 是一种用以验证某一理论模型或假设模型适切性与否的统计技术，所以 SEM 被视为验证性而非探索性的统计方法。

（2）SEM 可同时处理测量与分析问题。相对于传统的统计方法，SEM 是一种可以将测量与分析整合为一的计量研究技术。将不可直接观测的构念，通过潜在变量的形式表示出来，再以观测变量的形式对该潜在变量进行模型化的估计，在此过程中可以估计测量指标的误差，也可以评估测量的信度和效度。

（3）SEM 关注协方差的运用。变量的协方差是 SEM 分析的核心。在 SEM 分析中与协方差有关的功能有两种：一是 SEM 的描述性功能，即利用变量间的协方差矩阵，观察多个连续变量间的关联情形；二是 SEM 的验证性功能，即模型的协方差矩阵与样本协方差矩阵的差异。

（4）SEM 适用于大样本的统计分析。SEM 分析以协方差矩阵为核心，因此在分析过程中参数和模型适配度的检验对样本数量异常敏感，与传统技术一样，选取的样本数越多，SEM 分析结果的稳定性和各适配度指标效果越好。

（5）SEM 重视多重统计指标的运用。SEM 处理的是整体模型契合程度，是对整体模型的比较分析，因此模型参考的指标具有多元的特点，只有对不同的指标进行综合考虑，才可以对模型适配度做整体判别，个别参数显著与否并不是 SEM 的分析重点。

二、研究假设

新型农业经营主体作为农业现代化的重要参与者和农业适度规模经营的有效载体，发展速度迅猛。由于其生产经营规模远超传统意义上的农户，需要的劳动力和资本等生产要素仅靠其自有资本难以维持。因此，需要大量资金投入和外部资金的帮助，尤其是财政和金融的支持（陈晓华，2012）。基于既有文献，本节将影响新型农业经营主体培育情况的因素归纳为以下四个方面。

（1）金融供给。金融作为现代经济发展的核心，其体系的完善不仅可以促进资本形成，也可以起到分散风险的作用。因此，金融也被各发展中国家看作改造传统农业和发展农村经济的重要手段（许清正，2009）。但是近些年随着正规金融向农村地区贷款金额的减少及金融营业网点的骤缩，农村金融供给不足已经成为目前亟待解决的难题（王金龙，2005）。由既有研究可知，新型农业经营主

① 通过适当的统计方法，研究人员对某些复杂模型进行处理，再根据模型与数据的适配性程度，对模型做出恰当的评价，从而论证先前模型假设的正确与否。

体对正规金融机构的贷款需求很大。在满足正规金融机构借贷条件的基础上，金融机构为新型农业经营主体提供的借贷规模的增加，以及金融机构借贷条件的改善将促进经营主体培育效果的提升。基于上述分析，从借款规模、银行贷款规模、贷款金融机构的选择、农业保险购买情况四个方面来反映金融供给。

（2）金融需求。金融需求对供给改革的方向起着决定作用，所以在农村金融改革的制度前提下，了解农业现代化主力军的新型农业经营主体的借贷需求及其可获性至关重要。现阶段新型农业经营主体的金融需求不断攀升，朝着多样性和大额化转变。但是，在农村地区长期存在的金融抑制问题一直制约着农村金融的发展。具体表现在农村金融体系构建不完善，以及经营主体不满足金融机构贷款要求，产生的“高门槛”效应导致从正规金融机构借贷困难（张照新和赵海，2013）。同时，随着正规金融将大量资金投入到城市和工商业，也使得正规金融资金供给难以满足农村金融需求（王金龙，2005）。因此，其通过非正规机构资金借贷来满足短期经营需求，使得农村地区非正规金融渠道和意识蔓延，挤占了农村金融市场，导致了金融有效需求不足。而且由于非正规金融贷款利率普遍较高，因而增加了经营主体未来经营成本，从长期看，不利于新型农业经营主体的发展。显然，“融资难”问题已经成为新型农业经营主体培育过程中的最大障碍。融资途径、融资方式和非正规金融融资发展也不断成为探讨经营主体的资金需求的重要方面。基于上述分析，针对新型农业经营主体的金融需求影响因素，从金融机构的贷款利率、民间借贷利率、民间借贷方式、民间借贷规模四个方面考量金融需求。

（3）财政供给。农业是我国的基础性产业，是众多产业中较薄弱的一环，弱质性使其在生产中面临着诸多系统性和非系统性风险，也导致其发展存在众多不确定性（冯文丽，2004）。自改革开放以来，政府为解决农业基础性问题进行了积极的财政支持，为提高农业生产率奠定了基础。当前政府财政支农资金虽然逐年提高，但是政府对农业的整体支持力度依然不足，部分关乎农业发展的重要项目缺乏资金的扶持。而新型农业经营主体作为农业现代化发展的主力军，又亟须政府资金和政策上的扶持，并且农业风险对经营主体的影响单靠其本身难以完全规避。因此，需要政府财政补贴以弥补其外部性损失和降低风险。基于上述分析，从财政补贴规模、政府直接补贴、政府间接补贴、补贴满意度四个方面反映财政供给。

（4）财政需求。从现有研究情况来看，政府财政支出中用于农业的资金规模较少、总量不足且支出中相对规模逐年减少，对于新型农业经营主体的财政支出明显小于新型农业经营主体的财政需求（沈淑霞和秦富，2004；刘涵，2008）。而且多数财政支农资金以农业扶持项目的名义下发，并没有设置新型农业经营主体专项资金。由于农业生产周期长，经营效益并不高，大量社会流动资金难以流入农业领域（姚凤阁和隋昕，2016），政府相应的政策扶持力度和社会支持力度也没有达到新型农业经营主体的需求，因此从一定程度上限制了新型农业经营主体的发展潜力。本节主要通过分类总结新型农业经营主体对政府财政支持的期望，从风险补贴需求、直接补贴需求和间接补贴需求三个方面反映财政需求。

综合上述观点，初步提出以下假设。

假设 1：农村金融供给、金融需求、财政供给和财政需求对新型农业经营主体的培育效果均具有正向影响。

假设 2：金融需求对经营主体培育效果的影响小于金融供给。

假设 3：考虑到新型农业经营主体发展中财政供需存在的明显缺口，财政需求对经营主体培育效果的影响大于财政供给。

第四节　研究框架与数据特征

一、研究框架

本章拟采用 SEM 考察财政金融供需对新型农业经营主体的影响，原因在于无论是财政供给、金融供给、财政需求、金融需求，还是经营主体培育效果，都无法直接对其进行测量，而 SEM 则可以通过寻找上述潜在变量的观测变量，有效处理潜在变量之间及潜在变量与观测变量之间的关系。根据前文对 SEM 的介绍不难得出，本章的内衍潜在变量为经营主体的培育效果，外衍潜在变量为金融供给、金融需求、财政供给、财政需求，这些潜在变量的具体路径关系如图 8-1 所示。

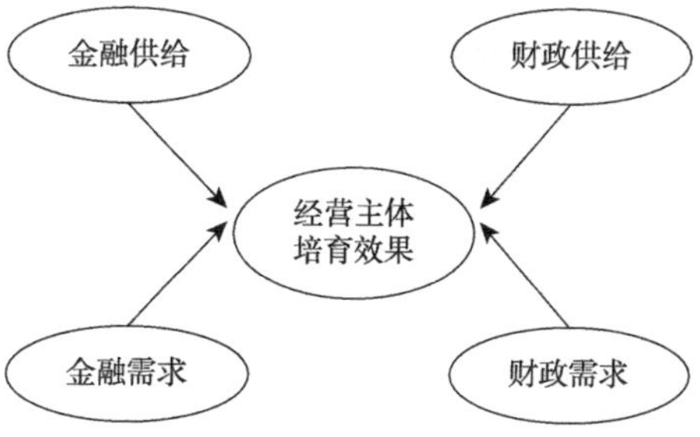

图 8-1　经营主体培育效果影响因素的结构模型

二、样本特征的描述性统计

本章所用数据来源于本书课题组问卷调查，由本书课题组采用分层抽样的方法，对全国 12 个省区市的 43 个乡镇、村的新型农业经营主体进行问卷调查所得。调查问卷是由专业调研员对新型农业经营主体的相关负责人或主要联系人进行一对一直接访谈，被调查者逐一回答调查人员的问题，并由调查人员代为填写完成的。期间共获得有效问卷 537 份。本次调查的样本特征统计如表 8-1 所示，其中被调查者为男性的有 457 人，占比 85.1%，女性有 80 人，占比 14.9%；被调查者中年龄最大的为 76 岁，最小的仅为 19 岁，平均年龄约 45 岁；被调查者中经营主体的文化程度主要为初高中文化，大专或以上学历的人数仅占总体人数的 16.6%，从事农业生产的约占总体人数的一半，占比为 51.6%。

表 8-1 样本统计特征（*N*=537）

变量	变量含义	样本量	比例
性别	男性	457	85.1%
	女性	80	14.9%
年龄	30 岁以下	30	5.6%
	30~40 岁	119	22.2%
	40~50 岁	279	52.0%
	50~60 岁	71	13.2%
	60 岁以上	38	7.1%
文化程度	大专以下	448	83.4%
	大专或以上	89	16.6%
职业性质	农业生产	277	51.6%
	非农业生产	260	48.4%
是否购买农业保险	购买	131	24.4%
	未购买	406	75.6%

注：比例数据未经修约，可能存在合计结果不等于 100%的情况

依据前文理论分析与调研问卷，本章给金融供给、金融需求、财政供给、财政需求、经营主体培育效果共设计了 18 个观测变量。每个潜在变量对应的具体观测变量，以及每个观测变量所对应的具体含义及描述性统计见表 8-2。

表 8-2　模型变量及描述性统计

潜在变量	观测变量	定义	均值	标准差
金融供给	借款规模总量 *X*1	＜10 万元=1 10 万~40 万元=2 40 万~70 万元=3 70 万~100 万元=4 ≥100 万元=5	2.08	1.27
	银行贷款规模 *X*2	＜10 万元=1 10 万~40 万元=2 40 万~70 万元=3 70 万~100 万元=4 ≥100 万元=5	2.11	1.37
	选择哪种金融机构贷款 *X*3	由三个题项来衡量 同意=1 不同意=0	0.29	0.11
	是否购买农业保险 *X*4	是=1 否=0	0.25	0.43
财政供给	财政补贴规模 *X*5	＜5 万元=1 5 万~25 万元=2 25 万~45 万元=3 45 万~65 万元=4 ≥65 万元=5	1.64	1.14
	政府直接补贴 *X*6	＜10 万元=1 10 万~40 万元=2 40 万~70 万元=3 70 万~100 万元=4 ≥100 万元=5	2.64	1.53
	政府间接补贴 *X*7	由五个题项来衡量 同意=1 不同意=0	0.20	0.20
	补贴满意度 *X*8	不满意=1 一般=2 满意=3	1.86	0.61
金融需求	民间借贷利率 *X*9	＜3%=1 3%~5%=2 5%~7%=3 7%~9%=4 ≥9%=5	2.00	1.22
	民间借贷规模 *X*10	＜10 万元=1 10 万~40 万元=2 40 万~70 万元=3 70 万~100 万元=4 ≥100 万元=5	1.54	0.95

续表

潜在变量	观测变量	定义	均值	标准差
金融需求	民间借贷方式 X11	由三个题项来衡量 同意=1 不同意=0	0.34	0.08
	金融机构的贷款利率 X12	＜3%=1 3%~5%=2 5%~7%=3 7%~9%=4 ≥9%=5	2.24	1.14
财政需求	直接补贴需求 X13	由两个题项衡量 同意=1 不同意=0	0.65	0.34
	间接补贴需求 X14	由两个题项衡量 同意=1 不同意=0	0.40	0.35
	风险补贴需求 X15	由四个题项衡量 同意=1 不同意=0	0.36	0.30
经营主体培育效果	吸纳农户数 Y1	＜10 万元=1 10 万~40 万元=2 40 万~70 万元=3 70 万~100 万元=4 ≥100 万元=5	1.86	1.18
	种植面积 Y2	＜50 亩=1 50~200 亩=2 200~350 亩=3 350~500 亩=4 ≥500 亩=5	2.00	1.26
	年均营业利润 Y3	＜10 万元=1 10 万~40 万元=2 40 万~70 万元=3 70 万~100 万元=4 ≥100 万元=5	1.92	1.26

注：表中“~”表示包含下界，但不包含上界

表 8-3 是对表 8-2 中观测变量 X3、X7、X11、X13、X14 和 X15 赋值情况的进一步说明。下面以观测变量 X3 为例，介绍观测变量的赋值方法。X3 为“选择哪种金融机构贷款”，问卷中用三个题项来衡量观测变量 X3，分别为农村信用社、中国农业银行和中国农业发展银行，我们用 X3-1、X3-2、X3-3 来分别表示这三个题项，对受访者同意选择的题项，赋值为 1，未选择的赋值为 0。同时，对整个调查问卷的缺失值采用数列平均数的方法进行取代，然后通过公式（X3-1+X3-2+X3-3）/3 加总计算出变量 X3 的总分。其余五个观测变量的运算方

式和变量 $X3$ 完全一致。

表 8-3　特殊观测变量分析

变量	题项	符号	赋值
X3	农村信用社	X3-1	同意=1；不同意=0
	中国农业银行	X3-2	同意=1；不同意=0
	中国农业发展银行	X3-3	同意=1；不同意=0
X7	农业保险补贴	X7-1	同意=1；不同意=0
	农业灾害补贴	X7-2	同意=1；不同意=0
	农业生产资料补贴	X7-3	同意=1；不同意=0
	减免税收补贴	X7-4	同意=1；不同意=0
	农机补贴	X7-5	同意=1；不同意=0
X11	友情借贷	X11-1	同意=1；不同意=0
	有息借贷	X11-2	同意=1；不同意=0
	高利贷	X11-3	同意=1；不同意=0
X13	加大直接补贴力度	X13-1	同意=1；不同意=0
	加大农业生产资料价格补贴	X13-2	同意=1；不同意=0
X14	加强农村基础设施建设	X14-1	同意=1；不同意=0
	增加社会化服务	X14-2	同意=1；不同意=0
X15	增加农业保险补贴	X15-1	同意=1；不同意=0
	增加市场价格风险补贴	X15-2	同意=1；不同意=0
	加大灾害损失补贴力度	X15-3	同意=1；不同意=0
	延长税收减免期限	X15-4	同意=1；不同意=0

三、量表的信度与效度检验

在进行 SEM 分析前，需要先对问卷的信度、效度进行检验，所用软件为 SPSS 22.0。首先，本章对问卷中潜在变量的信度进行检验，以验证变量选取的可靠性和有效性。具体地，本章使用克龙巴赫 α 系数作为检验的指标，来观察问卷内部每个项目间的内部一致性。根据荣泰生《AMOS 与研究方法》一书中对 α 值的判别标准可知，当克龙巴赫 α 系数处在大于 0.7、0.35~0.7、小于 0.35 时，对应的信度水平分别是高信度、一般信度和低信度。表 8-4 中给出了每个潜在变量的信度检验结果，得到金融供给、财政供给、金融需求、财政需求和经营主体培育效果五个潜在变量的 α 值分别为 0.556、0.455、0.525、0.513、0.649，18 个观测指标总体的 α 值为 0.771，得到所有潜在变量都在一般信度水平之上，问卷的信度达到理论要求。

表 8-4 潜在变量的信度分析

潜在变量	克龙巴赫 α 系数
金融供给	0.556
财政供给	0.455
金融需求	0.525
财政需求	0.513
经营主体培育效果	0.649

其次，本章对问卷的效度进行检验。根据效度分析得到 KMO（Kaiser-Meyer-Olkin）值为 0.718，方差累计贡献率为 64.455%，两者均通过了效度检验。综上所述，本章所用的问卷无论是信度还是效度均达到较为理想的水平，可以采用 SEM 进行实证分析。

第五节 模型估计结果与分析

本节使用 AMOS 17.0 对图 8-2 的 SEM 进行估计，并根据模型的估计结果论证前文提出的三种假设。但在分析 SEM 的估计结果前，本章需先检验 SEM 的适配度，以确保估计结果的正确性。

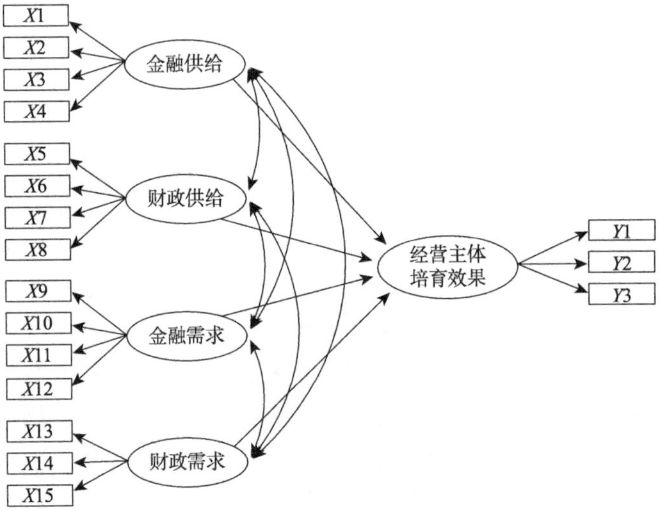

图 8-2 经营主体培育效果影响因素 SEM 图

一、模型整体适配度检验

在模型整体适配度检验中主要关注简约适配度指标（Chi-square、PGFI、PNFI）、增值适配度指标（NFI、IFI、CFI）和绝对适配度指标（GFI、AGFI、RMSEA）。但是，简约适配度指标中的卡方值（Chi-square）对样本容量非常敏感，因此，在样本容量大于200的样本分析中卡方检验要结合自由度（DF）进行分析，通常使用CMIN/DF的值进行判断（Joreskog and Sorbom，1993）[①]。表8-5显示了整个模型拟合度的检验结果，可以看出，简约适配度指标（CMIN/DF、PGFI、PNFI）、增值适配度指标（NFI、IFI、CFI）、绝对适配度指标（GFI、AGFI、RMSEA）的值均达到理想或接近水平，证实了假说模型构建的合理性，也反映出SEM与数据整体拟合优度良好。

表8-5　结构方程模型整体拟合评价指标体系及拟合结果

指标	实际拟合值	检验标准	结果
简约适配度指标			
CMIN/DF	2.520	1<CMIN/DF<3	理想
PGFI	0.650	>0.5	理想
PNFI	0.573	>0.5	理想
增值适配度指标			
NFI	0.701	>0.8	接近
IFI	0.796	>0.9	接近
CFI	0.789	>0.9	接近
绝对适配度指标			
GFI	0.889	>0.8	理想
AGFI	0.849	>0.8	理想
RMSEA	0.076	<0.08	理想

注：CMIN/DF表示误差函数的最小值比自由度（minimum value of the discrepancy function divided by degrees of freedom）；PGFI表示拟合优度指数（parsimonious goodness of fit index）；PNFI表示简约赋值指数（parsimony normed fit index）；NFI表示规范拟合指数（normed fit index）；IFI表示增量拟合指数（incremental fit index）；CFI表示比较拟合指数（comparative fit index）；GFI表示拟合优度指数（goodness of fit index）；AGFI表示调整的拟合优度指数（adjusted goodness of fit index）；RMSEA表示近似误差均方根（root mean square error of approximation）

① CMIN是差异的宏函数，差异表示卡方值。

二、假设验证及结果分析

基于模型良好的效度、信度和适配度，我们将通过 AMOS 软件定量测度金融供给、金融需求、财政供给、财政需求对经营主体培育效果的影响路径，考察各观测变量对外衍潜在变量的作用大小，同时根据实证结果验证前文提出的假设。AMOS 软件使用的是极大似然估计（maximum likelihood）法对数据和模型进行检验，表 8-6 展示了采用 AMOS 软件得出的 SEM 变量间回归分析结果。

表 8-6 SEM 变量间回归分析结果

影响路径	非标准化路径系数	标准化路径系数	C.R	*p* 值
经营主体培育效果←金融供给	0.338	0.579	3.453	***
经营主体培育效果←财政供给	0.106	0.081	0.787	0.431
经营主体培育效果←金融需求	0.120	0.123	0.689	0.491
经营主体培育效果←财政需求	0.993	0.217	2.271	**
*X*1←金融供给	1.000	0.878	—	—
*X*2←金融供给	1.018	0.825	13.009	***
*X*3←金融供给	0.004	0.047	0.713	0.476
*X*4←金融供给	0.031	0.081	1.228	0.219
*X*5←财政供给	1.000	0.441	—	—
*X*6←财政供给	2.073	0.682	3.476	***
*X*7←财政供给	0.155	0.400	3.595	***
*X*8←财政供给	0.592	0.489	3.383	***
*X*9←金融需求	1.000	0.549	—	—
*X*10←金融需求	0.789	0.555	4.623	***
*X*11←金融需求	0.013	0.111	1.482	0.138
*X*12←金融需求	0.994	0.584	6.501	***
*X*13←财政需求	1.000	0.419	—	—
*X*14←财政需求	1.012	0.415	3.972	***
*X*15←财政需求	1.560	0.754	3.446	***
*Y*1←经营主体培育效果	1.000	0.551	—	—
*Y*2←经营主体培育效果	1.106	0.573	6.535	***
*Y*3←经营主体培育效果	1.368	0.706	6.577	***

注：带“—”的五条路径表示它们用来作为参数估计的基准，系统进行估计时将它们视为显著路径，用于判断其他路径的显著性

***、**分别表示在 1%、5%的水平上显著

（一）假设验证

由 SEM 回归分析结果可知，四个外衍潜在变量中金融供给、财政需求对经营主体培育效果具有显著的正向影响；而金融需求、财政供给对经营主体培育效果的影响在统计上不显著，但其标准化路径系数均为正，这一结果部分验证了本章提出的假设 1。同时通过变量的显著性也进一步验证了假设 2，即金融供给对经营主体培育效果的影响大于金融需求。此外，通过标准化路径系数可知，财政供给的标准化系数路径为 0.081 且不显著，远小于财政需求的标准化系数路径系数 0.217，假设 3 成立。

（二）结果分析

在验证提出的三个假设后，进一步剖析金融供给、金融需求、财政供给、财政需求对经营主体培育效果的影响，以及金融供给、金融需求、财政供给、财政需求、经营主体培育效果受各观测变量的作用大小，并分析金融供给与金融需求、财政供给与财政需求之间存在的矛盾。

（1）金融供给、金融需求、财政供给、财政需求对经营主体培育效果的影响。研究结果表明，金融供给对经营主体培育效果的影响最大，其标准化路径系数高达 0.579，且在 1%水平上显著，反映出金融供给在当前新型农业经营主体培育的过程中发挥着关键作用。在实际中，新型农业经营主体要想进一步扩大生产规模、提高生产效益，完全依赖自有资金是难以实现的，因此，必须要借助正规金融的资金供给。财政需求对经营主体培育效果的影响次之，其标准化路径系数为 0.217，在 5%水平上显著，反映出了新型农业经营主体发展过程中对财政支持的诉求。因此，政府需要加强对新型农业经营主体的扶持力度，提高财政补贴，增大专项资金投入，尽可能满足新型农业经营主体的财政需求，这对其发展具有重要意义。金融需求对经营主体培育效果的影响排名第三，其标准化路径系数为 0.123，体现出我国农村金融存在“需求型”抑制的特点。通过观测变量可知，我们设定的金融需求反映出新型农业经营主体对非正规金融贷款的能力，其中，金融机构贷款利率是一个反向测度指标，若金融机构贷款利率越高，则新型农业经营主体对非正规金融的需求越多，反之则相反。目前，可能是由于非正规金融存在“高利率”等诸多问题，其借贷具有“挤出效应”，一定程度上抑制了新型农业经营主体对非正规金融的需求。财政供给对经营主体培育效果的影响最小，其标准化路径系数仅为 0.081。整体来看，当前新型农业经营主体对财政供给的依存度较小，侧面反映出政府给予新型农业经营主体的财政支持极度不足，微小的支持在新型农业经营主体的发展过程中几乎可以忽略，当然在供给结构上也可能存在偏差。但是，这并不能否定财政供给在新型农业经营主体培育过程中具有的重要地位，由理论分析可知，随着财政政策进一步完善，补贴规模和补贴方式更加符合经营主体的需求，财政供给对新型农业经营主体发展的影响将会逐渐显现。

（2）金融供给、金融需求、财政供给、财政需求、经营主体培育效果受观测变量的影响。各观测变量作用于潜在变量的标准化路径系数反映了其影响潜在变量的大小，因此，我们进一步将通过标准化路径系数选择最能反映金融供给、金融需求、财政供给、财政需求、经营主体培育效果的因素。对于金融供给而言，借款规模总量（0.878）和银行贷款规模（0.825）能反映其情况，且两个观测变量的标准化路径系数远高于其他两个观测变量。对于财政供给而言，财政补贴规模（0.441）、政府直接补贴（0.682）、政府间接补贴（0.400）及补贴满意度（0.489）均能很好地反映其情况，其中，政府直接补贴规模的标准化路径系数（0.682）最高，因此，政府直接补贴最能反映新型农业经营主体的财政供给。对于金融需求而言，民间借贷利率（0.549）、民间借贷规模（0.555）、金融机构的贷款利率（0.584）可以较好地反映其情况，且金融机构的贷款利率（0.584）最能反映金融需求。对于财政需求而言，直接补贴需求（0.419）、间接补贴需求（0.415）、风险补贴需求（0.754）均能反映其情况，且风险补贴需求能更好地反映财政需求。最后对于经营主体培育效果而言，吸纳农户数（0.551）、种植面积（0.573）、年均营业利润（0.706）均能反映其情况，且年均营业利润（0.706）最能反映经营主体培育效果。在明确最能反映各潜在变量的观测变量后，本章将对金融供给与金融需求、财政供给与财政需求之间存在的矛盾进行分析。

（3）金融供给与金融需求之间存在的矛盾。首先，从金融供给的角度来看，新型农业经营主体的借贷规模总量和银行贷款规模是最能反映其金融供给情况的，并且对经营主体培育效果具有显著的正向影响。这一结果与新型农业经营主体发展的现实情况相符，新型农业经营主体不同于普通小农户，其土地经营规模与生产经营规模均较大，所需要的周转资金也较多，特别是在其扩产、创收的关键时期，资金成为其盈利能力、收入水平能否提高的关键要素。但是，单纯地依靠新型农业经营主体内部管理人或参与人的自有资金，很难满足新型农业经营主体发展的资金需求，而此时，银行贷款与信用社贷款就成为经营主体获取资金的重要渠道。然而，在实地走访各地区新型农业经营主体后，发现我国新型农业经营主体的整体贷款情况不尽如人意，较多新型农业经营主体的负责人反映存在“融资难，高门槛”等困难。此外，通过本章的实证结果也能反映出一些问题（表 8-6），一是新型农业经营主体选择哪种金融机构贷款对其培育效果没有显著影响，说明新型农业经营主体在选择贷款银行上是没有倾向性的，侧面反映出在当前实际经营中，我国没有某个具体的银行为新型农业经营主体提供特殊的帮助，体现出银行业关于支持新型农业经营主体的政策、供给不足，进而抑制了新型农业经营主体对金融的有效需求。二是新型农业经营主体购买农业保险情况对其培育效果不显著，究其原因，主要在于新型农业经营主体的负责人认为保险公司提供的保险品种不齐全、保险公司公开信息不准确、购买保险公司的产品存在较高风险，因此放弃购买保险，可见保险公司目前在农业保险服务上还存在诸多不足之处，应加强对农业保险业务的完善。同时，农业保险的不完善导致新型农业经营主体缺乏风险保障，进一步导致银行业出于风险规避意识，不愿意向新型农业经营主体提供贷款，加深了新型农业经营主体金融上供需不平衡的矛盾。

其次，从金融需求的角度来看，向正规的金融机构贷款存在“高门槛”等诸多问题，在这一背景下，非正规金融在农村逐渐发展起来，当正规金融供给无法满足新型农业经营主体的需求时，非正规金融就成为融资的补充渠道，并且非正规金融主要靠新型农业经营主体负责人的社会资本来维持，如负责人的人际网络、在村里的官职、掌握信息情况等，故从非正规金融渠道进行贷款较为灵活。本章的实证结果也表明，民间借贷规模和民间借贷利率能显著反映新型农业经营主体的金融需求，体现出当前非正规金融在农村金融市场中占有重要份额。但是，不可否认的是，金融机构借贷利率才是最能反映新型农业经营主体金融需求的要素（表 8-6），并且根据问卷调查结果，新型农业经营主体向正规金融借贷规模是向民间借贷规模的 2 倍以上，其中龙头企业向正规金融平均借贷规模是向非正规金融平均借贷规模的 19.6 倍。同时，在需要贷款的新型农业经营主体中，有 63.9%选择了向正规金融机构贷款。同时通过访谈了解到，虽然非正规金融占据了部分市场份额，在一定程度上削弱了新型农业经营主体对正规金融的需求。但是，非正规金融的借贷资金有限，往往难以满足新型农业经营主体的资金需求，同时，有部分经营主体认为向亲戚朋友借钱耗费了自身大量的社会资本，需要花费更多的精力、时间去维护这层关系。此外，向正规金融借款能够获得较非金融渠道更完备的合同（钱水土和陆会，2008），更具备法律保障，安全可靠性更强。综上所述，正规金融依旧是新型农业经营主体最热衷的贷款渠道，但由于该渠道存在诸多问题，非正规金融发展受限，这也整体上反映了新型农业经营主体金融上存在的供需矛盾。

（4）财政供给与财政需求之间存在的矛盾。首先，从财政供给的角度来看，财政供给这一外衍潜在变量对经营主体培育效果无显著影响，侧面反映出当前财政投入力度远小于新型农业经营主体发展的需要，导致财政供给在新型农业经营主体的发展过程中几乎未发挥作用。具体来看，在反映财政供给中的各个因素虽然都显著，但除政府直接补贴（0.682）的标准化路径系数较大外，财政补贴规模（0.441）、政府其他补贴（0.400），以及补贴满意度（0.489）对其的影响都偏小，体现出当前政府对新型农业经营主体的补贴方式较为单一、补贴力度较弱，形成了政府所提供的实际财政支持与新型农业经营主体所需要的财政供给严重不匹配的现状。据调查，产生这一情况的原因主要在于政府财政补贴结构不合理，进而导致不同类型的经营主体所享受的补贴规模和形式差异较大。被调查的新型农业经营主体中有 33.4%的负责人表示从未获得过财政直接补贴，较多的财政支持被龙头企业这一类型的新型农业经营主体吸纳，龙头企业不仅获得的直接补贴高于其他经营主体，而且获得其他补贴的形式也更具多样化，这更加说明财政补贴在分配结构、管理和发放制度方面存在一定的不合理因素，同时也解释了为何在政府财政投入逐年增加的情况下，较多新型农业经营主体依旧存在较大财政需求的问题。尽管造成这类结果的原因可能是新型农业经营主体的经营规模、资金水平和受教育程度不同，但是从不同新型农业经营主体的角度出发，这种不合理的资金配比和补贴形式会严重影响经营主体生产投入的积极性。因此，政府应合理发放财政补贴，尽早调整、改善财政补贴结构问题导致的新型农业经营主体财政供需矛盾。

其次，从财政需求的角度来看，直接补贴需求（0.419）、间接补贴需求（0.415）、风险补贴需求（0.754）均能反映新型农业经营主体的财政需求，但风险补贴需求的标准化路径系数明显高于前两者，因此，新型农业经营主体的财政需求主要由风险补贴需求决定。调查结果显示，当前新型农业经营主体普遍迫切需求政府提供各种类型的风险补贴，其中，32.6%的新型农业经营主体需要增加农业保险补贴，30.5%的新型农业经营主体需要增加自然灾害风险补贴，26.3%的新型农业经营主体需要增加市场价格风险补贴，这些调查数据证实了风险补贴对新型农业经营主体发展的重要性。然而，调查中实际获得农业保险补贴的新型农业经营主体只占到了 16.9%，获得自然灾害补贴的新型农业经营主体只占到了 15.4%，获得财政农业生产资料价格补贴的新型农业经营主体只占到了 16.9%，这些数据又体现出当前政府提供的风险补贴极度不足。综上所述，政府应根据不同新型农业经营主体的真实需求，提高自然风险和市场风险的补贴力度，满足新型农业经营主体不同方面的补贴需求。同时，加强补贴管理的合理性和公平性，打破区域性和补贴制度不规范的桎梏，以此解决新型农业经营主体财政供需的矛盾。

第六节 本章小结

本章以现实中财政金融供需的矛盾为出发点，把影响农业经营主体培育效果的因素归为金融供给、金融需求、财政供给和财政需求四类；并使用 SEM 来对比四个外衍潜在变量对经营主体培育效果的影响，得出如下结论：财政金融供需对新型农业经营主体的培育都具有正向影响。其中，金融供给是经营主体培育效果的主要影响因素，经营主体融资需求大，但“融资难”问题严重阻碍正规金融供给，导致金融供需矛盾显著；金融需求方面要加大非正规金融整改力度；财政供给对经营主体未来发展影响深远，应进一步提升供给水平；财政需求方式也将趋于多样化，并随着政府财政支持力度的增加，财政供需矛盾会得到一定程度缓解。最后，为促进新型农业经营主体发展，解决财政金融供需矛盾，本章针对性地提出了相应的政策建议。

第九章 财政金融支农服务创新

基于本书前期的理论分析、统计调研、经验借鉴、实证研究，已经从微观与宏观的视角对财政金融支农与新型农业经营主体的供需机理、供需矛盾、服务绩效等有了全面的分析了解，立足于前文研究结果，本章将综合地从财政支持、金融服务及新型农业经营主体自身建设的视角针对性地提出创新性的政策建议，以期财政金融能更好地服务新型农业经营主体，进一步加快新型农业经营主体的快速健康发展。

第一节 财政支农服务创新

一、降低财政支持与资金需求主体的错配性

目前，从财政金融支农服务供需机理、调研和财政金融对新型农业经营主体供需实证分析看，地方政府对农业企业的财政支持侧重于奖励优秀企业，这也是解决财政金融市场失灵的手段之一。这种奖励大致可以分为两类。一类是对优秀企业的无条件一次性奖励。例如，优秀企业在获得龙头企业称号的同时，也将获得政府财政的奖励资金。“优秀企业”“龙头企业”等称号的评选主要依据企业的历史经营业绩，优者胜出。这类评选与企业未来的投资项目并无直接关系，从而相应的奖励资金也就缺乏解决融资困境的针对性。因此，从解决融资困难的角度看，这类评选的奖励资金应当压缩，并将资金应用在更具针对性的途径上。另一类是对优秀企业的投资补贴。其同样面临针对性不强的问题。在这种补贴机制下，发展前景良好的项目将获得一定比例的财政配套补贴。但是，这些项目的投资方是否面临融资困境却未得到考核，而且事实上，由于信息不对称，其也是难以考核的。同时，财政补贴企业投资的方式因为缺乏对补贴效果的评估，往往难以对财政补贴项目的选择起

到应有的约束作用，从而降低了财政补贴投资的效率。

这两种类别的财政支持事实上都忽视了企业是否需要资金这一关键信息，从而难以有针对性地缓解农业企业的融资困境。缺乏解决融资困境的针对性，导致新型农业经营主体的财政需求和财政支持间存在较高的错配性，获得财政资金的农业企业可能并不存在融资困难的问题，而发展前景良好并且急需资金的投资项目可能无法获得财政资金的支持，最终会产生农业生产率下降、行业创新不足、资本在农业部门配置的低效率等一系列问题。因此，财政支持的目标应该更加明确地集中于缓解农业企业融资困境，并采取针对性强的举措。

二、构建基于大数据的财政补贴系统

为提高政府补贴的针对性，对补贴政策的效果需进行定期专业测评，提高政策性补贴资金的规范性及其利用效率。确保政策性补贴有效落实，构建财政、税收、农业各部门互相支持及协调机制，基于大数据建立统一的管理信息系统，对补贴对象建立相关信息记录，依托大数据和云平台，做到各级部门信息查询互联互通，实现各部门政策资源整合协同，确保补贴落实到位，并形成跟踪、监督和反馈机制。同时，应加强农业保险在防范与化解农业经营风险中的作用，加快农业保险市场供给侧结构性改革，加快农业保险品种与市场创新力度，满足日益增加的农业保险需求。

三、利用财政支持有效建立农业企业诚信档案

农业企业在申请金融机构贷款时，往往需要提供企业诚信信息。而长期以来，农业企业难以从银行获得信贷支持，导致很多企业缺乏诚信方面的记录。地方政府的财政资金如果被运用于建立农业企业的诚信档案，将有助于企业向银行等金融机构申请贷款，也有助于激励企业重视商业信用。同时，企业诚信档案也将有助于诚信企业吸收风险投资基金等其他社会资本。

四、加快服务于新型农业经营主体的咨询行业的发展

农业企业在创办和发展的过程中，不仅需要金融资金的支持，也需要其他一些要素的支持。这些要素主要包括信息、技术与管理等三个方面。信息主要指的是市场信息。企业要发展，产品适销对路是基本要求。这要求企业不仅需要了解所处行业的需求现状和竞争对手的相关情况，更要能够正确预测未来企业所处的

市场环境。技术指的是生产技术。在各种技术选项中进行合理选择的前提是对主要的生产技术具有全面的了解。管理包括运营企业的各项不同职能，包括营销、会计、企业战略制定等。

利用财政支持提供上述三类咨询服务的必要性主要基于以下三点。

首先，咨询服务能够降低企业获取相应信息、生产技术和管理方案的成本，也因此降低了行业进入门槛，提高了已有企业进一步发展的成功可能性。企业自身能力的增强降低了政府财政补贴的负担，有利于发展的持续性。

其次，县级政府提供此类服务能够更好地结合本地区的优势，并具备规模经济。地方政府通常熟悉本地的资源禀赋和竞争优势，并有能力召集农业企业家讨论会。地方政府对行业信息的获取可同时服务于多家企业，从而降低单个企业家获取这些服务的成本。

最后，相当一部分农业企业主的知识水平相对欠缺，特别是农村地区的专业大户，这些群体缺乏获取信息、技术与管理的意识与有效渠道。政府的综合咨询服务对这类群体而言显然是有必要的。

五、政府采购向新型农业经营主体倾斜

为推动新型农业经营主体的快速发展，对新型农业经营主体的财政支持还可以采取政府采购倾斜的举措，即地方政府行政开支中涉及的农业产品，应部分或全部从新型农业经营主体采购。现实中家庭农场、中小农业企业面临的资金约束更为严峻，因此采购应限定于此类新型农业经营主体，采用招标形式，以形成有效的竞争机制。

在美国支持小企业的生存发展方面采用的诸多举措中，政府采购倾斜是其中之一。该举措从政府支出中选取美国小企业所能够满足的部分需求，进行公开招标。这一举措有助于增加对中小企业产品的需求，尽管其代价是在一定程度上提高了政府采购的成本。因此，当我国地方政府采用采购倾斜的措施时，应当注意采购成本的增加是否在可控范围内，即是否在财政预算的约束范围内。

六、向加入合作社的农户给予税收减免等政策优惠

为推动合作社的快速发展，鼓励农户加入各种农民专业合作社。政府可以制定详细的税收优惠政策。例如，对于同一合作社内部成员间的交易，可以采取税收减免政策；对于不同合作社农户间的交易，则给予一定比例的减免。通过制定详细的规则，促进区域内合作社的快速发展。

七、财政支持向组织化程度低的主体倾斜

如前文关于财政金融支农效率的实证研究分析表明，新型农业经营主体的无效率值排序与其组织化程度排序正好完全相反，组织化程度的排序为家庭农场<专业大户<农业服务型组织<农业专业合作社<农业龙头企业。反映出，新型农业经营主体的组织化程度越高，则借贷能力越强，获得风险收益的能力也越强，其经营的无效率程度就越低。因此，组织化程度较高的合作社、农业龙头企业等更容易获得金融机构的贷款，相比之下，家庭农场、专业大户则借贷能力较弱。为扶持家庭农场、专业大户的发展，从财政支持结构上就势必要向其倾斜，以弥补其借贷能力的不足。

八、强化新时期财政支农的重点领域建设

（一）支持“三农”信息化建设

作为政府扶持新型农业经营主体发展的重要手段，财政要着重从以下几方面加大农业信息化产业发展支持力度。

一是引导资金流入。新型农业经营体系涉及的农业基础设施的种类具有多样性，投资成本高低不一，投资取得的社会经济效益受益范围有别。因此，财政投资模式也必然要求多样性和多层次性。如对于农业信息化建设平台，主要资金可由省市一级财政承担，同时积极争取企业投资和社会投资；对于乡村信息通信基础设施建设，可以积极引导社会资本、金融资本投入，如通过政府与社会资本合作（public-private-partnership，PPP）的融资形式，以拓宽资金来源渠道。

二是鼓励企业研发。企业研发是新型农业经营主体持续发展的基础，也是财政前期资金支持能否实现良好效果的重要因素，特别是在农业物联网、电子商务、新产品开发、新技术应用、新设备购买等方面。通过建立专项资金鼓励企业加大研发投入，鼓励软件创新、技术突破和产品开发，鼓励农业信息化成果的建设，实现涉农信息的互联互通。

三是配置政策资源。财政资金的投入还需要各级农业部门及其他相关部门的支持和配合才能发挥最大作用，因而需要政府部门出台相关的配套政策，深入推进简政放权、放管结合、优化服务改革，实行负面清单制度，加强事前、事中、事后监管，为信息化建设和发展提供良好的政策和行政环境。

（二）支持农业技术化服务

农业技术化服务和升级关乎农业的质量和竞争力，而加强农业科技的创新性改造，特别是在基础技术、关键技术和高新技术等方面的成果转化和应用，有助于提高新型农业经营主体的规模收益、产品质量和社会效益。因而，基础技术、关键技术和高新技术也成为财政支持新型农业经营主体发展的重要领域。首先，财政支持农业科技培训学校的建立，视不同区域情况，建立县或者乡镇一级的培训机构，定期开展讲座和培训，将先进的技术及时传达给新型农业经营主体，引导他们掌握和使用信息技术。其次，财政支持相关农业技术人员的科研活动，通过科研项目的形式支持农技研发。最后，鼓励新型农业经营主体自主开展农业技术研发活动，给予其在专利申请和成果转化方面的优惠补贴。

（三）支持公共设施建设

公共设施和基础设施具有极大的正外部性和公共性，对于改善农户的生活水平和改善新型农业经营主体的生产经营环境方面具有显著的促进作用。因而，各级政府和财政部门有必要投入专项资金支持，推动和完善农村公共服务体系建设。在制度保障方面，按照公平和效率均衡原则，建立由政府扶持和市场多元化投资相结合的联动模式。在公益性设施建设方面，需要各级政府通过财政补贴、转移支付、税费减免、税收优惠、容积率奖励等方式提供配套激励。在经营性设施建设方面，需要引入市场机制，积极吸引社会资本参与，实行公司合作开发模式。

（四）支持分散“三农”风险

新型农业经营主体的发展经费很大一部分来自银行等金融机构，主要形式在于信贷。而由于农业的经营风险比较大，这部分风险溢价，如果由农户承担，则其成本较高；如果由银行等金融机构承担，则其贷款积极性和规模势必受到较大影响，从而出现慎贷、惜贷的情形，最终影响新型农业经营主体的资金需求。所以，可以通过地方政府财政设立贷款担保基金、风险补偿基金等，为新型农业经营主体提供贷款部分额度的担保、贴息等，建立“财政+银行+担保+保险”等多元主体风险共担的机制。首先，作为金融服务主体的银行仍需要通过抵押物、质押物等方式加强信贷风险管控；其次，通过财政鼓励社会资本建立“互联网+”信息平台，来推动农业金融、保险产品的创新，以实现信贷、保险支农服务能力增强的目的；再次，引入担保机制、农业保险机制、贷款保险机制，基于大数据的搜集和分析，将信贷风险分散于各担保、保险机构；最后，由财政部门通过建立风险损失补偿基金、农业产业基金、财政贴息基金、税收优惠基金等工具，对农业信贷和农业保险机构的系统性风险损失进行防范和把控，支持农业信贷和农业保险平稳发展，其中保险费财政补贴可不超过 70%，贷款利息、担保费财政补贴可不超过 50%。

（五）支持建立农地价值评估

土地是相当一部分农业企业的主要生产要素。尽管国家相关政策支持农业企业以农地作为抵押物向银行贷款，但是在实践中，银行不认可农地作为抵押物的情形较为普遍。其根本原因在于，一旦发生贷款违约，银行出售农地抵押物产权的交易成本较高，并且农地价值的评估也存在困难。

地方政府可以利用财政支持降低农地交易成本。这需要地方政府帮助银行等金融机构评估农地价值，并在贷款出现违约时帮助银行实现农地抵押物的产权流转。因此，有必要建立农地价值评估和农地产权流转的规范程序，并以地方政府的信誉和财政资金作为保障，以提高农地产权作为贷款抵押物的可行性。

第二节　金融支农服务创新

一、基于全产业链视角下拓展金融业务服务主体

传统银行的服务对象是一个个零散的个体，如从事粮食种植、畜牧饲养的用户，以及从事农业仓储物流服务、农产品加工服务、农产品经纪购销服务的企业法人。而未来的金融支农发展应建立全产业链的视角，如粮食深加工产业链、经济作物产业链、畜牧业产业链等，由此可以带来产业链各环节，也就是各个主体经济信息的集中搜集和管理，增加银行等金融机构的预判能力和准确度，降低信贷风险率，也能提高银行的规模经济收益，降低新型农业经营主体的贷款成本，从而有利于金融机构和农业主体的双赢发展。当然，在此过程中，要重点围绕家庭农场、种植大户、养殖大户、专业合作社、深加工组织、仓储服务大户、经纪购销大户、龙头企业开展授信支持。

二、创新金融业务营销模式

根据新型农业经营主体的不同类型、结构特征，充分利用大数据和“互联网+”平台创新金融业务的营销模式。第一，需要配备专职人员从事客户信息数据的搜集、整理和分析，并与央行、统计局等部门通过网络链接实现有效数据的共享和利用。第二，改变以客户经理展业为主的营销方式，实现通过行业协会、龙头企业等机构楔入的全产业链营销平台方式，集中为客户办理信贷批发式业务，同时获取客户产业链、资金链的双重信息，从而有助于信贷风险的有效防范和化解。第三，建立健全各分支行相关领导和客户经理的信贷绩效考核机制，鼓励信贷部门扩大信贷投放力度，同时有效控制风险，持续推进营销模式升级。第四，大力宣传和培育“信用农业主体”“信用村”，通过其示范效应，带动农业主体信用意识的整体提高，并基于信用村试点发展集中营销模式。

三、创新金融业务担保方式

银行信贷审批和风险防范主要依赖于抵押担保和质押担保，但是新型农业经营主体普遍缺少这两类资产，因而不可避免需要担保的介入，而传统形式上的担保机构普遍费用较高且需要反担保资产，因而新型农业经营主体获取支持比较困难，迫切需要新的担保方式。其一，由政府财政出资成立担保基金，给予重点扶持的农业项目部分担保支持，但是受制于财政压力和基金规模，这一支持范围不可能太广。其二，由关联企业设立互助担保金，由银行提议和推动，由当地龙头企业利用自己在产业链的影响力及现实需要，设立产业链企业互助担保金，通过公司化方式运作和经营，同时接入银企合作平台，为产业链内成员信贷提供必要支持，在资金充裕时，依据市场机制为非成员提供担保。其三，引入担保机构，如政策性涉农担保公司、保险公司等，通过搭建银保、银担合作平台，实现信息和资源的共享，为客户贷款、银行房贷和担保发展建立起风险共担、利益共享的机制。其四，继续推进土地经营权确权与抵押、登记与流转、农机具抵押、林权抵押、奶牛活体抵押、应收账款质押等工作的开展。

四、创新针对性的农村金融产品

新型农业经营主体贷款难在缺乏担保、抵押物，同时缺少相应的产权变现的交易市场，因而具有高风险属性，贷款利率相应较高，极大地提高了融资成本。

应加快研究和设计土地确权、新型农业经营主体的经营场所、厂房产权属性及证明的界定，促进农业新型农业经营主体相关资产融资担保市场的发展。同时，各地应加强新型农业经营主体的培育和扶持，增强农业新型农业经营主体自身的实力，加快资本积累、提高资产变现能力。激励银行对不同新型农业经营主体的评级授信工作，政府对经营状况良好、信誉记录良好的新型农业经营主体进行示范性扶持与贴息补贴，针对不同类型的新型农业经营主体，开发满足其融资需求的金融产品。

五、优化金融业务办理流程

新型农业经营主体的信贷资金多是流动性、临时性资金需求，时间要求比较急，但是金融信贷业务办理有一定的流程，从客户信贷信息前期调查，到信贷资料审查、风险控制管理、行长办公会审查等一系列流程，需要较长的时间才能完成，而这段时间往往是农业经营主体急需资金支持的日子。那么，优化金融业务流程、提高金融信贷效率就成为必然的选择，这也有助于银行竞争力和服务能力的提高，同时，大数据平台和技术的应用及“互联网+”的快速发展，也为优化金融业务提供了技术支撑。因而，金融机构要主动创新以新型农业经营主体为核心的全流程金融服务，较好地满足新型农业经营主体差异化的金融服务需求。同时，积极依托互联网和大数据技术，设计信息搜集整理便利、流程简化不重复、审查方便和规范、权责利清晰明了的金融产品，从而有效降低农户贷款成本，提高服务效率。

六、加快民间借贷的发展与规范

借贷能力不足成为新型农业经营主体经营无效率的主导因素。无论是向正规金融机构贷款，或采用民间借款的融资方式，均对新型农业经营主体的经营效率有显著影响，其中民间借款对经营效率的影响更强。在现阶段，银行等正规金融机构借款仍然是新型农业经营主体的主要借款渠道，但民间借款等非正规金融机构借款的作用已经变得越来越重要。由于民间借贷是正规金融的有益补充，强有力地缓和了新型农业经营主体的借贷约束，可以在加强民间借贷风险控制的条件下，加快出台相关法律法规，促进非正规金融繁荣和发展，以充分发挥其借贷功能。虽然非正规金融机构降低了新型农业经营主体贷款获得性的门槛，减轻了借贷能力不足对经营效率的约束，但由于非正规金融市场供给方可能存在贷款价格的串谋，以地方势力或暴力等非市场手段竞争，不利于非正规金融的健康发展，这无疑限制了非正规金融对新型农业经营主体的借贷供给。因此，应加快非正规金融法律法规的建设和制定，促进非正规金融合法化竞争，形成良性的非正规金融竞争环境，最终使得新型农业经营主体获得更多的贷款渠道和更低的融资成本。

第三节 财政金融协同服务创新

一、通过财政支持引导金融业务的开展

支农金融机构主要包含政策性银行、商业性银行、农村商业银行、担保公司和保险公司等，在新型农业经营主体募集资金的过程中所发挥的作用不相同，因而财政支持的方式和力度也不尽一致。首先，政策性银行特别是中国农业发展银行本身就享有政策支持，而它的业务相对较少，集中于大型公共基础设施建设，因而对新型农业经营主体的支持多表现为间接层面。其次，商业性银行特别是农村商业银行机构，对新型农业经营主体的信贷支持较为直接，因而所需要财政投入的利息补贴较多，引导金融系统积极开展商业性农业贷款。再次，可以采用“财政+银行+企业”共同出资的方式组建担保公司，加快推进财政支农资金股权化试点进程。最后，农业保险风险大、保费高、投保率低，因而需要通过财政方式鼓励保险公司开发农业保险品种，并通过财政补贴保费引导农业主体积极投保。

二、通过财政支持开展农户抵押担保

首先，新型农业经营主体在向银行申请抵押担保时，财政可以提供部分支农资金，并明确财政支农资金抵押、担保、处置与返还的规则。其次，在满足银行和农业主体双方需求、实现双赢的前提下，确定抵押担保融资数量，在贷款到期时，新型农业经营主体有义务全额偿还银行贷款。最后，在银行本息全额收回后，银行才能将财政支农资金返还给新型农业经营主体；如农业主体不能按期偿还贷款本息，则银行有权自行处置财政支农担保资金，并拥有向贷款者继续追偿的权利。如此，则解决了新型农业经营主体担保物价值不足的问题，又保证了财政支农担保资金不被随意支用。

三、通过财政支持创新金融信贷模式

财政资金具有先导优势，可以推动农业产业链和价值链的发展。其优势之一就在于由政府设立农业投资基金，并采取公司化运作，或者直接向农业领域投资，或者作为担保价值向银行贷款，进而形成杠杆效应撬动银行资金流向农业领域，助力农业经营主体解决资金问题。总体而言，该模式是通过"财政投资农业基金+银行信贷资金+新型农业经营主体"模式，构建政府农业投资基金的农业信贷引导机制。

四、通过财政引导县市级行业发展基金设立

目前，我国已经有一支国家级农业产业基金，即中国农业产业发展基金。该基金的管理人为中国信达旗下子公司信达资本。基金坚持市场化运作，引导社会资金投入"三农"领域。由于采用市场化运作，产业基金的投资决策能够建立在对企业投资项目的期望风险和收益的综合评估的基础上，确保了优秀项目获得基金的支持。

为了有效利用财政资金缓解农业企业融资困境，县级地方政府可以借鉴中国农业产业发展基金的运作模式。对于财政实力较强的县级政府，可以尝试建立农业中小企业发展基金，用于投资发展前景良好的农业企业投资项目。基金应委托资产管理公司，按照市场化运营，在企业提出申请后对其投资项目进行评估，并选择发展前景良好的项目进行股权投资。

五、实现财政金融支农的联动与动态监管

由于信息不对称和对新型农业经营主体状况缺乏跟踪，因此，往往是根据陈旧信息对新型农业经营主体进行财政支持和金融服务。对于已获财政金融支持的新型农业经营主体现在的发展状况、资金的需求、发展的诉求等内容缺乏了解，后续的支持难以具有针对性，更无法评估财政金融支持的效率，因此，应该对新型农业经营主体实施跟踪回访，实现财政金融支持的动态调整。同时，也应进一步保持财政支持与金融服务的联动，实现信息共享，避免资金投入的无效率和盲区的出现。

第四节 新型农业经营主体发展的政策建议

一、依据区域特征培养新型农业经营主体的主体形式

历经数年，我国新型农业经营主体蓬勃发展，成绩斐然，但仍处于新型农业经营主体发展的初期，新型农业经营主体数量较多、增速较快，但整体规模和对农业产出的贡献较小。按照美国等农业经济较强国家的发展历程来看，新型农业经营主体进入发展的稳定期后，数量会大量缩减，但是个体规模会显著增大，而且在不同类型的农业经营主体中，一定有其主体形式。例如，美国的新型农业经营主体在发展过程中就是以家庭农场为主的，家庭农场占据美国农业多元化经营主体的绝大部分份额，比重超过 90%；在法国，近 90%的农民加入了农业合作社，合作社是法国主要的农业经营组织形式；在荷兰，家庭农场同样是基础性农业经营组织，是构成荷兰农业的具有较强活力的主体。同样地，我们国家国土面积大、地理差异大、经济发展水平也不相一致，因此，在我国不同的区域应根据其地理环境、市场环境、产业环境，评估、选择适应当地环境的新型农业经营主体中的某一主体形式，并有针对性地引导其快速发展，而不是追求新型农业经营主体形式的大而全；而且，这也可以使得当地财政金融有限的资源不被分散，可促进其效率的显著提升和规模效益的发挥。这对于当地新型农业经营主体贡献的快速增强、区域间同质化竞争的消除都有着积极的作用。

二、加强新型农业经营主体的人才培育体系建设

新型农业经营主体的经营管理人员普遍存在三点问题：一是文化程度、学历水平低；二是平均年龄偏大；三是管理能力较低。经营管理人员素质普遍较低，这可能导致其内部发展出现许多问题，如财务制度不健全、组织架构不完善、内部治理不规范、融资难度大、贷款满足率低、银行等金融机构的信用评级低等问题，最终导致新型农业经营主体发展滞后和较低的回报率。

所以，加强人才培育体系建设有利于新型农业经营主体提高自身的经营水平和管理水平，增强自身管理和经营的透明度，使其更易获得银行等金融机构的贷款，更好地发展。为加强人才培养，政府可以从三方面入手：一是加大人才培育

力度。首先，政府可以针对不同的新型农业经营主体培养不同的新型职业农民，即根据各类新型农业经营主体需要的人才采取不同的培养方式，如建立合作社人才培养实训基地，加强龙头企业负责人培训。其次，要充分利用各种培训资源提高农民的专业化程度，如建立以政府决策部门、科研院所等相联系的农业人才队伍体系。最后，要加快青年农业人员的知识更新，鼓励农村青年积极创办并发展各类新型农业经营主体。二是大力引进人才。首先，积极调动各类人才，使其愿意参与新型农业经营主体。其次，可以采取奖励补贴等办法，吸引有志青年和大学毕业生去农村发展。最后，应改善农村的创业环境、优化就业环境。三是完善人才培育制度。首先，政府应当强化新型职业农民教育培训，落实其认证制度，如与高校创办的农业硕士（曾用名为农业推广硕士），从中选拔人才。其次，可以鼓励农业发展银行、农村信用社等金融机构，针对有志返乡青年提供小额创业贷款贴息，为建立现代新型职业农民队伍创造条件。

同时，以国家财政对农业人才培育投入为基础，新型农业经营主体也应该加强自身队伍的教育投入，提高其新技术的使用能力，更好地服务自身发展，提升农业吸引力，实现新型农业经营主体自身的可持续、高质量发展。

三、创立专门的新型农业经营主体管理机构

新型农业经营主体的规范管理、财政金融支农服务的协调服务、行政部门与农业经营主体的沟通等涉及不同的部门，这也是造成新型农业经营主体获取相关服务效率低下的重要原因。因此，有必要建立专门的管理部门，统一管理、协调各项干预措施的实施。一个可以借鉴的管理机构是美国小企业管理局（Small Business Administration，SBA）。该管理局是一个联邦机构，但在每个州都设立了多个分支机构，提供了小企业的信息、技术与管理咨询服务，也通过直接投资及联合外部金融机构投资小企业而提供金融支持。通过多年运营，该机构的投资基金获得了可观的投资回报，实现了可持续性运营。

结合我国现有的农业支持机构和政策，地方政府可以考虑建立专门的新型农业经营主体管理机构，其职能可主要包括以下几个方面。

（1）建立并管理农业企业诚信档案。

（2）协助银行等金融机构进行农地价值评估和农地流转实施。

（3）管理行业投资基金，并协助企业向金融机构融资。

（4）对农业企业提供信息、技术及管理方面的咨询服务。

（5）协助农业企业向省农业信贷担保公司申请信贷担保。

（6）负责实施政府采购倾斜政策。

第五节 本 章 小 结

本章分别从财政支农服务创新、金融支农服务创新、财政金融协同服务创新及新型农业经营主体自身建设的角度，提出了降低财政支持与资金需求主体需求的错配性、构建基于大数据的财政补贴系统、创新金融业务营销模式、依据区域特征发展新型农业经营主体的主体形式等多项创新性的政策建议，以期财政金融更好地服务于新型农业经营主体，并最终实现新型农业经营主体的快速、健康发展，以及其在国民经济中作用的显著发挥。

第十章　财政金融支农服务新型农业经营主体的制度保障机制

2017年10月18日，习近平总书记在党的十九大报告中指出“深化供给侧结构性改革”①，在推进农业供给侧结构性改革中，应抓住改革中的引领力量，充分发挥新型农业经营主体的主要作用。然而，目前我国新型农业经营主体处于发展初期，各方面还存在很多问题。基于前文对新型农业经营主体与财政金融支农服务现状、供需矛盾等的相关研究，可知新型农业经营主体不仅需要创新性的财政金融政策，还需要相应的保障机制以确保财政金融政策的实施和落地。因此，本章从政策制度保障机制、法律制度保障机制、风险制度保障机制和信用制度保障机制四个方面，对新型农业经营主体的保障制度进行阐述。

第一节　政策制度保障机制

2012年，党的十八大报告提出“培育新型农业经营主体，发展多种形式规模经营，构建集约化、专业化、组织化、社会化相结合的新型农业经营体系”②。此后，政府将支农重心转向扶持新型农业经营主体。如今，我国新型农业经营主体发展势头良好，政府应继续加强支持力度，进一步完善政策制度保障机制。

---

① 引自2017年10月28日《人民日报》刊发的党的十九大报告全文：《决胜全面建成小康社会 夺取新时代中国特色社会主义伟大胜利》。

② 引自2012年11月18日《人民日报》刊发的党的十八大报告全文：《坚定不移沿着中国特色社会主义道路前进 为全面建成小康社会而奋斗》。

一、完善土地流转政策

新型农业经营主体与传统的小农耕作相比，拥有的特征是规模化耕种，这是其区别于传统农户最显著的特点。加强土地流转是实现规模化耕作的主要方式，也是如今新型农业经营主体发展所面临的首要问题。

中华人民共和国成立以来，我国的土地制度发生了巨大的变化，从“农民土地归农民所有”变为“农民土地是集体所有”。改革开放后，政府又出台了一系列关于土地制度的政策。20 世纪 80 年代初期，家庭联产承包责任制在中国推行，随后《中华人民民法通则》《中华人民共和国土地管理法》相继出台，确认了我国的土地承包经营制度。1993 年，土地承包经营权的流转有了详细的法律保障和具体的方式；2003 年，《中华人民共和国农村土地承包法》在我国正式实施，赋予了农民法律保障、稳固了土地的长期使用权；2010 年 1 月 1 日起开始实施《中华人民共和国农村土地承包经营纠纷调解仲裁法》，该法案为解决农村土地承包问题提供了一定的法律保障；2012 年党的十八大报告提出发展农民专业合作和股份合作，培养新型农业经营主体，发展多种形式规模经营，构建集约化、专业化、组织化、社会化相结合的新型农业经营体系。随后，2014 年 11 月 20 日，中共中央办公厅、国务院办公厅印发了《关于引导农村土地经营权有序流转发展农业适度规模经营的意见》，该文件强调“坚持农村土地集体所有，实现所有权、承包权、经营权三权分置，引导土地经营权有序流转”，现行的“三权分置”制度保障了土地适度的规模经营。

在实际情况中土地流转仍然面临许多问题。一是由于经营权与土地承包经营权的关系问题没有理顺，许多地区的农村土地承包经营权确权颁证没有完成，农民的承包经营权存在被代理人侵犯的问题。二是农民对流转依然心存顾虑，不愿长期流转土地，将自家土地看作自身的保障。三是农村流转土地获得的收益不高，只有当出租经营权的收益高于其自身耕作的收益时，农民才会将土地流转出去。为了更好地促进土地有序流转，政府应该从以下几方面入手。一是完善农村社会保障制度，弱化土地的社会保障功能。政府应建立明确的农村养老保险、失业保险、医疗保险制度，加强农村义务教育，给予农民生活最基本的保障，减少农民流转出土地的后顾之忧。二是不断推进农业转移人口市民化。近几年我国不断推进户籍管理制度及城镇教育、养老保险等改革，但一、二线城市对农民进城落户依然设定了较高的门槛，使农民进城落户困难。政府应继续深化户籍管理制度改革，把工作重心转移到中小城市、中西部地区，大力创造适合农村劳动力转移的就业岗位。三是健全相关制度、完善政策安排。首先，建立严格的征地制度，有效遏制耕地被乱占滥用，保障农户利益不被侵犯，同时完善土地流转流程，为流转双方的利益提供保障。其次，应采取各种方式鼓励农民长期流转土地，减少农业经营的兼业化程度，如明确农民土地权益，完善农民与新型农业经营主体的利益分配机制等。最后，不断加强对土地流转的管理和服务。可以推动土地流转中的中介机构发展，建立基层信托服务中心，完善土地的价格评估和形成机制等，为土地流转市场的形成打好基础，促进新型农业经营主体扩大规模。

二、建立明确的税收政策

中国经过改革开放 40 多年的发展，经济发展水平和国家财政实力等各个方面得到了提高，国家政策逐步向农业倾斜，采取各种方式减轻农民负担，其中，政府对农业税费进行了多次改革，农业税费的制定直接影响农民的切身利益。2001 年，中央开始在部分省区市进行农业税费制度改革试点，2003 年，农业税费改革在全国全面推进。其中，调整农业税政策是中央对农村税费改革的一部分。2006 年 1 月 1 日起，我国废止《中华人民共和国农业税条例》，此措施作为政府解决“三农”问题的重要举措，极大地减少了农民的负担，增加了农民的权利，也符合当时 “工业反哺农业”的趋势。2008 年，党的十七届三中全会正式提出农业现代化战略，我国农业开始朝现代化方向发展。

然而，我国大部分的税收政策都是针对普通农户所制定的，对发展现代化农业帮助不大，针对性不强，导致新型农业经营主体的发展缺乏相应税收政策的支持，如缺乏专门的营业税、所得税等专项资金和倾斜政策的支持。而且，我国涉农的税收优惠政策分布在不同的法律法规中，新型农业经营主体缺乏一套完善的、明确的税收政策对其进行支持。2017 年，中共中央办公厅、国务院办公厅印发的《关于加快构建政策体系培育新型农业经营主体的意见》中提出要“完善财政税收政策”，如落实农民专业合作社税收优惠政策，免征蔬菜流通环节的增值税等。政府还出台了一些进一步完善税收制度的政策，以便更好地减轻新型农业经营主体的负担。比如，明确家庭农场与农户享受同等的税收政策；家庭农场是从传统农户中脱颖而出的新型主体，以家庭成员为主要劳动力，以农业收入为主要收入，其本质与农户相同。所以，农户享有的税收政策，家庭农场同样应该享有。而且，家庭农场与普通农户相比规模更大、面临的风险性更高，所以应加大对家庭农场的政策优惠。政府可以将合作社作为单独的纳税主体列入税务登记，同时进一步完善龙头企业和农业经营性服务组织等的税收优惠政策。

第二节　法律制度保障机制

由于历史、环境等因素，我国新型农业经营主体起步较晚，与国外相比这方面的法律制度建设还不够完善。针对现阶段农业专业大户、农民专业合作社、农业企业这些农业发展的主力军（黄祖辉和俞宁，2010），我们提出其发展的法律保障制度。

一、制定有关家庭农场、农业企业的法律法规

目前，我国家庭农场及农业企业还不具备一套完善的法律法规，缺少明确的法律对其进行保护，极大地制约了二者的发展，不利于我国发展现代化农业。

（一）家庭农场

家庭农场起源于欧美，是国外农业生产经营的主要模式。欧美等发达国家和地区都具有较为完善的法律制度，家庭农场在良好的法律制度保障下快速成长，促进了国家农业的规模化、专业化经营。我国在 2013 年的中央一号文件中首次提出了“家庭农场”的概念，并支持和鼓励承包大户土地向专业大户、家庭农场、农民专业合作社转移。家庭农场的发展顺应了我国农业发展的新趋势，既坚持了我国农业家庭生产的特点，又通过扩大规模经营促进了农民增收、农业增效。如今，家庭农场成为中国现代农业发展的引领者，是未来中国农村基本经营主体之一。目前，我国家庭农场的发展还处于起步时期，家庭农场一直没有统一的度量标准，其法律地位很不明确。

1. 加快家庭农场立法

日本家庭农场的发展早于我国，1993 年，随着《农业经营基础强化促进法》的颁布，日本确立认定农业者制度，这是日本发展和培育家庭农场的基本法律之一，此后，日本不断完善相关法律，家庭农场发展得越来越好。美国农业以家庭农场为主，经营种类繁多，其完善的法律制度增进了家庭农场的繁荣。自 20 世纪 30 年代起，美国国会每五年就会修订一次农业法，美国涉及农业方面的法律多达 30 余部，这些法律中对家庭农场的义务和权利进行了明确的规定，为家庭

农场的繁荣发展提供了强有力的保障。如今，我国对家庭农场的支持与保护仅仅停留在政策层面，家庭农场没有明确的法律地位，缺少保障其发展的法律制度。目前，地方规定的不一致导致我国家庭农场基本制度混乱，因此，要使家庭农场快速成长起来，政府必须尽快确立其法律地位，让其拥有合法的市场主体地位。另外，还可以在法律层面加强对家庭农场的支持，如减免税收、价格保护、特殊补贴等。

2. 完善农地流转法律法规以促进家庭农场发展

德国家庭农场的发展一直被世界所认可，从 1950 年一个德国农民只能养活 10 个人，到如今一个德国农民可以养活 140 人来看，德国家庭农场发展速度十分惊人。在这期间，德国政府关于家庭农场制定了一套详细完善的法律制度，其中关于土地制定的法律最为完善，提高了租赁市场和土地交易的活跃度，有助于家庭农场扩大自身规模。1953 年，联邦德国政府出台了《土地整理法》，之后政府通过对该法案不断地修订、调整，有效地解决了土地问题，极大地促进了家庭农场经营规模的扩大。1955 年，联邦德国政府制定了《农业法》，其中明确指出土地所有者对土地拥有的权利，《土地交易法》中对土地所有者出售土地进行了详细的规定。1986 年，联邦德国颁布实施了《农地用益租赁交易法》，该法案对土地出租进行了明确的规定。日本通过修订《农地法》《农促法》《山区振兴法》《半岛振兴法》等法律促进农地流转，从而实现了家庭农场规模化经营。德国和日本的一系列法案明晰了土地产权制度，与它们相比，我国土地的法律保障制度还有待完善，特别是要针对家庭农场土地流转应出台相应的法律，保障家庭农场良好的发展，促进其扩大经营规模。

（二）农业企业

农业企业是我国发展现代化农业不可缺少的经营主体，农业企业的发展在一定程度上代表了现代农业的建设水平。我国对农业企业的培育及提供的制度保障大部分局限于政策层面，而政策无法对农业企业的发展提供强有力的保障，建立健全农业企业的法律保障机制，有利于农业企业更好地成长。

首先，应以法律法规的形式，对农业企业所经营的领域进行确认，尤其是农业企业对土地的租赁。从以往的政策看，2001 年，中央十八号文件提出“不提倡工商企业长时间、大面积租赁和经营农户承包地，地方也不要动员和组织城镇居民到农村租赁农户承包地”[①]。2013 年，中央一号文件又提出“探索建立严格的

① 引自 2001 年中央十八号文件：《中共中央关于做好农户承包地使用权流转工作的通知》。

工商企业租赁农户承包耕地（林地、草原）准入和监管制度”[①]。2017 年，中央一号文件再次提出“严禁违法违规开发房地产或建私人庄园会所”[②]。这些政策规定存在弹性空间，又缺少相应的法律保障，所以我国非法使用土地、非法占用土地的情况仍然严重，部分地区工商企业等进入农地经营的行为有增不减。其次，应对农业产业化经营立法，就龙头企业、农业产业链问题予以完备的规定。当前，我国关于农业产业化制定的政策法规等，都是零星地分散在各个法律或规章制度中，如《中华人民共和国农业法》中第十三条确定了我国要发展多种形式的农业产业化经营，鼓励和支持农民和农业生产经营组织发展生产、加工、销售一体化经营。2012 年，《国务院关于支持农业产业化龙头企业发展的意见》中明确了龙头企业的法定含义，并鼓励大力发展农业产业化龙头企业以增加农业组织化程度，加速农业产业化经营的进程。虽然我国农业产业化立法已经具备一定的规模，但是还没有一套相对独立的农业产业化法。作为新型农业经营主体的重要组成部分之一，其本身也是新兴事物，仍处于不断探索的过程中，加之法律本身具有一定的滞后性，因此建立一套完善独立的农业产业化法是农业企业发展不可缺少的支持。

二、完善农民专业合作社法律法规

20 世纪 80 年代初，我国农民开始自发组建农民合作社组织，该组织具有强烈的根源性、地域性、社会性和时代性，这使其在全国迅速发展。农民专业合作社是以农村家庭承包为基础，生产同类农产品或者提供相同农业生产经营服务的经营者自愿联合的互助性经济组织。农民专业合作社的本质可以概括为 “弱者联盟”，即广大农民团结起来共同面对农产品交易中的各种问题。农民专业合作社作为农民经营组织体系里重要的一部分，政府一直通过各种政策及行政行为对其进行规范调整。2005 年，全国人民代表大会农业与农村委员会起草了《中华人民共和国农民合作经济组织法（征求意见稿）》，2006 年又将其修改为《中华人民共和国农民专业合作经济组织法》。这个法律草案重新定义了农民合作经济组，明确地排除了传统的“农村供销合作社”、“社区集体经济组织”和“农村信用合作社”等组织，也排除了如今的“农民专业技术协会”等社团法人。2006 年，我国正式颁布实施《中华人民共和国农民专业合作社法》，该法律使农民专业合

① 引自 2013 年中央一号文件：《中共中央、国务院关于加快发展现代农业进一步增强农村发展活力的若干意见》。

② 引自 2017 年中央一号文件：《中共中央、国务院关于深入推进农业供给侧结构性改革加快培育农业农村发展新动能的若干意见》。

作社成为特殊的市场主体，随后相继出台了一些规范性文件，如《农民专业合作社示范章程》《农民专业合作社登记管理条例》等。

如今，农民专业合作社发展步伐不断加快的同时，也遭遇了一些困境，相关法律法规制定的不完善逐渐暴露出来。一是农民专业合作社的成员准入问题。《中华人民共和国农民专业合作社法》中第三条明确规定“入社自愿、退社自由”，这样可以减少农民对参与合作社的顾虑，有效保护农民的权益。但是，这样的“来去自由”会使合作社的发展较为被动。假如成员可以随心所欲地加入或退出合作社，那么成员难以对合作社的长远发展做出考虑和努力，会对合作社中的其他社员、合作社本身及未加入合作社的其他农民造成影响。二是农民专业合作社面临权益问题。《中华人民共和国农民专业合作社法》中第十四条对合作社成员组成进行了规定，合作社可以包括农民、企事业单位或社会团体两种不同身份的成员，这样既可以引入人力又可以引入资本，使合作社能够长期发展。但合作社中成员身份的差异对合作社发展也存在一些弊端。首先，合作社成员中总会存在比其他成员拥有更多人力或资金的成员，他们往往会发展成为合作社中的强势主体，合作社成员中的平衡关系随之被打破，成员之间不再相互信任。其次，合作社中的强势主体会不断扩张其自身的权利，体现在对合作社的经营管理方面，但他们并不承担比其他成员更多的责任与义务，这样不公平的关系长期持续下去，合作社终会瘫痪、终止、结束。最后，《中华人民共和国农民专业合作社法》中对成员的权益救济没有做出相应的规定，导致合作社中成员的权益得不到有效的救济。诸如此类的问题，仍需要在法律法规上进一步完善。

第三节　风险制度保障机制

农业的风险保障主要是指农业保险，农业保险是强农富农惠农政策不可缺少的一部分。首先，农业保险有助于化解和防范农业风险、保护各经营主体的经营收益；其次，农业保险可以减少农业生产者未来收入的波动性，有效稳定农民的收入，有助于促进传统农业向标准化、规模化、产业化的现代农业转变；最后，农业保险还具备金融衍生功能，有利于缓解农村贷款难等问题。

我国最近的一次农业保险试验由中国人保于 1982 年发起，这场试验持续了 22 年，2004 年，中国人保不得不放弃农业保险业务。不过几十年的农业保险试验为今天的农业保险发展奠定了基础。自 2004 年起，中央连续发布的 11 个中央一号文件中，有 10 个对政策性农业保险发展提出明确要求；2013 年 3 月，《农业保险条例》正式实施，使农业保险进入快速发展的新时期；中共中央十八届三中全会提出要“完善农业保险制度”；2014 年中央一号文件，指出要加大农业保险支持力度，为农业保险发展指明了方向；2015 年，《国务院办公厅关于加快转变农业发展方式的意见》中指出培育新型农业经营主体要“鼓励商业保险机构开发适应新型农业经营主体需求的多档次、高保障保险产品，探索开展产值保险、目标价格保险等试点”；2016 年，《全国农业现代化规划 2016—2020 年》中指出要加大保险保障力度，创新开发新型农业经营主体“基本险+附加险”的保险产品，探索开展收入保险、农机保险、天气指数保险，加大农业对外合作保险力度；2017 年，《关于 2017 年深化经济体制改革重点工作的意见》中强调要完善现代保险制度，积极开发适应新型农业经营主体需求的保险品种。

目前，我国处于传统农业向现代化农业转变的阶段，农业生产进入高成本、高风险、高投入的阶段，在此阶段中新型农业经营主体逐步成为国家重点培养对象，农业保险拥有巨大的市场发展空间。一是与传统农户相比，新型农业经营主体的投入规模大、专业化程度高、受市场影响大，同样所承受的风险也远远高于传统农户。因此，越是发展新型农业经营主体，越需要加强农业保险的保障水平。二是新型农业经营主体的发展离不开土地流转，农业保险有利于促进土地更好地流转。经营主体可以将流转的土地抵押给银行获得贷款，农业生产风险由保险公司承担，极大地促进了土地流转，增加了新型农业经营主体的收入。三是农业发展受气候和市场变化的影响较大，农业保险可以适当分散新型农业经营主体面对两者时带来的风险。

因此，发展农业保险成为我国朝农业现代化迈入不可缺少的方式之一，但是面对培育新型农业经营主体的农业保险供给还存在很多问题。首先，我国农业保险制度不够完善；与国外的保险制度相比，我国的保险制度不够健全。我国现在的农业保险制度往往以农户为出发点，不能满足新型农业经营主体的需求，导致新型农业经营主体的风险无法分散，从而制约其发展。其次，我国农业保险费率较高；农业本身受自然等不可控因素影响大，农作物损失率及养殖物的死亡率都较高，保险公司只有提高保险费率，才足以弥补自身盈亏。较高的农业保险保费率，对于初生的新型农业经营主体而言，农业保险负担过重。再次，我国农业保险的理赔程序实施烦琐；目前，大部分保险公司对理赔案件的审核复杂，理赔过程烦琐，极大地降低了理赔工作的效率，导致新型农业经营主体无法按时获得赔款，影响后续发展进程，而且会削弱新型农业经营主体对保险公司的信任程度。最后，新型农业经营主体与保险公司信息不对称；保险公司对新型农业经营主体的信用指数很难进行量化分析，而农业风险具有很强的不可抗力，所以大部分保险公司对于规模化程度较大的新型农业经营主体投保存在顾虑。

为了更好地促进新型农业经营主体的发展，我国应加强农业保险制度的建设。①加强政策性农业保险的支持。目前，我国政策性农业保险覆盖范围较窄，补偿条件苛刻，而且保险数量较少、种类过于单一，缺乏灵活性。新型农业经营主体的风险分担机制主要依靠政策性农业保险，加强政策性农业保险有利于新型农业经营主体更好发展。政府应建立政策性农业保险机构、健全政策性农业保险制度，如提高政策性农业保险的保障能力和覆盖范围，设立农业保险风险补偿基金等。②政府应加大对农业保险的推行力度。基于我国新型农业经营主体对保险认识的局限性，以及保险公司对农业保险了解的不完善性，政府应加大对新型农业经营主体宣传农业保险的力度，使其了解、认识、使用农业保险。同时，也使保险公司对新型农业经营主体多一些了解，切合实际地从新型农业经营的角度出发制定适合的保险理赔机制。然后，要不断完善农业信贷保险业务，积极发展农业保险和再保险公司。③政府应从财政、税收及法律三个角度对保险公司进行补贴。农业保险具有高风险、高赔付的特点，单纯通过商业性的运作很难发展，政府必须给予其适当的资金支持，提供一些费用补贴。目前，农业保险还没有一套完善的法律法规，加快农业保险法律法规的制定是完善农业保险保障制度的重要一环。另外，要加大农业保险方面人才的培养，我国缺乏农业保险方面的技术人才，对自然病虫灾害、气象等进行预测、预警的专业人才，导致保险公司无法合理有效地评估风险和制定保险费率。

第四节　信用制度保障机制

一、健全新型农业经营监管制度

目前，政府对新型农业经营主体缺乏一套统一有效的监督管理制度，许多经营主体并没有相关部门的资质认定和审批。而且，许多新型农业经营主体内部也没有明晰的管理制度，自我监督机制不健全。在内外部均缺少有效监督的情况下，我国许多新型农业经营主体存在运作不规范、执行力度差、财务管理混乱等问题，其发展的持续性和后续性难以维持。建立健全的经营监管制度有利于新型农业经营主体更好地发展，便于金融机构了解新型农业经营主体的情况，为新型农业经营主体提供贷款等支持。可以从以下两个角度构建新型农业经营主体的监管制度。一是从经营主体的外部建立监管制度，即从政府层面对其进行监督管理；首先，加强对农业各方面的监管，制定相应的监管法律，做到农业监管有法可依。其次，鼓励创新监管机制，通过提高监管技术、丰富监管手段，从而提高监管效率。再次，建立完善的农产品质量追溯体系，保障农产品的安全性。最后，积极发展第三方农业监督认证机构。二是从经营主体的内部建立监管制度，即从新型农业经营主体层面对自身进行监督管理；主要是建立规范化的财务制度，增强新型农业经营主体内部的透明度，提高金融机构对其经营能力的认可度。

二、建立健全新型农业经营主体信用评价体系

目前，新型农业经营主体缺乏有效的信用评价体系，加之自我约束与监督能力不足，增大了经营的风险程度，导致银行等金融机构不愿意对其进行贷款。而且，我国金融机构间存在信息不对称问题，不能共享对各类经营主体的评价结果，极大地限制了银行等金融机构获取经营主体信息的数量和质量，使各类金融机构缺乏对新型农业经营主体内部信息的了解，如成本、盈利、风险等。建立新型农业经营主体的信用评价体系，一是有利于提高其自身的质量认证，得到银行等金融机构对其的信任，促进其融资。而且银行可以根据新型农业经营主体的信用等级适当调整贷款利率及还款期限，变相约束新型农业经营主体完善、加强自身的监管，提高自身的信用度。二是有利于塑造新型农业经营主体在市场及农民中的形象，可以吸引更多的农户参与新型农业经营主体，进一步扩大规模、提高竞争力。

所以，针对新型农业经营主体建立健全的信用评价体系，对其发展具有重大意义：一是完善新型农业经营主体的信用档案。二是不断加强新型农业经营主体的规模化、品牌化、产业化建设，提高金融机构对其低于市场风险的认可度。三是加强各类金融机构间的信息互通机制建设。金融机构可以共同建立资源共享的数据库，实现信息对称，有利于判断新型农业经营主体的风险程度，对其给予不同额度的贷款。四是应构建良好的信用环境。金融机构对新型农业经营主体的支持力度会直接受地方信用环境影响，所以各级地方政府和有关部门应尽快构建良好的信用环境。

三、完善地方政府的监管体系

如今，新型农业经营主体的成长面临着许多问题，除了其自身体制、机制不够完善，以及财政金融支持力度不足外，地方政府及相关部门也存在一些问题会制约新型农业经营主体的发展。一是我国对新型农业经营主体发展提供的发展资金落实不到位。长期以来，我国政府的理财模式属于“以收定支”，各个地方政府处理财政方面的问题都是“支出刚性”而“收入柔性”。自 2006 年农业税取

消后，我国各个地方财政收入飞速下降，面对财政收入不足的情况，各地方政府所采取的方式不是调低支出，而是考虑如何增加财政收入。一部分地方政府将国家扶持新型农业经营主体的经费作为弥补其财政收入缺口的途径。他们积极帮助新型农业经营主体争取国家扶持经费，帮助新型农业经营主体填写申报书等，尽可能获得国家更多的政策扶持。这些地方政府在新型农业经营主体获得国家扶持的经费中弄虚作假，采取各种手段挪用和侵占扶持经费。二是存在对新型农业经营主体乱收费的现象。我国没有对新型农业经营主体的培育及发展制定完善的制度保障政策，增加了地方政府对新型农业经营主体管理的随意性，出现了乱收费现象。例如，一些刚起步的家庭农场、农民专业合作社在发展初期往往需要修建一些房屋用于堆放杂物等。

国家大力扶持新型农业经营主体发展，制定相关扶持政策，地方政府也希望新型农业经营主体发展好，这样既顺应了人民的意愿，又为人民创造福利。只是目前，地方政府的财政收入与支出差距悬殊，加之对地方政府的监管不够，所以，必须监督落实新型农业经营主体发展的相关政策，完善扶持新型农业经营主体的政策体系。首先，应建立严格的新型农业经营主体扶持项目审核制度。国家对新型农业经营主体的补贴逐年增加，补贴范围不断扩大，补贴种类不断增多，对于这些资金的使用情况，应进行全面严格的审核，保证这些资金真正投入到新型农业经营主体的发展中。其次，改进向新型农业经营主体拨款的办法。可以将扶持资金公开化，改为由国家相关部门直接拨款给新型农业经营主体，避开地方政府，减少地方政府挪用国家扶持资金的可能性。最后，实施新型农业经营主体扶持项目的监督。应鼓励发展专业机构、调查公司等第三方监督机构对各政策落实情况的检查和监督，公开检察机关、纪委的监督邮箱、举报电话等。

第五节　本章小结

本章将新型农业经营主体的制度保障机制分为四个部分。一是政策制度保障机制；根据目前新型农业经营主体发展过程中出现的问题，选取了两个方面对政策制度进行阐述：土地流转、税收。土地流转是新型农业经营主体规模化发展所面临的首要问题，税收政策直接影响经营主体的切身利益，政府进一步完善土地流转制度和税收制度，有利于促进新型农业经营主体的发展。二是法律制度保障机制；本章首先通过参考发达国家制定的相关法律，提出了建立家庭农场、农业企业的法律法规。其次回顾我国出台的相关政策，提出了健全农民专业合作社的法律保障制度。三是风险制度保障机制；农业的风险保障主要是指农业保险，本章首先简单梳理了以往我国出台的农业保险政策，其次根据相关文献阐述了新型农业经营主体对农业保险的需求，最后提出了农业保险有待完善的地方。四是信用制度保障机制；一方面，要完善新型农业经营主体自身经营能力及管理规范化水平，加强金融机构对新型农业经营主体的信任度。另一方面，加强政府信用度，为新型农业经营主体发展创造良好的环境。

参考文献

陈春生. 2007. 中国农户的演化逻辑与分类. 农业经济问题，（11）：79-84，112.

陈芳. 2014. 培育新型农业经营主体 促进农业适度规模经营. 河南农业，（1）：8-9.

陈洪，李玉平. 2017.灵山：400 家村民合作社增强村集体经济“造血”功能. http://www.moa.gov.cn/sjzz/jgs/cfc/dcyj/dfsj/201711/t20171103_5859868.htm[2017-11-03].

陈鹏，刘锡良. 2011. 中国农户融资选择意愿研究——来自 10 省 2 万家农户借贷调查的证据. 金融研究，（7）：128-141.

陈杉，王平达. 2016. 美国新一代合作社对我国农民合作社发展的启示.学术交流，（3）：115-122.

陈晓华. 2012. 现代农业发展与农业经营体制机制创新. 农业经济问题，33（11）：4-6.

陈晓华. 2014. 大力培育新型农业经营主体——在中国农业经济学会年会上的致辞. 农业经济问题，35（1）：4-7.

程念祺. 2006. 中国小农经济的传统与现实.社会科学，（2）：72-73，75.

程万鹏. 2013. 韩国农协经营服务模式的借鉴与启示. 世界农业，（9）：39-43，187.

崔宝玉，刘峰. 2013. 快速发展战略选择下的合作社政府规制及其改进. 农业经济问题，34（2）：49-55，111.

崔宁波，宋秀娟，于兴业. 2014. 新型农业生产经营主体的发展约束与建议. 江西社会科学，34（3）：52-57.

崔元锋，严立冬. 2006. 基于 DEA 的财政农业支出资金绩效评价. 农业经济问题，（9）：37-40，79.

崔元锋，严立冬，陆金铸，等. 2009. 我国绿色农业发展水平综合评价体系研究. 农业经济问题，30（6）：29-33.

邓衡山. 2016. 不规范的合作社是不是真正的合作社. 中国农民合作社，（8）：41.

邓苏勇，周华. 2005. 去年洪涝损失总体减轻局部偏重. http://finance.sina.com.cn/roll/20050111/09381284860.shtml[2005-01-11].

邓秀新. 2014. 现代农业与农业发展. 华中农业大学学报（社会科学版），（1）：1-4.

丁一凡. 2013. 中国金融体系的改革与发展. 马克思主义与现实，（2）：15-21.

丁忠民，雷俐，刘洋. 2016. 发达国家家庭农场发展模式比较与借鉴. 西部论坛，26（2）：56-64.

董晓林，吕沙，金幂. 2016. 财政引导金融支农的路径及其效应分析. 经济问题，（12）：89-94.
范晓霞. 2013. 对家庭农场金融服务状况的调查分析——以山西省为例. 华北金融，（9）：19-20，48.
方鸿. 2011. 政府财政支农资金效率的地区比较——基于三阶段DEA模型的实证分析. 软科学，25（7）：27-32.
冯文丽. 2004. 我国农业保险市场失灵与制度供给. 金融研究，（4）：124-129.
高强，刘同山，孔祥智. 2013. 家庭农场的制度解析：特征、发生机制与效应. 经济学家，（6）：48-56.
葛永波，赵国庆，王鸿哲. 2015. 村镇银行经营绩效影响因素研究——基于山东省的调研数据. 农业经济问题，（9）：79-88.
葛宗保. 2017. 安徽省培育新型农业经营主体的财税政策优化研究. 合肥：安徽大学.
谷洪波，王文涛. 2007. 农村金融支持效率的缺损及优化. 经济体制改革，（2）：94-98.
郭红东，陈敏，韩树春. 2011. 农民专业合作社正规信贷可得性及其影响因素分析——基于浙江省农民专业合作社的调查. 中国农村经济，（7）：25-33.
郭怀照，周荣荣. 2016. 新型农业经营主体的评价指标体系研究——以江苏省为例. 江苏农业科学，44（12）：623-627.
郭庆海. 2013. 新型农业经营主体功能定位及成长的制度供给. 中国农村经济，（4）：4-11.
郭颂平，张伟. 2009. 中国农业保险供需“双冷”的经济解释. 广东金融学院学报，24（4）：102-111，128.
郭玉清. 2006. 中国财政农业投入最优规模实证分析. 财经问题研究，（5）：68-72.
韩国明，郭鹏鹏. 2017. 我国农业经营主体变迁的政策意图及其演化路径——基于中央一号文件（1982—2016年）的文本分析. 中国农业大学学报（社会科学版），34（2）：93-101.
郝士琪，刘艾静，刘宾. 2016. 普惠金融视角下河北省精准扶贫模式创新研究. 当代经济，（26）：70-71.
何多奇. 2009. 19世纪美国西部家庭农场制度与传统农业转型. 华南师范大学学报（社会科学版），（4）：26-30.
何广文. 2009. 农村信用社制度变迁：困境与路径选择. 经济与管理研究，（1）：50-54.
洪名勇，林梦婷. 2017. 新型农业经营主体融资矛盾问题研究. 中国集体经济，（9）：72-73.
胡鞍钢，吴群刚. 2001. 农业企业化：中国农村现代化的重要途径. 农业经济问题，（1）：9-21.
胡红斌，戴波. 2017. 国外农业合作社运营模式的比较研究. 世界农业，（5）：158-161，177.
胡淑杨. 2015. 支持农民合作社的金融服务创新及体系构建研究. 合肥：安徽农业大学.
胡伟斌，黄祖辉，梁巧. 2015. 合作社生命周期：荷兰案例及其对中国的启示. 农村经济，（10）：117-124.
黄季焜，邓衡山，徐志刚. 2010. 中国农民专业合作经济组织的服务功能及其影响因素. 管理世界，（5）：75-81.

黄可权，张启文. 2015. 新型农业经营主体贷款利率定价机制研究. 价格理论与实践，（11）：103-105.
黄胜忠. 2015. 关于《农民专业合作社法》修订完善的几点思考. 中国农民合作社，（3）：29-32.
黄祖辉，傅琳琳. 2015. 新型农业经营体系的内涵与建构. 学术月刊，47（7）：50-56.
黄祖辉，俞宁. 2010. 新型农业经营主体：现状、约束与发展思路——以浙江省为例的分析. 中国农村经济，（10）：16-26，56.
江维国. 2015. 家庭农场贷款融资担保机制探究.财会通讯，（8）：15-17.
江维国，李立清. 2014. 新型农业经营主体构建与财政金融支农创新研究.南方金融，（9）：54-57.
靳淑平. 2015. 现代农业视角下的农业信贷需求与供给研究. 北京：中国农业科学院.
靳淑平，王济民. 2017. 规模农户信贷资金需求现状及影响因素分析. 农业经济问题，38（8）：52-58，111.
孔祥智. 2013. 培育新型农业经营主体. 山东财政学院学报，（5）：5-10.
孔祥智. 2014. 新型农业经营主体的地位和顶层设计. 改革，（5）：32-34.
李道和，池泽新. 2011. 政策支持与农业龙头企业绩效关系研究——以江西省为例. 农业技术经济，（12）：4-10.
李飞. 2014. 韩国农业政策性金融研究. 世界农业，（12）：83-85，183.
李鸿渐. 2016. 财政金融支农减贫效应的空间计量分析. 统计与决策，（7）：162-165.
李怀菡. 2016. 农田水利建设对农村经济发展的重要性. https://wenku.baidu.com/view/aaf0c380e518964bcf847ce5.html[2016-01-09].
李嘉图 D. 1962. 政治经济学及赋税原理. 郭大力，王亚南，译. 北京：商务印书馆.
李建英，李柳颖. 2016. 荷兰家庭农场产业链融资对我国的启示. 武汉金融，（1）：41-43.
李江一. 2016. 农业补贴政策效应评估：激励效应与财富效应. 中国农村经济，（12）：17-32.
李晶玲，张双英，李文娟. 2013. 金融支持河北省现代农业发展情况调查. 金融教学与研究，（6）：36-38，59.
李景霞. 2007. 入世以来我国农产品竞争力分析. 世界贸易组织动态与研究，（5）：7-12，6.
李俊高，李俊松. 2016. 新一轮的农村土地流转：理论争论、实践困境与机制创新. 农村经济，（1）：39-43.
李坤. 2015. 湖南省农民专业合作社金融支持问题的研究. 长沙：湖南农业大学.
李乐，刘涛，王蕾. 2011. 农村金融需求的现状及影响因素——基于对成都市农户的调查. 金融论坛，16（6）：74-79.
李树培，魏下海. 2009. 改革开放以来我国财政支农政策的演变与效率研究. 经济评论，（4）：13-17，40.
李微. 2014. 黑龙江省农民专业合作社金融支持研究. 哈尔滨：东北农业大学.
李星皓. 2014. 河南省农业产业化龙头企业政策性金融支持问题研究. 洛阳：河南科技大学.

李兴敏，罗唱. 2015. 成人教育学研究热点转化与发展方向预测——基于《成人教育学刊》2009—2014 年全文收录文献. 现代远程教育研究，（6）：46-54.

李艳丽，孙立颖. 2014. 农村公路与农村经济社会发展的关系. http://www.chinahighway.com/news/2014/806346.php[2014-02-11].

李雨，李录堂. 2013. 农民专业合作社的发展困境与法律思考. 西北农林科技大学学报（社会科学版），13（4）：142-147.

李媛媛. 2017. 我国农业保险立法模式重构困境及其突破路径. 法商研究，34（2）：45-54.

梁涛. 2013. 美国家庭农场发展现状及启示. 农村金融研究，（12）：10-15.

梁小民. 1985. 舒尔茨及其《改造传统农业》. 世界经济，（11）：75-77.

廖宜静. 2017. 农户金融需求影响因素实证分析——以安徽省为例. 湖南农业科学，（5）：111-115.

林乐芬，法宁. 2015. 新型农业经营主体银行融资障碍因素实证分析——基于 31 个乡镇 460 家新型农业经营主体的调查. 四川大学学报（哲学社会科学版），（6）：119-128.

刘翠平. 2012. 浅析农村道路建设对农村经济发展的意义. 农村经济与科技，23（1）：42-43，97.

刘涵. 2008. 财政支农支出对农业经济增长影响的实证分析. 农业经济问题，（10）：30-35.

刘明轩，姜长云. 2015. 农户分化背景下不同农户金融服务需求研究. 南京农业大学学报（社会科学版），15（5）：71-78，139.

刘婉. 2014. 湖南省家庭农场发展中的金融支持问题研究. 长沙：中南林业科技大学.

刘学文. 2014. 中国农业风险管理研究——基于完善农业风险管理体系的视角. 成都：西南财经大学.

刘志成. 2013. 湖南新型农业经营主体培育的现状、问题与对策. 湖南社会科学，（6）：128-131.

楼栋，孔祥智. 2013. 新型农业经营主体的多维发展形式和现实观照. 改革，（2）：65-77.

鲁钊阳. 2016. 新型农业经营主体发展的福利效应研究. 数量经济技术经济研究，33（6）：41-58.

罗颖玲，李晓，杜兴端. 2014. 农民专业合作社综合绩效评价体系设计. 农村经济，（2）：117-120.

马丁丑，刘发跃，杨林娟，等. 2011. 欠发达地区农民专业合作社信贷融资与成长发育的实证分析——基于对甘肃省示范性农民专业合作社的调查. 中国农村经济，（7）：34-41.

马洪伟. 2014. 试论中国家庭农场的法律规制. 河南师范大学学报（哲学社会科学版），41（3）：91-95.

马晓春，宋莉莉，李先德. 2010. 韩国农业补贴政策及启示. 农业技术经济，（7）：122-128.

毛静. 2017. 新中国成立以来农村土地制度的演进——基于所有制与所有权的探讨. 北京：外交学院.

毛政，兰勇，周孟亮. 2016. 新型农业经营主体金融供给改革探析. 湖南农业大学学报（社会科学版），17（1）：9-14.

孟丽，钟永玲，李楠. 2015. 我国新型农业经营主体功能定位及结构演变研究. 农业现代化研究，36（1）：41-45.
诺斯 D C，托马斯 R P. 2009. 西方世界的兴起. 厉以平，蔡磊，译. 北京：华夏出版社.
逄玉静，任大鹏. 2005. 欧美农业合作社的演进及其对我国农业合作社发展的启示. 经济问题，（12）：46-48.
彭旖旎. 2016. 2016 年安徽洪灾：全省农业直接损失达 183.3 亿元. http://www.ahwang.cn/anhui/20160728/1544814.shtml[2016-07-28].
钱克明，彭廷军. 2013. 关于现代农业经营主体的调研报告. 理论参考，（8）：60-61.
钱水土，陆会. 2008. 农村非正规金融的发展与农户融资行为研究——基于温州农村地区的调查分析. 金融研究，（10）：174-186.
邱浩宇. 2015. 农民专业合作社的规模经济性及其金融支持研究. 长沙：湖南大学.
全国人大农业与农村委员会代表团. 2005. 法国农业合作社及对我国的启示. 农村经营管理，（4）：43-46.
荣泰生. 2009. AMOS 与研究方法. 1 版. 重庆：重庆大学出版社.
阮荣平，曹冰雪，周佩，等. 2017. 新型农业经营主体辐射带动能力及影响因素分析——基于全国 2615 家新型农业经营主体的调查数据. 中国农村经济，（11）：17-32.
沈淑霞，秦富. 2004. 财政农业投入性支持的规模效率分析. 农业技术经济，（4）：45-51.
斯密 A. 1972. 国民财富的性质和原因的研究. 郭大力，王亚南，译. 北京：商务印书馆.
世界环境与发展委员会. 1997. 我们共同的未来. 王之佳，柯金良，等，译. 吉林：吉林人民出版社.
宋洪远. 2008. 中国农村改革三十年：1978—2008. 北京：中国农业出版社.
苏昕，王可山，张淑敏. 2014. 我国家庭农场发展及其规模探讨——基于资源禀赋视角. 农业经济问题，35（5）：8-14.
孙立刚，刘献良，李起文. 2015. 金融支持新型农业经营主体的调查与思考. 农村金融研究，(5)：20-24.
孙向前，高波. 2016. 四省藏区金融精准扶贫路径探究. 青海金融，（2）：38-41.
孙晓杨，郑军. 2017. 农业相互保险制度环境的“三重维度”——中国与法国的比较及启示.中国农村经济，（6）：84-95.
孙永朋，顾益康. 2014. 加快构建新型农业双层经营体制的战略思考. 农业经济，（4）：3-6.
孙永珍. 2015. 农民专业合作社金融支持研究——以河北省为例. 北京：中国农业科学院.
孙志奇，张瑞涛，周明明，等. 2016. 新型农业经营主体信用体系构建与评价研究——基于河北省唐山市的数据调查. 黑龙江畜牧兽医，（22）：35-38.
孙中华. 2012. 大力培育新型农业经营主体夯实建设现代农业的微观基础. 农村经营管理，（1）：1.

汤文华，段艳丰，梁志民. 2013. 一种新型农业经营主体：家庭农场——基于新制度经济学的分析视角. 江西农业大学学报（社会科学版），12（2）：186-190.
陶爱祥. 2012. 中美农业发展水平对比研究. 世界农业，（8）：26-29.
田小燕. 2014. 新型农业经营主体培育探讨——对我国发展家庭农场的思考. 成都：西南财经大学.
庹国柱，朱俊生. 2014. 完善我国农业保险制度需要解决的几个重要问题. 保险研究，（2）：44-53.
汪发元. 2015. 新型农业经营主体成长面临的问题与化解对策. 经济纵横，（2）：31-35.
汪发元，罗昆. 2014. 平原和山区新型农业经营主体成长的困难及愿望比较分析——以湖北省10个农业创业培训基地培训班学员为例. 学术论坛，37（7）：41-45.
汪艳涛，高强，苟露峰. 2014. 农村金融支持是否促进新型农业经营主体培育——理论模型与实证检验. 金融经济学研究，29（5）：89-99.
王成丽. 2009. 不同补贴方式下农业保险的福利研究湖北省兴山县烟叶保险的实证分析. 武汉：华中农业大学.
王定祥，谭进鹏. 2015. 论现代农业特征与新型农业经营体系构建. 农村经济，（9）：23-28.
王芳. 2005. 我国农村金融需求与农村金融制度：一个理论框架. 金融研究，（4）：89-98.
王国敏，翟坤周. 2014. 确权赋能、结构优化与新型农业经营主体培育. 改革，（7）：150-159.
王国敏，杨永清，王元聪. 2014. 新型农业经营主体培育：战略审视、逻辑辨识与制度保障. 西南民族大学学报（人文社会科学版），35（10）：203-208.
王恒. 2016. 新型农业经营主体发展中的金融困难与对策. 财经界，（14）：7.
王环. 2005. 土地改革的农业现代化透视.聊城大学学报（社会科学版），（5）：25-28.
王慧敏，龙文军. 2014. 新型农业经营主体的多元发展形式和制度供给. 中国农村金融，（1）：25-27.
王金龙. 2005. 我国农村金融供求状况分析. 农业经济问题，（11）：49-52.
王谦，李超. 2016. 基于三阶段 DEA 模型的我国财政支农支出效率评价. 财政研究，(8):66-77，90.
王曙光，张越. 2012. 黑龙江省农业试验区发展的问题及其对策. 哈尔滨商业大学学报（社会科学版），（2）：75-82.
王月梅. 2016. 成都市家庭农场之金融支持研究——基于 96 个家庭农场的调查. 成都：四川农业大学.
韦克游. 2013. 农民专业合作社信贷融资治理结构研究——基于交易费用理论的视角.农业经济问题，34（5）：62-69，111-112.
翁贞林. 2010. 种稻农户劳动力就业非农化行为的影响因素研究——基于江西 26 县 32 乡镇 1058 样本农户的实证调查.江西农业大学学报（社会科学版），9（1）：15-21.

魏权龄，马赞甫，阎洪. 2007. DEA 的交形式生产可能集及其应用. 数学的实践与认识，37(4)：62-69.

温晶，王玉英. 2017. 新型农业经营主体的困境摆脱及其体制创新. 农业与技术，37(12)：162.

温思美，张乐柱，许能锐. 2009. 农村基础设施建设中的财政资金管理研究. 华南农业大学学报（社会科学版），8（1）：1-9.

温涛，王煜宇. 2005. 政府主导的农业信贷、财政支农模式的经济效应——基于中国 1952~2002 年的经验验证. 中国农村经济，（10）：18-27.

吴彬，吕冬洁. 2014. 美国农业合作社的发展经验——基于典型农业合作社 MFA 的分析. 世界农业，（9）：6-12.

吴明隆. 2009. 结构方程模型. 重庆：重庆大学出版社.

夏益国，孙群，刘艳华. 2015. 美国农场的耕地集中：现状、动因及影响. 中国农村经济，(4)：81-96.

肖鹏. 2014. 日本家庭农场法律制度研究. 亚太经济，（6）：64-68.

肖卫东，杜志雄. 2015. 家庭农场发展的荷兰样本：经营特征与制度实践. 中国农村经济，(2)：83-96.

肖卫东，杜志雄. 2017. 荷兰家庭农场为何能创造世界农业奇迹. 中国合作经济，（8）：16-19.

徐会苹. 2013. 德国家庭农场发展对中国发展家庭农场的启示. 河南师范大学学报(哲学社会科学版)，40（4）：70-73.

徐良. 2017. 试论我国农业再保险法律体系的构建. 农业经济，（12）：78-79.

徐旭初，吴彬. 2010. 治理机制对农民专业合作社绩效的影响——基于浙江省 526 家农民专业合作社的实证分析. 中国农村经济，（5）：43-55.

许清正. 2009. 我国农村金融供给模式研究. 天津：南开大学.

许兆春. 2013. 家庭农场的困境与金融支持. 金融理论与实践，（8）：105-107.

杨公齐. 2013. 农地抵押贷款供需“双冷”的经济学分析. 南方金融，（8）：59-61，88.

杨记军，赵昌文. 2006. 定价机制、承销方式与发行成本：来自中国 IPO 市场的证据. 金融研究，（5）：51-60.

杨亦民，叶明欢. 2013. 现代农业经营主体培育的金融支持研究. 湖南社会科学，(6)：132-134.

杨子强. 2014. 金融支持现代农业的突破口. 中国金融，（2）：78-80.

姚凤阁，隋昕. 2016. 新型农业经营主体的融资需求影响因素研究——以黑龙江省为例. 哈尔滨商业大学学报（社会科学版），（3）：3-9.

叶敬忠，朱炎洁，杨洪萍. 2004. 社会学视角的农户金融需求与农村金融供给. 中国农村经济，（8）：31-37，43.

尹成杰. 2015. 关于推进农业保险创新发展的理性思考. 农业经济问题，36（6）：4-8.

余涤非. 2012. 我国农业产业化龙头企业战略研究. 青岛：中国海洋大学.

俞小飞. 2011. 财政支农资金运用存在的问题及对策分析. 中国农业会计，（2）：32-33.

袁梦，易小燕，陈印军，等. 2017. 我国家庭农场发展的现状、问题及培育建议——基于农业部专项调查 34.3 万个样本数据. 中国农业资源与区划，38（6）：184-188.

苑鹏. 2009. 农民专业合作社的财政扶持政策研究. 经济研究参考，（41）：3-11.

凯恩斯 J M. 1999. 就业、利息和货币通论（重译本）. 高鸿业，译. 北京：商务印书馆.

张彪. 2016. 我国新型农业经营主体构建与财政金融支农创新. 农业经济，（12）：124-126.

张海鹏，曲婷婷. 2014. 农地经营权流转与新型农业经营主体发展. 南京农业大学学报（社会科学版），（5）：70-75，83.

张红宇. 2015. 新型农业经营主体发展趋势研究. 经济与管理评论，（1）：104-109.

张红宇，寇广增，李琳，等. 2017. 我国普通农户的未来方向——美国家庭农场考察情况与启示. 农村经营管理，（9）：19-24.

张杰. 2005. 农户、国家与中国农贷制度：一个长期视角. 金融研究，（2）：1-12.

张立. 2014. 金融支持新型农业经营主体发展探讨——以淄博市为例. 山东理工大学学报（社会科学版），30（5）：20-23.

张胜荣，汪兴东. 2014. 法律法规、政府干预、民间组织对企业社会责任行为的影响及对策建议——基于 225 个农业企业样本的实证研究. 西部经济管理论坛，25（1）：1-7.

张小东，孙蓉. 2015. 农业保险对农民收入影响的区域差异分析——基于面板数据聚类分析. 保险研究，（6）：62-71.

张晓山. 2013. 关于农业经营主体发育的几个问题. 小康，（2）：85.

张晓山. 2014. 农民专业合作社规范化发展及其路径. 农村经营管理，（12）：25-26.

张妍坤. 2008. 农业产业龙头企业的金融支持问题研究. 泰安：山东农业大学.

张扬. 2014. 试论我国新型农业经营主体形成的条件与路径——基于农业要素集聚的视角分析. 当代经济科学，36（3）：112-117.

张照新，赵海. 2013. 新型农业经营主体的困境摆脱及其体制机制创新. 改革，（2）：78-87.

赵鲲，赵海，杨凯波. 2015. 上海市松江区发展家庭农场的实践与启示. 农业经济问题，（2）：9-13，110.

赵璐，吕杰. 2011. 我国财政支农效率的区域差异研究. 经济问题，2011（4）：102-105.

赵石磊. 2007. 财政支农支出与农民纯收入关系研究. 兰州商学院学报，（2）：17-22.

赵伟峰，刘菊，王海涛. 2016. 新型农业经营主体培育的安徽样本：发展实践与政策启示. 当代经济研究，（5）：81-87.

赵振宇. 2014. 基于不同经营主体的农地承包经营权抵押问题研究. 管理世界，（6）：174-175.

《中国国土资源报》编辑部. 2016. 荷兰家庭农场为何能创造世界农业奇迹. 国土资源，（5）：55-57.

钟鹏. 2014. 青州市农民专业合作社金融支持研究. 咸阳：西北农林科技大学.

周稳海，赵桂玲，尹成远. 2014. 农业保险发展对农民收入影响的动态研究——基于面板系统 GMM 模型的实证检验. 保险研究，（5）：21-30.

朱学新. 2013. 法国家庭农场的发展经验及其对我国的启示. 农村经济，（11）：122-126.

Adams D W，Graham D H，von Pischke J D. 1984. Undermining Rural Development with Cheap Credit. Boulder：Avalon Publishing.

Adams R H. 2002. Precautionary Saving from Different Sources of Income：Evidence from Rural Pakistan. Washington D. C.：The World Bank.

Adjognon S G，Liverpool-Tasie L S O，Reardon T A. 2017. Agricultural input credit in Sub-Saharan Africa：telling myth from facts. Food Policy，67：93-105.

Akdemir S. 2012. Problems of financing and agricultural credit：a case study of Seyhan region. Journal of Food，Agriculture and Environment，10（3/4）：468-475.

Akerlof G A. 1970. The market for "lemons"：quality uncertainty and the market mechanism. The Quarterly Journal of Economics，84（3）：488-500.

Auerbach A J. 1979. Wealth maximization and the cost of capital. The Quarterly Journal of Economics，93（3）：433-446.

Baron O，Berman O，Wu D S. 2016. Bargaining within the supply chain and its implications in an industry. Decision Sciences，47：193-218.

Bartoli L，de Rosa M. 2013. Family farm business and access to rural development polices：a demographic perspective. Agricultural and Food Economics，1：1-14.

Binmore K G. 1985. Bargaining and coalitions//Roth A E.Game-Theoretic Models of Bargaining. Cambridge：Cambridge University Press：269-304.

Cabannes Y. 2012. Financing urban agriculture. Environment and Urbanization，24（2）：665-683.

Carney D. 1995. The changing public role in services to agriculture：a framework for analysis. Food Policy，20（6）：521-528.

Cass D. 1965. Optimum growth in an aggregative model of capital accumulation. The Review of Economic Studies，32：233-240.

Chaddad F R，Cook M L. 2004. Understanding new cooperative models：an ownership-control rights typology. Review of Agricultural Economics，26（3）：348-360.

Chaovanapoonphol Y，Battese G E，Chang H S. 2009. The impact of agricultural loans on the technical efficiency of rice farmers in the upper north of Thailand//Lee J D，Heshmati A. Productivity，Efficiency，and Economic Growth in the Asia-Pacific Region. Heidelberg：Physica-Verlag H D：279-295.

Coase R H. 1937. The nature of the firm. Economica，4（16）：386-405.

Cook M L. 1995. The future of U.S. agricultural cooperatives：a neo-institutional approach. American Journal of Agricultural Economics，77（5）：1153-1159.

Cooper W W，Seiford L M，Zhu J. 2011. Handbook on Data Envelopment Analysis. Boston：Kluwer Academic Publishers.

Davis L E，North D C，Smorodin C. 1971. Institutional Change ang American Economic Growth. Cambridge：Cambridge Univesity Press.

de Janvry A. 1981. The role of land reform in economic development：policies and politics. American Journal of Agricultural Economics，63（2）：384-392.

Dutrénit G，Rocha-Lackiz A，Vera-Cruz A O. 2012. Functions of the intermediary organizations for agricultural innovation in Mexico：the Chiapas produce foundation. Review of Policy Research，29（6）：693-712.

Fafchamps M. 2013. Vulnerability，risk management，and agriculural development. African Journal of Agricultural and Resource Economics，5（1）：243-260.

Fafchamps M，Hill R V. 2005. Selling at the farmgate or traveling to market. American Journal of Agricultural Economics，87（3）：717-734.

Fazzari S M，Hubbard R G，Petersen B C，et al. 1988. Financing constraints and corporate investment. Brookings Papers on Economic Activity，（1）：141-206.

Fried H O，Lovell C A K，Schmidt S S，et al. 2002. Accounting for environmental effects and statistical noise in data envelopment analysis. Journal of Productivity Analysis，17（1/2）：157-174.

Funatu J，Shiraishi M. 2001. A study on the decentralization of power and the rural finance structure：in relation to the finance problem of the independent project by the government of towns and villages in changing stage of agricultural policy. Journal of Agricultural Science-Tokyo Nogyo Daigaku （Japan），46：33-40.

Galdeano-Gómez E，Céspedes-Lorente J，Rodríguez-Rodríguez M. 2006. Productivity and environmental performance in marketing cooperatives：an analysis of the Spanish horticultural sector. Journal of Agricultural Economics，57（3）：479-500.

Gonzalez-Vega C. 2003. Deepening rural financial markets：macroeconomic，policy and political dimensions. Washington D C：Paving the Way Forward for Rural Finance：An International Conference on Best Practices.

Graddy-Lovelace G，Diamond A. 2017. From supply management to agricultural subsidies—and back again? The U. S. Farm Bill & agrarian（in）viability. Journal of Rural Studies，50：70-83.

Hartarska V，Nadolnyak D，Shen X. 2015. Agricultural credit and economic growth in rural areas. Agricultural Finance Review，75（3）：302-312.

Hernandez-Trillo F. 2016. Poverty alleviation in federal systems：the case of México. World Development，87：204-214.

Huang J K，Rozelle S，Wang H L. 2006. Fostering or stripping rural China：modernizing agriculture and rural to urban capital flows. The Developing Economies，44（1）：1-26.

Jansson K H, Huisman C J, Lagerkvist C J, et al. 2013. Agricultural credit market institutions: a comparison of selected european countries. Factor Markets Working Paper.

Jondrow J, Lovell C A K, Materov I S, et al. 1982. On the estimation of technical inefficiency in the stochastic frontier production function model. Journal of Econometrics, 19: 233-238.

Joreskog K G, Sorbom D. 1993. LISREL 8: Structural Equation Modeling with the SIMPLIS Command Language. Hillsdale: Erlbaum.

Jorgenson D W. 1963. Capital theory and investment behavior. American Economic Review, 53(2): 247-259.

Khoi P D, Gan C, Nartea G V, et al. 2013. Formal and informal rural credit in the Mekong River Delta of Vietnam: interaction and accessibility. Journal of Asian Economics, 26: 1-13.

Koester U. 2001. Agricultural finance and institutional reforms in transition economies—The 1990s and challenges ahead. Quarterly Journal of International Agriculture, 40 (4): 301-324.

Kumbhakar S C, Parmeter C F. 2009. The effects of match uncertainty and bargaining on labor market outcomes: evidence from firm and worker specific estimates. Journal of Productivity Analysis, 31 (1): 1-14.

Lowder S K, Skoet J, Raney T. 2016. The number, size, and distribution of farms, smallholder farms, and family farms worldwide. World Development, 87: 16-29.

Lui F T. 1985. An equilibrium queuing model of bribery. Journal of Political Economy, 93 (4): 760-781.

Marzin J, Daviron B, Rafflegeau S. 2011. Family farming and other forms of agriculture//Family Farming & the Worlds to Come, Springer: Dordrecht: 71-89.

Mckinnon R I. 1973. Money and Capital in Economic Development. Washington D. C.: The Brookings Institution.

Patrick H T. 1966. Financial development and economic growth in underdeveloped countries. Economic Development and Cultural Change, 14 (2): 174-189.

Patrick H T. 1972. Financial development and economic growth in underdeveloped countries: reply. Economic Development and Cultural Change, 20 (2): 326-329.

Rothschild M, Stiglitz J E. 1971. Increasing risk II: its economic consequences. Journal of Economic Theory, 3 (1): 66-84.

Schultz T. 1964. Transforming traditional agriculture. The Economic Journal, 74 (296): 996-999.

Scott M, Bruce R. 1987. Five stages of growth in small business. Long Range Planning, 20 (3): 45-52.

Shee A, Turvey C G. 2012. Collateral-free lending with risk-contingent credit for agricultural development: indemnifying loans against pulse crop price risk in India. Agricultural Economics, 43 (5): 561-574.

Shy O. 1996. Industrial organization：theory and applications. MIT Press Books，1（3）：327-328.

Smale M，Kusunose Y，Mathenge M K，et al. 2016. Destination or distraction? Querying the linkage between off-farm work and food crop investments in Kenya. Journal of African Economies，25（3），388-417.

Stiǵlitz J E，Weiss A. 1981. Credit rationing in markets with imperfect information. The American Economic Review，71（3）：393-410.

Thompson J G. 1921. Mobility of the factors of production as affecting variation in their proportional relation to each other in farm organization. Journal of Political Economy，29（2）：108-137.

Udry C. 1990. Credit markets in northern Nigeria：credit as insurance in a rural economy. The World Bank Economic Review，4（3）：251-269.

附　　录

附录1　调查问卷

初审：__________

复审：__________　　　　　　　　　　　　　　　问卷编号：________________

新型农业经营主体情况调查

您好！

现在我们正在进行一项关于新型农业经营主体发展过程中的财政金融支农服务情况的调查，为进一步做好这项工作，希望您填写问卷，多谢支持！

郑重承诺：

我们将严格遵照行业操守，保证您所填资料只用于此次学术研究，而不用于其他任何商业用途，同时将严格保密！

西南大学国家社会科学基金项目课题组

请您在符合您本人情况的答案选项上划"√"或填写具体内容。

示例： 1. 您的农业经营过程中的机械化程度（高/适√中/低）。

2. 您的农业经营组织所在地区的地理类型为（　　）。

A√平原地区　　B.丘陵地区　　C.草原地区

3. 您的农业经营组织中负责人的性别是（　　）。

A√男　　B.女

访者家庭地址：______省______市______县______乡（镇）______村
被访者姓名：________________ 被访者家庭电话：_____________
调查时间：_______年_______月 _____日

A. 负责人基本信息

A1.您的农业经营组织中负责人的性别______、年龄______、文化程度______，负责人曾经从事过哪种非农工作（ ）。

A.无 B.务工 C.个体经商 D.开办企业 E.担任干部 F.其他________

A2.负责人参加过哪种新型农业经营的相关培训______（如没有填“无”）。

B. 新型农业经营主体基本情况

B1.您的农业经营组织名称为________________________。属于下列哪种“新型农业经营主体”（以挂牌注册为准，若有多块注册牌子可多选）（ ）。

A.专业大户 B.家庭农场 C.农业合作社 D.农业龙头企业 E.农业服务型组织

B2.您的农业经营组织成立时间为____________（以注册时间为准），注册资金为________万元，获得收益已有_________年，当前总资产为______万元，总负债为_________万元，总固定资产为________万元。

B3.您的农业经营组织目前共有从业人员 ____人，其中管理人员 ____人，月平均工资_____元；聘请农民工_____人，工人平均每天工作时间_____小时，月平均工资_____元。

B4.您的农业经营组织主要业务有（ ）。

A.种植小麦/水稻/玉米等粮食作物 B.种植水果/药材/烟叶等经济作物 C.种植蔬菜 D.饲养猪/牛/羊/等传统禽畜 E.养殖鱼/虾等水产 F.饲养蚕/兔/蛙等特种动物 G.提供植保/种子等专业服务 H.提供农机/病虫害防治/技术等中间服务 I.提供产品销售/储藏运输等市场服务 J.其他业务_____________

B5.您的农业经营组织所在地区的地理类型为（ ）。

A.平原地区 B.丘陵地区 C.草原地区 D.高原地区 E.湖泊海洋地区

B6.您的农业经营组织承包了_________亩土地，主要种植面积_______亩，养殖规模________（养殖禽畜数量），平均每亩土地的租金为_______元，平均亩产__________公斤，每亩收入__________元。您认为租用土地（困难/不困难），土地获得成本（高/适中/低）。

B7.您的农业经营组织的土地流转方式为（ ），流转期限为______年。

A.转包 B.出租 C.转让 D.入股 E.其他________

B8.您的农业经营过程中的机械化程度（高/适中/低），（能/不能）能满足生产需求。

B9.您的农业经营组织吸纳农户________户，是否为入社农户提供相关服务（有/无），哪些服务（可多选，若无可不填）（　　　）。

A.提供种子/幼苗/幼崽等　B.提供肥料/饲料等　C.提供种植或养殖技术培训

D.提供疾病预防及治疗服务　　E.其他______________

B10.您的农业经营组织中经营产品注册的相关品牌/商标_________（如没有填“无”），有哪种产品质量认证________（如没有填“无”）。

A.无公害产品　　B.绿色产品　　C.有机产品　　D.无机产品　　E.其他______

B11.您的农业经营组织中产品主要销售渠道为（　　　）（可多选），主要销售到（本地城镇/省内/省外/国外）（可多选）。

A.专业合作社　　　　　B.贩销商　　　　　C.当地超市　　　　D.专卖店

E.加工企业　　　　　F.自己到市场上销售　　　　G.其他_____________

B12.您的农业经营组织 2013~2015 年的总收入分别为________、________、________万元，获得的经营利润分别为_________、_________、_________万元。

B13.您的农业经营组织收入主要用于（　　　）（可多选）。

A.购买生产资料　　　　　B.支付员工工资　　　　　C.购买农机设备

D.农业基础设施建设　　　E.购买技术　　　　　　　F.投资其他非农行业

G.其他______________

B14.您的农业经营组织需要哪些专业服务（　　　）（可多选）。

A.农机具服务　　　　B.种植/养殖技术培训　　　C.病虫害防治技术

D.储藏加工技术　　　E.市场销售　　　　　　　F.融资担保服务

G.农业保险服务　　　H.其他________

B15.您的农业经营组织的决策方式为（　　　）。

A.负责人决定　　　　B.股东民主决策　　C.聘请专家参与决策　　D.其他___

B16.您的农业经营组织在经营过程中最担心的遇到的风险是（　　　）。

A.自然灾害　　　　　　B.生产资料供应不足　　　　C.生产资料价格上涨

D.农产品价格下降　　　E.其他____________

B17.您的农业经营组织在生产经营过程中遇到的困难有（　　　）（可多选）。

A.财政支持不足　　　　　　　B.自有资本不足　　　C.金融支持不足

D.水、电、路等基础设施差　　E.土地流转困难　　　F.缺乏劳动力

G.缺乏技术服务　　　　　　　H.市场销售困难　　　I.缺乏管理经验和能力

J.内部保障和管理制度不健全　K.无固定经营场所　　L.污染环境

M.缺乏法律援助服务　　　　　N.其他_________________

C. 财政金融对新型农业经营主体服务情况

C1.您的农业经营组织投资方式为（　　），主要投资者为____________。

A.个人或家庭投资　　B.亲戚或朋友合伙投资　　C.社员入股/股份合作

D.投资者多元/股份制　　E.其他____________

C2.您组织自成立以来共投入_______万元资金。其中，自有资金________万元，财政投入_______万元，银行贷款投入_______万元，民间借贷投入______万元，社员入股投入______万元。

C3.您的农业经营组织的资金缺口占多大比例_____%，借款需求有_____万元，目前获得借款有_______万元，借贷利率是_______%，借贷途径为（　　）。

A.民间借贷　　B.金融机构　　C.发行股票债券融资

C4.您的农业经营组织如果选择向金融机构贷款，会选择以下哪种金融机构（　　）。

A.农村信用社　B.中国农业银行　C.中国农业发展银行　D.其他______

C5.您的农业经营组织如果选择民间借贷，会选择以下哪种（　　），利率是________%。

A.友情借贷（亲戚/朋友等无息借款）　B.有息借贷　C.高利贷

C6.您的农业经营组织在向金融机构贷款时遇到的困难有（　　）（可多选）。

A.贷款金额无法满足需求　B.贷款手续烦琐　C.缺乏足够的抵押资产

D.难以找到合适的担保人　E.贷款利率太高　F.贷款期限不灵活

G.隐性交易费用高　　H.银行没有熟人，难以得到贷款

I.其他（请写明原因）____________________________

C7.您的农业经营组织希望今后获得的金融支持有（可多选）（　　）。

A.降低贷款利率　　B.简化贷款手续　　C.提高贷款额度

D.贷款品种多样化　　E.放松贷款抵押条件　　F.提供融资担保

G.还款期限灵活化　　H.提供有效农业保险　　I.降低资本市场融资条件

J.其他（请写明原因）____________________

C8.政府对您的农业经营组织每亩地补贴____元，或每头禽畜补贴____元，您组织对政府的财政补贴力度感到（满意/一般/不满意），（有/没有）还获得过政府其他形式的补贴，是以下哪种形式（　　）（可多选）。

A.农业保险补贴　　B.农业灾害补贴　　C.农业生产资料补贴

D.减免税收补贴　　E.农机补贴　　F.其他______________

C9.您希望政府财政服务作何改进（可多选）（　　）。

A.加大直接补贴力度　　B.加强农村基础设施建设

C.加大农业生产资料价格补贴　　D.增加农业保险补贴

E.增加市场价格风险补贴　　F.延长税收减免期限

G.增加社会化服务　　　　　　　　　H.加大灾害损失补贴力度

I.其他________________________

C10.您的农业经营组织（有/没有）购买过农业保险，如果有，是哪种农业保险________________。

全部问卷到此结束，再次感谢您的圆满回答！

附录2 访 谈 提 纲

“新型农业经营主体”
访谈提纲

一、访谈目的

了解专业大户、家庭农场、农民专业合作社和农业龙头企业等新型农业经营主体近年来的发展现状，以及财政金融对新型农业经营主体的服务情况。

二、访谈方式

走访和集中座谈。

三、访谈对象

· 专业大户
· 家庭农场
· 农民专业合作社
· 农业龙头企业
· 其他新型农业经营主体

四、访谈内容

1. 您的农业经营组织成立时间？当时注册资金多少？注册资金中政府和金融机构分别占多少？近几年获得收益如何？当前总资产为大概多少？

2. 经营生产的主要业务是？经营生产的产品是否注册相关品牌或商标？主要是通过哪些销售渠道？农业经营过程中的机械化程度是否能满足生产需求？

3. 您的农业经营组织生产的产品销售给哪个下游公司？您的产品销售的竞争

力源于高质量还是低价格，或是其他？您有没有面临来自国际市场的竞争压力？

4. 您销售产品是通过提前签订销售合同的方式吗？一般提前多长时间？这个时间间隔是否短于您的产品生产周期？您一般生产一批产品需要多长时间？

5. 在您的生产过程中，主要的风险有哪些？您采取了哪些措施减少这些风险？您对农产品期货市场有了解吗？

6. 在您制定产品生产决策（生产什么，生产多少）时，主要的决策依据是什么？当地政府有没有对您的决策提供有价值的帮助？

7. 您是否有购买过某种农业保险？与您的产品生产相关的农业保险有哪些？

8. 您是否参加过新型农业经营相关培训？参加的渠道是？主要是哪方面的培训？您认为对您经营有没有起到积极作用？

9. 目前的经营规模是怎样？是否有扩大生产经营规模的必要？如果要扩大规模，面临的最大问题是什么？

10. 在您所处的行业中，您的生产技术是最先进的吗（最新技术）？您最近几年中有没有更新生产技术？在更新生产技术过程中，您对资金的需求与您初创时相比是否更紧迫？在更新生产技术过程中，您对信贷的需求与初创时相比是否更紧迫？本地政府对于您更新技术有没有补贴、税收优惠或者其他鼓励政策？这些政策是什么？

11. 是否出现过资金周转困难，如何克服？政府或金融机构是否提供有相关的帮助？是怎样的方式？

12. 您资金的主要来源是？您的主要贷款方式是？利率一般是多少？还款方式如何？贷款过程中的主要问题有哪些？

13. 能否介绍一下您贷款的主要过程？您向哪些金融机构申请过贷款（农村信用社、农村商业银行、农村合作银行、村镇银行、贷款公司、农村资金互助社）？决定您贷款成功与否的主要原因都有哪些？银行看重什么？关于贷款利率，能讨价还价吗？能否举几个贷款及还款的例子（贷款金额、还款过程）。

14. 贷款过程中，这些金融机构如何对您的信用进行评价？您使用了何种资产作为抵押？您认为这些金融机构是否高估了您的经营风险？如果是，为什么？

15. 政府支持的项目在银行申请贷款时是否有专门的优惠政策？

16. 目前政府给予您的财政支持情况，是否能满足您需要？

17. 您觉得政府或金融机构还能够为您提供哪方面的服务？

18. 您希望在未来您的企业发展成什么样子？您认为进一步提升您的企业的竞争力可以有哪些措施？制约这些措施成功实施的主要因素是什么？